本书的研究工作和出版得到国家自然科学基金项目"近60年来陇中黄土丘陵区乡村聚落空间演变过程及其驱动机制研究"（批准号：40971106）的资助。

乡村聚落发展与演变
——陇中黄土丘陵区乡村聚落发展研究

郭晓东 ⊙ 著

科学出版社
北京

内 容 简 介

本书系一部专论乡村聚落发展与演变问题的专著。本书基于对国内外乡村聚落相关研究的总结、梳理和分析，以陇中黄土丘陵区为实证研究区域，从地理、经济、社会、历史、文化等多重视角，运用理论研究与实证分析相结合、定性分析与定量研究相结合、文献方法与社会调查相结合的研究方法及 GIS 技术手段，对聚落的起源与发展、乡村聚落形态空间及演变、乡村聚落社会空间与特征、村庄空心化与乡村聚落空废化、乡村聚落发展与空间演变的影响因素及驱动机制等问题进行了系统分析与综合研究，从不同空间层面构建了乡村聚落空间演变的解释框架，并对乡村聚落发展演变的基本规律进行了探讨分析，在此基础上提出了促进乡村聚落发展及其空间结构优化的实践途径与对策措施。

本书可供高等院校从事乡村地理、聚落地理、人文地理和农村社会经济、城乡规划、区域发展等专业的师生阅读，也可供相关政府部门和从事城乡规划工作的人员参考。

图书在版编目(CIP)数据

乡村聚落发展与演变：陇中黄土丘陵区乡村聚落发展研究/郭晓东著. —北京：科学出版社，2013

ISBN 978-7-03-037479-0

Ⅰ.乡… Ⅱ.郭… Ⅲ.黄土高原-丘陵地-聚落地理-研究-甘肃省 Ⅳ.K928.5

中国版本图书馆 CIP 数据核字(2013)第 099699 号

责任编辑：刘　超／责任校对：韩　杨
责任印制：徐晓晨　封面设计：耕者设计工作室

科 学 出 版 社 出版
北京东黄城根北街 16 号
邮政编码：100717
http://www.sciencep.com

北京教图印刷有限公司 印刷
科学出版社发行　各地新华书店经销

*

2013 年 5 月第 一 版　开本：B5(720×1000)
2017 年 4 月第二次印刷　印张：15 1/4
字数：300 000

定价：160.00元
(如有印装质量问题，我社负责调换)

序

聚落地理是人文地理学的重要研究内容,是研究人地关系的一个重要切入点。20世纪初,法国地理学家阿·德芒戎就认为"整个的文明史都反映在人类居住的现实形态上"。自第二次世界大战以后,随着各国城市建设和城市经济的恢复与快速发展,国际地理学界将人类居住研究的重心逐渐转向城市,乡村聚落地理的研究日益弱化。在中国,随着城市化过程的迅速推进,较多的研究集中于人口密集的城镇,乡村聚落研究远远滞后。乡村聚落是乡村人口居住和生产生活的场所,是乡村地域空间的人口聚居点,其形成和发展演变受自然条件和乡村社会、经济、文化等因素的深刻影响。中国地域广大,农村人口众多,乡村聚落数量庞大。长期以来,随着人口快速增长和大规模流动,乡村聚落在演化过程中出现了在面上分散和点上扩展、聚落密度增加和内部空废化、村镇发展无序、村庄布局散乱以及基础设施落后、公共服务不足等突出矛盾和问题,这些基本国情决定了乡村聚落发展研究的特殊性、复杂性与重要性。

从新中国成立到改革开放时期,乡村聚落经历了明显的空间扩散过程。由于政策限制农村人口流动,城镇化过程滞后于工业化过程。农村新增人口使得原有聚落规模不断扩大的同时,新建了大量聚落。改革开放以后,中国城市化进程日益加快,乡村聚落空间扩散的趋势明显收敛。特别是近十余年来,随着农村劳动力转移规模的不断扩大和城镇化水平的不断提高,村庄空心化现象不断加剧。因此,科学分析中国快速城镇化背景下乡村聚落空间演变与人口再分布的基本趋势与特征,优化乡村聚落空间布局,对合理利用土地资源、优化农村基础设施的布局、提高公共服务能力、提高社会主义新农村建设的投资效益,具有极为重要的意义。

郭晓东博士近年来主要从事乡村聚落地理和人口分布方面的研究,参与完成了多项有关农业和农村发展方面的研究和规划项目,多次深入陇中黄土丘陵区农村地区进行考察调研，积累了有关这一地区农村社会经济方面的大量第一手资料。在国家自然科学基金项目的资助下，完成了《乡村聚落发展与演变——陇中黄土丘陵区乡村聚落发展研究》。本书以甘肃省秦安、甘谷、通渭等县为实证研究区域，在对乡村聚落进行大量实地调研的基础上，从地理、经济、社会等多重视角，对本区域乡村聚落的空间分布、空间结构、发展演变、影响因素与驱动机制等问题进行了系统深入的分析和研究，揭示了本区域乡村聚落发展面临的突出问题，提出了乡村聚落发展及其空间结构优化的方向和途径。研究既突出了陇中黄土丘陵区乡村聚落及其发展演变的区域性，又体现出研究的综合性；既注重理论探讨，又重视对实际问题的分析。特别是基于不同空间层面对乡村聚空间结构特征的分析以及对乡村聚落社会空间结构的研究，具有新意。

　　本书对农村社会经济发展、农村规划与建设、资源环境与城乡规划管理、城镇化和城乡一体化发展等方面的研究具有较高的理论参考价值，可供地方政府及从事相关理论研究和规划工作的人员参考。

牛叔文

2013 年 5 月 19 日

目　录

序
第一章　绪论 ··· 1
　第一节　研究背景与意义 ·· 1
　　一、研究背景 ··· 1
　　二、研究意义 ··· 4
　第二节　研究目的与方法 ·· 6
　　一、研究目的 ··· 6
　　二、研究方法 ··· 7
　第三节　研究内容与框架结构 ··· 7
　第四节　研究区域概况与资料评估 ··· 8
　　一、研究区域概况 ··· 8
　　二、重点研究区域特征分析 ··· 9
　　三、资料评估 ·· 15
　第五节　本书中涉及的几个基本概念 ·· 15
　　一、聚落的相关概念 ·· 15
　　二、乡村聚落系统的概念 ·· 17
　　三、乡村聚落空间结构的概念 ·· 18
第二章　国内外相关研究文献综述 ··· 19
　第一节　国外乡村聚落发展及其空间结构研究述评 ························· 19
　　一、研究进展 ·· 19
　　二、研究内容 ·· 21
　第二节　国内乡村聚落发展及其空间结构研究述评 ························· 25
　　一、研究进展 ·· 25
　　二、研究内容 ·· 27
　第三节　黄土丘陵区乡村聚落发展及其空间结构研究述评 ················ 38
　　一、研究内容 ·· 38
　　二、主要结论 ·· 38
　第四节　国内外城市空间结构研究及其对本研究的启示 ··················· 40
　　一、城市空间结构概念的发展 ·· 40

二、国外城市空间结构研究综述 ··· 40
　　三、国内城市空间结构研究综述 ··· 42
　　四、国内外城市空间结构研究对本研究的启示 ····························· 44

第三章　陇中黄土丘陵区乡村聚落的起源与发展 ································· 46
　第一节　聚落起源与发展的历史轨迹 ··· 46
　　一、聚落的起源 ··· 46
　　二、聚落的发展演变 ··· 47
　第二节　陇中黄土丘陵区乡村聚落的起源与发展 ····························· 48
　　一、乡村聚落的起源 ··· 48
　　二、乡村聚落的发展演变 ··· 50
　　三、乡村聚落的基本类型 ··· 60

第四章　陇中黄土丘陵区乡村聚落的空间分布与空间结构 ··················· 65
　第一节　乡村聚落系统的空间分布与空间结构 ································· 65
　　一、集镇的空间分布与结构 ·· 65
　　二、乡村聚落系统的空间分布与结构 ·· 69
　　三、乡村聚落的空间分布特征 ·· 77
　　四、乡村聚落的空间分布模式 ·· 85
　第二节　乡村聚落的群体空间结构 ··· 89
　　一、群体聚落的空间距离与最近邻点指数 ······································ 89
　　二、乡村聚落群体的空间结构形态 ·· 91
　　三、乡村聚落群体的规模 ··· 92
　　四、聚落群内部空间联系的理论模型 ·· 93
　第三节　聚落内部空间结构 ··· 93
　　一、聚落规模与空间形态 ··· 93
　　二、聚落空间结构 ··· 98

第五章　乡村聚落的空间演变 ··· 112
　第一节　乡村聚落的空间扩展 ··· 112
　　一、聚落面积的变化 ··· 112
　　二、聚落建筑面积的增长 ··· 115
　　三、乡村聚落的空间扩展特征 ·· 117
　第二节　乡村聚落的空间扩散 ··· 119
　　一、乡村聚落空间扩散的情景分析 ·· 119
　　二、城市化背景下陇中黄土丘陵区乡村聚落的空间扩散 ·················· 120
　第三节　乡村聚落空间演变的模拟分析 ·· 129
　　一、乡村聚落的空间演变过程 ·· 129

二、乡村聚落空间演变的模拟分析 ·· 133
　第四节　乡村聚落的空废化 ·· 140
　　一、乡村聚落空废化及相关概念 ·· 140
　　二、空心化村庄的基本类型 ··· 141
　　三、聚落空废化的形成机理 ··· 143
　　四、聚落空废化与村庄空心化的量化分析 ··· 146
　　五、陇中黄土丘陵区乡村聚落的空废化——秦安县的实证分析 ···················· 147

第六章　陇中黄土丘陵区乡村聚落的社会空间 ··· 154
　第一节　乡村聚落社会生活空间的类型及特点 ·································· 154
　　一、研究的视角：社会变迁、社会事实与日常生活 ································· 154
　　二、陇中黄土丘陵区乡村社会生活空间的类型与特点 ···························· 155
　第二节　乡村聚落的社会空间结构特征 ·· 163
　　一、历史时期乡村聚落的社会空间结构特征 ····································· 163
　　二、新中国成立后陇中黄土丘陵区乡村聚落居住空间的演变 ····················· 168
　第三节　乡村聚落社会空间与形态空间的关系 ·································· 171
　　一、社会空间的基本形式 ··· 171
　　二、乡村聚落社会空间与形态空间的关系 ·· 172

第七章　乡村聚落空间演变的驱动机制 ··· 174
　第一节　乡村聚落空间演变的影响因素分析 ····································· 174
　　一、乡村聚落空间演变的影响因素 ·· 174
　　二、乡村聚落空间结构演变驱动因子的主成分分析 ······························· 178
　第二节　乡村聚落空间结构演变的驱动机制 ····································· 182
　　一、驱动机制的构成要素与基本环节 ·· 182
　　二、陇中黄土丘陵区乡村聚落空间演变驱动机制的缺陷 ·························· 183

第八章　乡村聚落发展及其空间结构优化的理论思考与实践途径 ····················· 186
　第一节　乡村聚落发展及其空间结构优化的理论思考 ··························· 186
　　一、区域整体发展——乡村发展的必由之路 ······································ 186
　　二、农村工业化——农村聚落发展及其空间结构优化的核心 ···················· 187
　　三、质朴的自然观与人文观——我国传统聚落营造思想的实践价值 ············· 191
　第二节　乡村聚落发展及其空间结构优化的实践途径 ··························· 193
　　一、创新城乡地域空间，构建区域一体化空间系统 ································ 193
　　二、提高城乡空间经济组织化程度，促进城乡一体化发展 ························· 195
　　三、发挥政府的主导作用，构建农村发展的产业支撑体系 ························ 196
　　四、加强中心村建设，促进人口适度集中 ··· 197

第三节　国外乡村建设的实践与我国的乡村建设 …………………… 202
　　一、城市化背景下国外乡村建设的实践与经验 ………………… 202
　　二、中国的乡村建设 ……………………………………………… 204
参考文献 ………………………………………………………………… 215
后记 ……………………………………………………………………… 231

第一章 绪　　论

第一节　研究背景与意义

一、研究背景

根据现代化经典理论,现代化意味着工业化和城市化,意味着城市和乡村的"中心—边缘"、"支配—被支配"的关系。在现代化进程中,传统的乡村将面临严峻的挑战:生存还是毁灭,衰败或是复兴,遗弃抑或重建……任何走向现代化的国家都必然面临并必须解决这一"哈姆雷特"式的难题。

在中国,农村地域广大,农村人口众多,至今仍有 7.13 亿人口居住和生活于三百多万个乡村聚落中,农村人口占全国人口的比重仍高达 53.4%,乡村聚落依然是中国人口的主要居住形式。这些基本国情决定了中国农村发展和建设研究的重要性与复杂性。改革开放以来,中国农业和农村经济发展取得了举世瞩目的成就。但是,广大农村地区社会经济发展依然十分落后,基础设施条件较差,公共服务不足,城乡差距不断扩大。进入 21 世纪以来,中国农村发展问题已成为社会各界极为关注并致力解决的重大问题,众多学者已经将目光更多地投向农村,城乡协调发展的必然趋势也促使人们更多地关注农村。

乡村聚落是乡村人口居住和生产生活的场所,是乡村地域空间的人口聚居点,其形成和发展演变受乡村社会、经济、文化等因素的深刻影响,是乡村经济社会特征的外在表现。长期以来,我国乡村聚落在发展过程中面临和存在着许多突出问题,目前这些矛盾和问题主要表现在以下几个方面。

（1）农村剩余劳动力数量庞大,人居分离现象突出

相关研究表明,目前中国农村剩余劳动力数量约在 1 亿到 1.5 亿。如果考虑边缘性劳动力(可随时加入农业生产的剩余劳动力),中国农村剩余劳动力数量则接近 2 亿(谢培秀,2004)。许多研究也表明,目前中国农村人口处在大规模的迁移和流动时期,大量农村人口涌入城市,但由于城乡壁垒的存在,进城务工的农民不能享有与城市居民同等的社会保险、失业救济、医疗保险等方面的待遇,农村剩余劳动力大多选择"兼业"的方式,只能返回家乡建造新居,造成严重的人居分离现象,农村住房长期闲置。

（2）建房占地与聚落空废化现象并存,农村耕地日益减少

我国土地资源紧缺,人均耕地占有量不足世界平均水平的 40%,约相当于美

国的 1/8、印度的 1/2。2006 年 4 月国土资源部发布的全国土地利用变更调查报告显示，截至 2005 年 10 月 31 日，中国耕地面积为 18.31 亿亩（1 亩≈666.7m²），比上年度净减少 542.4 万亩，全国人均耕地由上年的 1.41 亩降为 1.4 亩。2005 年减少的耕地面积中，建设占用 318.2 万亩，其中当年建设占用 208.1 万亩，灾毁耕地 80.2 万亩，生态退耕 585.5 万亩，因农业结构调整减少耕地 18.5 万亩，4 项共减少耕地 1002.4 万亩。从 1996 年到 2005 年，中国的耕地面积净减少 1 亿 2 千万亩，约占耕地总量的 6.6%。该报告显示，"十五"期间，由于中国经济社会快速发展和生态建设力度加大，加之农业结构调整频繁，全国耕地面积净减少 9240 万亩，由 2000 年 10 月底的 19.24 亿亩减至 2005 年 10 月底的 18.31 亿亩，其中建设占用耕地 1641 万亩，灾毁耕地 381 万亩，生态退耕 8065 万亩，因农业结构调整减少耕地 1293 万亩，共计减少耕地 11 380 万亩，耕地面积年均净减少 1848 万亩。"十五"初期，特别是 2002 年和 2003 年，不少地区出现了盲目投资、低水平重复建设和圈占土地、乱占耕地的势头。

在广大农村地区，随着农村建房热潮的兴起，农村建房占地面积不断扩大，村庄不断向外围扩张，每年都侵占大量的耕地，成为耕地流失加剧的重要原因之一。而与此同时，越来越多的"空心村"在农村出现，村中废弃的宅基地无人居住，也未能整理复垦，造成土地资源的严重浪费。目前，中国正处在全面建设小康社会的关键时期，也是资源供需矛盾的凸显期和资源利益冲突的高发期，这就意味着中国经济社会发展与土地资源的矛盾将更加突出，要保证中国耕地保有量不低于 18 亿亩的"红线"，所面临的压力十分巨大。

（3）小城镇发展迅速，但村庄数量减少缓慢

改革开放以来，我国制定了一系列促进小城镇发展的方针与政策。20 世纪 80 年代，制定了"严格控制大城市，合理发展中等城市，积极发展小城镇"的城镇发展战略；"十五"计划提出，"发展小城镇是推进我国城镇化的重要途径"，"在着重发展小城镇的同时，积极发展中小城市，完善区域性中心城市功能，发挥大城市的辐射带动作用"；十五届三中全会提出，"发展小城镇是带动农村经济和社会发展的一个大战略"，并且出台了《中共中央关于促进小城镇健康发展的意见》等一系列文件。在国家各种政策的引导和促进下，小城镇数量迅速增长，到 2004 年，全国已有 19 892 个建制镇，与 1978 年相比增长了约 7 倍（图 1-1）。

虽然小城镇在数量上得到了较大发展，但却普遍存在着产业支撑能力不足、集聚功能不强、城镇规模过小等突出问题。统计资料显示，目前建制镇人口规模约为 1 万～5 万人，其中以 1 万～2 万居多，如果按非农人口计算，建制镇只有 3000～6000 人。上述问题的形成，根本原因在于乡镇企业规模小、技术水平低、经济效益差和空间布局分散。据统计，2000 年全国有 89% 的乡镇企业分布在行政村（包括自然村），只有 9% 分布在建制镇，2% 分布在县城或以上城市。乡镇企业的分散布

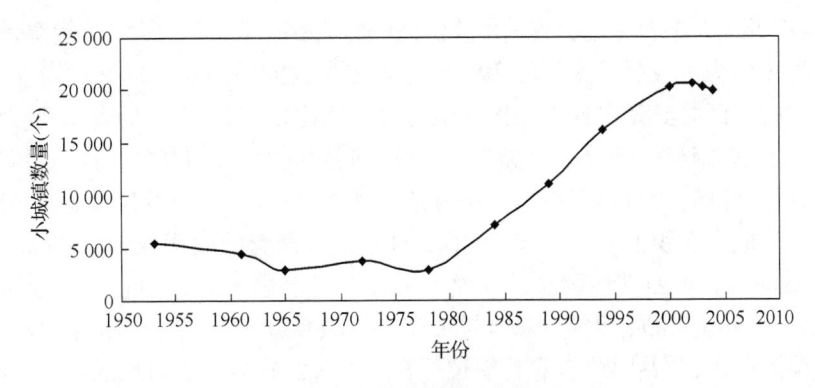

图 1-1　小城镇数量增长趋势

局,直接限制了城镇的集聚效应和农村第二和第三产业的健康快速发展,导致小城镇吸纳和集聚农村剩余劳动力的能力不强,村庄数量减少缓慢,农村城镇化进程难以有效推进。

(4) 村镇发展无序,村庄布局散乱

长期以来,由于我国对村镇体系和居民点建设缺乏科学规划、统一管理和正确引导,导致村镇发展无序、村庄布局散乱。这些现象和问题集中表现在以下几个方面:①村民建房盲目随意,村庄建设处于粗放式发展状态,村庄发展尚未摆脱自然演进模式。农村住宅或是呈现出"满天星"式的分布格局,或是公路通到哪里,新房就建到哪里,沿公路一条龙摆开。②许多村庄不顾条件和实际,"摊大饼"式地盲目扩张,房屋建设讲面积、讲排场,住宅占地超过规定的标准。③大部分农村地区没有形成中心村,多数村庄村容村貌脏、乱、差。④村镇规划技术与理论远远滞后于村镇建设和发展的需要,没有形成一套完整和切实可行的村镇规划理论与技术管理体系,往往将村镇体系规划与居民点建设规划割裂开来,"以镇论镇,以村论村",割裂了镇域范围内各村之间、村庄与镇区之间的联系,无法在镇域范围内统一进行基础设施建设和配置公共服务设施。

(5) 基础设施落后,公共服务不足

基础设施落后和公共服务不足是长期以来制约我国农村社会经济发展的突出问题。"十五"以来,国家对"三农"问题日益重视,加大了对农村基础设施建设和公共服务的投入。国家通过实施农村"六小工程",使农村居民的生产生活条件得到改善;各级政府逐步加大对农村教育、卫生等社会事业的支持力度,农村社会公共服务有所加强。但由于历史欠账多,农村基础设施落后和农村公共服务供给不足的状况仍然没有大的改观。主要表现在:①农田水利设施建设严重滞后。现有的农田水利设施大部分超期运行,老化失修,设施不配套。②农村有近 1/3 的农民因为长期得不到安全饮用水,身体健康受到不良影响。有九千多万农民经常受季节性干旱影响,饮水困难。③农民行路难的问题仍未得到完全解决。全国 65 万个行政村中,有近 4 万个村不通公路,农村公路中沙石路占 70%。④农村能源消费以煤和秸秆薪柴为主,沼气、太阳能等清洁能源在农村能源消费中的比例还相当低。⑤广大农村地区尤其是中西部地区的电力设施还比较落后,全国仍有 2000 万农村人口用不上电,相当一部分农村仍未实现城乡同网同价。⑥农村教育、卫生等社会公共服务设施落后。目前农村中小学有危房面积 3670 万 m^2,危房率达 6.6%,占全国中小学危房面积的 81%。2002 年农村每千人拥有的病床数为 0.79 张,仅为城市的 32.9%。中西部地区农村乡镇卫生院危房率达 33%。农村基础设施建设滞后,农村公共服务供给严重不足,与长期实行城乡分隔的二元经济体制、公共产品供给偏向城市、公共财政在农村缺位等密切相关。在西部农村地区,以农为主的产业结构,使得农村聚落具有高度的分散性,聚落规模普遍偏小,更是加大了农村基础设施建设的难度。

陇中黄土丘陵区是中国较早开发的地区之一,农业发展具有十分悠久的历史。随着人口的不断增长,人地关系日益恶化。在人口与生存压力的驱动下,乡村聚落在空间上不断扩散,形成了极其分散的乡村聚落空间分布格局。作为时间上具有悠久发展历史、空间上具有明显分散化演变过程、现状上人地关系严重失调的农业地区,陇中黄土丘陵区在乡村聚落发展及其空间演变上具有很强的典型性和代表性。

二、研究意义

1. 理论意义

1) 乡村聚落地理是人文地理学的重要研究内容,是研究人地关系的一个重要切入点。但是自第二次世界大战结束以后,随着各国城市建设和城市经济的恢复与快速发展,国际地理学界将研究的重心逐渐转向城市,乡村聚落地理的研究非常薄弱。在中国,随着城市化战略的实施和城市的迅速发展,中国地理界和规划界更是将研究的目标集中于城市,乡村聚落研究远远滞后。本研究以乡村聚落发展及其空间演变为研究内容,试图从不同空间层面构建乡村聚落发展及其空间演变的解释框架,探讨其发展演变的基本规律,对丰富乡村聚落地理的研究内容,推动乡村聚落理论研究具有十分重要的意义。

2) 我国乡村人口众多,乡村聚落数量庞大,生活在广大乡村聚落的乡村人口仍占据我国人口的主体。然而,我国不同区域的乡村聚落均不同程度地存在着居住方式落后、生产生活条件较差等问题,使得居住方式的变革和生产生活条件的改善成为乡村现代化建设的重要内容。因此,寻求不同区域改善生产生活条件有效途径,探讨改善其生存环境的基本模式具有重要的理论意义。

3) 随着城市化进程的加快,农村的生产要素面临着重新组合的要求。从分散

第一章 绪 论

走向集聚，由"同质同构"向"异质异构"（第一、第二和第三产合理配置，人口资源等生产要素的集聚与重新组合）转变。农村市场经济的逐渐建立和完善也要求农村市场要素按市场化取向进行调整。本书以典型农村地区为实证对象，深入分析城市聚落系统与乡村聚落系统的之间关系，论证区域整体发展思想在推动区域与乡村发展中的科学性与重要理论价值，对树立正确的区域发展观、有效协调城乡关系并以此推动乡村聚落发展具有重要的理论意义。

4）运用理论探讨与实证分析相结合、定性分析与定量研究相结合的研究方法，对乡村聚落形态空间结构与社会空间结构进行系统研究，并对乡村聚落形态空间与社会空间之间的关系进行深入分析，对促进乡村聚落研究中地理学与社会学等相关学科的结合、深化乡村聚落研究具有重要的理论意义。

2. 实践意义

1）长期以来，中国城乡分离发展所导致的城乡差距不断扩大、农村基础设施和社会经济发展落后等问题，严重困扰着农村社会经济的发展。本书基于区域整体发展思想和实证分析，对乡村与城镇的关系、城乡统筹与区域城乡空间网络化发展、乡村聚落空间演变的驱动机制等问题进行分析研究，对深入认识和解决典型农业地区的农村发展问题具有重要的实践意义。

2）现代乡村的发展受到国家政策及规划的强烈影响，乡村空间发展政策以及有关规划理论，直接影响到乡村地区的建设和发展。当前广泛开展的村镇规划、区域规划都涉及村庄空间系统的变迁、城乡之间的相互作用、村庄建设等现实问题。但在具体实践中，人们往往用简单化的空间集聚模式来处理当今多样化和复杂化的村庄集聚和村庄空间发展问题，缺乏融合多学科的深入细致的分析和研究，导致规划实施乏力。本书针对聚落布局分散，空间结构散乱，村镇发展无序等乡村聚落发展过程中存在的突出问题，基于"创新城乡地域空间，促进乡村聚落适度集中"的思想，探讨乡村聚落空间集聚和空间结构优化的实践途径，将为农村地区的规划建设提供重要的理论依据和技术支撑，因而对科学指导乡村建设和发展具有重要的实践价值。

3）在农村地域，人口空间分布极为分散，乡村聚落规模普遍偏小，同时又普遍存在着基础设施落后和公共服务不足等问题。在布局分散、规模较小的乡村聚落进行基础设施建设和配置公共产品，不但会加大社会经济成本，而且也难以实现基础设施和公共产品效益的最大化。因此，如何实现乡村基础设施和公共产品的合理布局与优化配置，以最小的投入使最多的人口享受基础设施和公共产品的有效服务，成为农村基础设施建设和公共产品配置的关键。本书结合实证区域的具体实际，分析论证中心村建设的必要性与可行性，中心村建设的原则、内容、结构体系和人口规模等问题，对指导中心村建设和优化乡村聚落空间结构，并以此推动乡村基础设施建设步伐,提高乡村公共服务水平具有重要的现实意义。

4) 乡村聚落建设和发展是一项极其复杂的系统工程,涉及不同层面的许多问题。不同学科基于不同的视角,对于农村的建设和发展进行了广泛探讨。然而,对于如何促进农村发展,从表象到内涵、从形式到内容,不同学科有着不同的解读与回答。乡村聚落地理将充分发挥地理学区域性与综合性的学科优势,综合分析区域自然、经济、文化等因素,系统研究农村的建设和发展问题,对科学指导新时期社会主义新农村建设具有重要的现实意义。

第二节　研究目的与方法

一、研究目的

针对乡村聚落理论研究明显滞后,研究内容分散等问题,结合目前乡村发展和建设的实际需要,本书基于地理学、经济学和社会学等多学科视角,通过对乡村聚落发展、空间分布、基本类型、区位特征以及聚落形态空间与社会空间的内在关系、发展演变、影响因素、驱动机制等问题的分析研究,构建乡村聚落发展演变的解释和分析框架,探讨乡村聚落发展演变的基本规律。具体而言,本书的研究目的主要有以下几个方面。

1) 陇中黄土丘陵区自然背景特殊、乡村聚落分散、社会经济落后、区域特征显著,生态环境与社会经济发展问题极为突出。因此揭示陇中黄土丘陵区乡村聚落时空演变的基本特征与基本规律,分析其发展演变的驱动机制,是本书所要实现的主要目标。

2) 乡村聚落时空演变的影响因素极为复杂,在不同区域以及同一区域的不同发展阶段,影响乡村聚落发展演变的主导因素不尽相同,其空间演变也表现出不同的特征,从而使乡村聚落的空间演变具有明显的区域性特征与阶段性特征。因此,分析陇中黄土丘陵区乡村聚落的时空演变特征,总结其空间演变的区域特征与阶段特征,也是本书极力追求的研究目标。

3) 乡村聚落的时空演变受到多种因素的影响,在不同地理区域,各影响因素在乡村聚落时空演变过程中的耦合关系与作用机理不同。在陇中黄土丘陵区,纵横的沟谷与破碎崎岖的地形,是影响和控制乡村聚落空间演变与空间分布格局的主要自然因素,而本区域长期以来以农为主的经济结构、浓厚的地域传统文化、人口的快速增长以及国家有关农村发展政策的演变等因素,是影响乡村聚落空间演变的主要人文社会因素。因此,在定性分析的基础上,运用数学方法对乡村聚落的空间演变过程、影响因素及其在不同发展阶段的耦合关系进行定量分析,是本书力求实现的目标。

4）综合国内外区域发展的基本理论和乡村建设的实践经验，探讨乡村聚落发展及其空间结构优化的实践途径与基本模式，为陇中黄土丘陵区乡村建设和发展提供理论依据和实践指导。

二、研究方法

（1）理论研究与实证分析相结合

本书遵循"理论—实践—理论"的基本逻辑方法，在现有相关理论研究的基础上，通过典型区域的实证分析，进一步丰富和深化乡村聚落理论研究，注重理论成果在实证分析中的运用与实证结论的理论总结。

（2）文献方法与社会调查方法相结合

在广泛收集相关文献资料的基础上，通过访谈、问卷等形式与手段，在陇中黄土丘陵区秦安、甘谷、通渭、麦积等区县的农业、国土、规划、统计等部门及乡镇和村庄进行实地考察调研。根据研究的需要，选取本区域不同类型的典型村庄进行重点调研，深入了解实证研究区域乡村聚落社会经济的发展现状，掌握研究所需的第一手资料。

（3）定性分析与定量研究相结合

在定性分析的基础上，运用数学模型和统计分析方法对乡村聚落的空间分布、形态、结构等问题进行定量分析。同时，在研究中运用3S方法，进行遥感与GIS分析，用地图直观表达分析结果。

（4）专家咨询

在文献资料分析、政策制度背景分析、研究思路的确定与优化以及实地考察调研等各个环节，均需要听取不同领域专家的意见。

（5）多学科综合研究

在研究中运用数学方法及地理学、经济学、社会学、景观生态学与行为科学等学科的研究方法，系统研究乡村聚落发展过程中存在的各种问题。

第三节 研究内容与框架结构

在研究背景分析和乡村聚落相关概念界定的基础上，本书主要围绕以下内容开展研究：①乡村聚落时空演变过程与演变特征分析。基于RS、GIS等手段与方法，对比分析新中国成立以来不同时期的相关专题地图、TM与SPOT影像，并通过与实证研究区域地形地貌图的叠加分析，分析总结陇中黄土丘陵区乡村聚落的时空演变过程。②乡村聚落发展演变的影响因素分析。本书将在注重分析陇中黄土丘陵区乡村聚落形成与发展演变的自然背景的基础上，综合分析陇中黄土丘陵区乡村聚落空间演变的影响因素。结合不同发展阶段人文社会因素特别是政策制度因素的分析,总结分析乡村聚落空间演变的阶段性特征。③分析乡村聚落的社会生活空间结构,探讨乡村聚落社会空间的形成、发展、演变及其与聚落形态空间的关系。④乡村聚落空间演变的驱动机制与演变趋势分析。乡村聚落空间演变是一个动态的现实空间过程,本书将在以上分析的基础上,进一步分析陇中黄土丘陵区乡村聚落空间演变的驱动要素、动力主体与驱动环节,探讨分析陇中黄土丘陵区乡村聚落空间演变的驱动机制,探讨新时期促进陇中黄土丘陵区乡村聚落发展及其空间结构优化的基本思路与对策措施。研究框架与基本思路如图1-2所示。

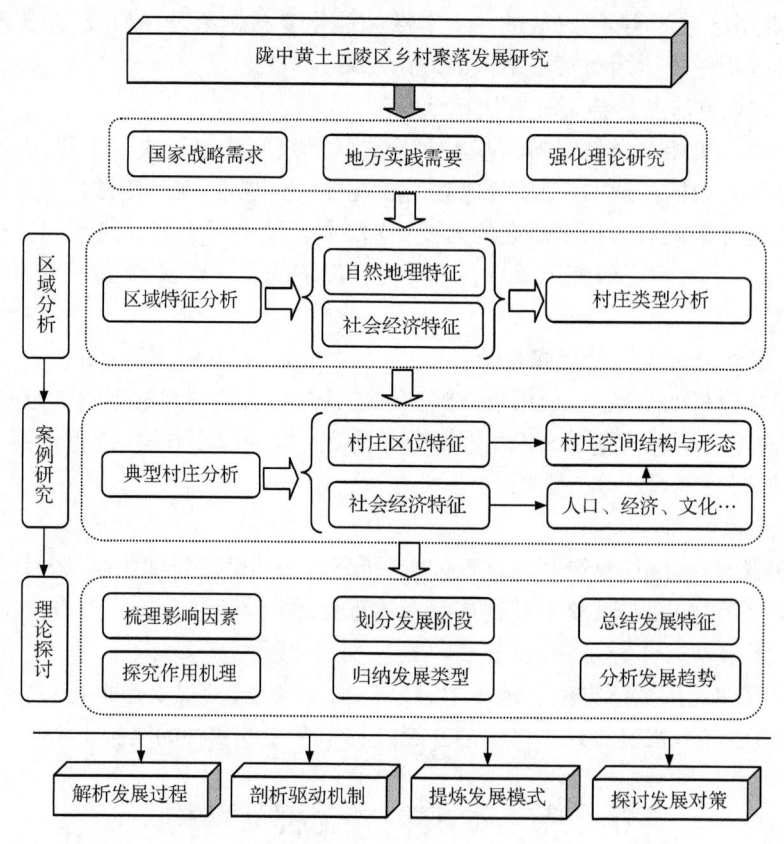

图 1-2 黄土丘陵区乡村聚落发展研究框架与思路

第四节 研究区域概况与资料评估

一、研究区域概况

陇中黄土丘陵区泛指兰州以东、陇山之西、六盘山以南、秦岭以北的黄土丘陵沟壑区,总面积37 129km²。在政区上,陇中黄土丘陵区覆盖了兰州、定西、平凉、天水等市的大部分县区。陇中黄土丘陵区以黄土丘陵沟壑地貌为主,地表破碎,海拔介于1200～2500m。除少量土石山区外,大多数地方土层深厚,适宜农耕。特别是在一些河谷川道的台阶地,地势平坦,土壤肥沃,水热条件较好,历来是甘肃农业的精华地带。丘陵沟壑地带侵蚀强烈,土壤流失严重,土地贫瘠,对农业生产有较强的限制。陇中黄土丘陵区以温带大陆性季风气候为主,热量能满足作物一年一熟的需要,降水少且年际变率大,大部分地区年降水量在300～500mm,干旱严重,地表水和地下水资源都十分匮乏,水资源的不足严重限制了本区域农业生产的发展。同时,本区域天然植被破坏严重,地表植被覆盖度低,生态环境十分脆弱。受人口增长和生态环境脆弱的双重影响,本区域多数农村地区社会经济落后,甘肃中部18个干旱贫困县多集中于此。

二、重点研究区域特征分析

由于陇中黄土丘陵区空间范围较大,为了便于数据资料的获取和研究的开展,同时也为了研究的具体和深入,本书主要涉及陇中黄土丘陵区的秦安县、通渭县、甘谷县和天水市麦积区,其中以区域特征最为典型和最具代表性的秦安县为研究重点,以期实现揭示陇中黄土丘陵区乡村聚落发展演变特征与规律的研究目的。

1. 地理位置

研究重点区域秦安县地处甘肃省东南部,天水市之北,渭河支流葫芦河下游。经纬度范围为东经105°21′～106°02′,北纬34°44′～35°11′。秦安县属天水市辖县,东接清水县和张家川回族自治县,南邻北道区,西连通渭县、甘谷县,北靠庄浪县、静宁县,县人民政府驻地兴国镇。

2. 地质地貌

秦安县在地质构造上属古西北板块之一的中祁连板块,受陇西帚状旋卷构造体系、祁(连)吕(梁)贺(兰)山字形构造体系和南部秦岭东西构造带3个构造体系的复合影响,断裂、褶皱有一定发育,褶皱主体由古生代地层构成。地层基底由元古代震旦系古老结晶变质岩系组成,以片麻岩和灰绿色片岩为代表。加里东运动开始,经历了上升、断裂解体过程。三叠纪晚期,地层产生了大褶曲和与褶曲轴向一致的压性断面,如安伏乡的杨家寺、中山乡的苏家峡向斜褶曲和西川乡的王家湾背斜褶曲等,所见的断面有叶堡乡至吊湾乡断裂带、古城乡的青岗湾和中咀堡断裂带等。全县缺失古中生代地层,伴随印支运动的花岗岩侵入,形成了较多的山间盆地,如兴国盆地和叶堡盆地两盆地间花岗岩侵入体经葫芦河深切,形成陡峻的锁子峡、锦带峡和下王峡。新生代第三纪初期,秦安县受东部陇山运动的影响,大部分地区为下陷区,接纳了第三系红层的广泛沉积,厚度 20m 左右,成为红土壤的母质和来源。至新生代第四纪,地壳升降幅度大大衰减,最后完成盆地的发育,奠定了现代地质构造的基础。在古老的剥蚀面上,依次沉积了下更新统石质黄土、中更新统冲积黄土、上更新统马兰黄土与全新统近代黄土,累计最大厚度约 200m。

　　秦安县地处陇中黄土高原西部,地势西北高东南低,海拔 1120～2020m,高差 900m。县域黄土分布广泛,山多川少,墚峁起伏,沟壑密布,地形破碎,属黄土丘陵沟壑区,地貌特征表现为典型的黄土墚、沟壑与河谷(图 1-3)。纵横的沟谷与破碎崎岖的地形,不但限制了县域大规模聚落的形成,也是影响和控制聚落空间分布格局的主要自然因素。县域主要地貌类型有构造侵蚀低山地形、侵蚀堆积丘陵地形和侵蚀堆积河谷地形。构造侵蚀低山地形主要分布在县域西北的葫芦河与郭嘉河、显亲河之间,在葫芦河东岸的中山梁附近也有分布。海拔 1800～2000m,上覆较厚的黄土层,被山洪切割成众多深沟峡谷,侵蚀作用强烈;侵蚀堆积丘陵地形主要分布在葫芦河下游及南小河、西小河流域,上覆 20～50m 厚的黄土层,海拔 1500～1800m,多为新生代盆地(如兴国盆地、叶堡盆地等),沟谷下切与溯源侵蚀强烈,属侵蚀残留的黄土梁地形,山梁呈条带状,顶面平缓,宽 50～100m 不等,两侧坡度 15°～20°;侵蚀堆积河谷地形主要分布在葫芦河及其支流清水河、南小河、显亲河等河谷中,按其成因,分为河谷堆积阶地地形与滑坡堆积地形。在松软的新第三系地层中,形成葫芦状的小盆地。在盆地内和清水河、郭嘉河和南小河中,均堆积了厚度不等的堆积物,发育了一至三级阶地,为县域城乡聚落的密集分布区域。

图 1-3　秦安县地貌图

秦安县黄土地貌发育。根据黄土地貌的发育程度和地貌形态特征,县域黄土地貌可分为黄土梁、黄土峁、黄土坪、河谷、谷坡和潜蚀地六类。黄土梁呈长条状,梁顶脊线起伏较小,梁长一般为几十公里,宽度在150~450m,横断面呈明显的穹隆状。县域主要的黄土梁有王铺梁、中山梁、千户梁、云山梁和魏店—安伏梁,均趋向县城所在的兴国盆地。全县梁坡面积达932.09km², 占县域总面积的58.21%,粮田和乡村聚落多分布在黄土梁坡的台阶上;县域黄土峁分布较少,也不太典型,峁顶和峁坡面积合计约占县域总面积的5.5%;县域滑坡、崩塌和曳溜均有发生,由滑坡形成的小型湾地较多,以河谷和沟壑两侧发生较多。曳溜多发生在坡度30°左右的黄土谷坡上;县域潜蚀地貌主要有黄土碟和陷穴两种,黄土碟多分布在山地较平缓处,陷穴在路边、田地随处可见,在切沟和冲沟的沟头附近最为发育。黄土的湿陷性和黄土滑坡、崩塌等潜在地质灾害的存在,不但不利于高大建筑的形成,而且对聚落安全构成直接威胁。

3. 水文河流

秦安县地表径流的大小取决于降水补给的多少,多年平均径流量为8310万m³,年均径流深度为52mm。径流的年内分配不均,4~6月占全年的17%,7~9月占全年的55%,其余6个月占全年的28%。县域径流在空间分布上以清水河流域最高,径流深度为76mm,年均每平方公里径流量为7.6万m³。南小河流域径流深度为43.3mm,年均每平方公里径流量为4.3万m³。秦安县河流、沟谷分布均匀,河谷多呈葫芦状,蜿蜒曲折。水系以纵贯南北的葫芦河水系为主,在县域内汇集了清水河、南小河、显清河、西小河四大支流,流域面积为1493.34km²。散渡河水系次之,流域面积107.79km²,两水系均属渭河水系。葫芦河发源于宁夏西吉月亮山南麓,全长296.3km²,经宁夏回族自治区西吉、隆德和甘肃省静宁、庄浪4县,自好地乡李家河村进入秦安县境内,自北而南流经好地、安伏、叶堡、兴国、西川和郑川6乡镇,在郑川乡庙咀村出境,于天水三阳川汇入渭河,总流域面积10 652.5km²。

秦安地下水分布的山川差异较大。河谷川道地区地下水较为丰富,而在黄土丘陵山区,地下水的补给主要依靠大气降水。全县地下水净贮量为6244.21万m³,除葫芦河少数地方略带咸味外,其余均为无色无味的淡水,适宜人畜饮用及灌溉。在兴国盆地,地下水埋藏在第四系全新统砂卵砾孔隙中,含水层厚度6~12m,深度5~10m;在叶堡盆地,一、二级阶地均埋藏有含水的松散砂卵砾石层,水层厚度13.15 m,四周边缘地带仅6.5m,埋藏深度一般小于6m。在沟谷潜水区,地下水总潜流量约145.12L/s,每年为456.26万m³,单井最大出水量为16~30t/h。在黄土梁潜水区,地下水埋藏在上覆黄土及亚黏土的下部,深度一般为20~70m,单井最大出水量为8~20t/h,是长期以来人畜饮水的主要水源。但近十多年以来,随着地下水位不断下降,出露泉水、井水已基本干涸,人畜饮水主要依赖于雨水集流工程(水窖)。

4. 气候植被

秦安县属陇中南部温和半湿润季风气候区,气候温和,日照充足,降雨较少,干旱频繁,大陆性季风气候显著。年平均气温为10.4℃,最热月(7月)平均气温22.7℃,最冷月(1月)平均气温-3.4℃,年极端最高气温为37.8℃,极端最低气温为-18.9℃。年平均日照时数为2208.1小时,太阳辐射量由川区向浅山区、深山区递减。无霜期平均初日为4月23日,终日为10月12日,年平均174天。全县多年平均降水量为507.3mm,最多年为734.9mm,最少年为313.4mm,年降水一般集中在7、8、9月,年平均蒸发量1448.8mm。由于降水时间短,蒸发量大,常有暴雨、冰雹和伏旱发生。9月降水变率为46%,常发生秋旱和秋涝。受地形影响,降水的地理分布具有自中部向南北山区递增的趋势。

秦安县有乔木、灌木、草本、果树、药用植物和观赏植物等植被种类,以草本植物最多,约260种,占植物总种数的59.30%。植被类型以半干旱型森林草原植被为主,天然植被有温带草原类型和温带森林草原类型。温带草原是县域的主要植被类型,主要分布在海拔1500～1800m的阳坡和半阳坡,是由多年生低温旱生草本植物组成的植物群落,形成针茅草原群系。温带森林草原类型主要分布在海拔1800～2000m的阴坡或半阴坡,耐阴喜湿,由夏绿阔叶林、灌丛和草本植物组成,主要植被有刺槐、杨树、冰草、沙棘、蒿类、地椒群丛等。由于原始森林破坏殆尽,秦安县现状植被种类较为贫乏。现有林木基本为人工栽植,主要有洋槐、白杨、酸刺等乔灌混合林。人工栽培的草类主要有紫花苜蓿、红豆草、沙打旺、聚合草等。

5. 土壤矿产

秦安县土壤共分为褐土、黑垆土、潮土、冲积-洪积土、红土、黄绵土7个土类,14个亚类,35个土属,57个土种。全县土壤构成中黄绵土面积最大,占总面积的40.8%,黑垆土面积次之,占总面积的24.6%,红土占总面积的20.3%。黄绵土是在黄土母质上直接耕种发育而成的初育土,主要分布在黄土山梁区的下半部和峁、墚、塬、咀等位置,有机质分化过程旺盛,结构不良,成粉状,熟化层薄,熟化程度低;黑垆土肥力较高,是比较保产耐旱的旱作农业土壤,一般分布在海拔1250～1700m之间较为平缓的黄土丘陵山区的墚顶、墚坡、阴山湾或河流两岸的高位阶地上。县域黑垆土有麻土和黑垆土性土壤两个亚类,其中麻土有黑鸡粪土、白鸡粪土、红鸡粪土和麻鸡粪土四个土属,以白鸡粪土和麻鸡粪土所占比重最高,分别占麻土面积的33.43%和44.7%。黑垆土性土壤主要分布在陡坡荒地上,水土流失严重,在好地乡的老爷山、尖角山,西川乡的姜家湾梁顶,千户乡的瓦子沟两侧,兴国镇的杨家沟、板叉沟两侧均有大面积分布,占黑垆土类面积的 3.3%。

秦安县境内矿产资源贫乏,铁、钢、锰、铝等金属矿藏量均很少,品位很低,开采和利用价值不大。非金属主要有花岗岩、石灰岩、黏土矿、砂砾石、石膏、芒硝、泥炭等,矿藏分散,开采和利用价值较低。花岗岩主要分布在县城以北的锁子峡和游夫子沟,其中锁子峡花岗岩规模最大,块度好,是当地居民修筑水渠、河堤、墙脚和路基以及制作石磨、石窝等的主要材料。此外,县域还分布有高岭土、方解石、大理石、石英石、电气石、石棉、云母等,但数量少,开采利用难度较大。

6. 社会经济

秦安县现辖 5 镇 12 乡、515 个村委会和 6 个社区居委会,共有 1384 个村民小组。2009 年全县总人口 61.6 万人,其中农业人口 57.4 万人,人口密度 384 人/km²。县域分布有汉、回、满、土家、藏、苗族等少数民族,其中汉族人口占总人口的 99.67%。秦安县东西长约 65km,南北宽约 50km,全县总土地面积 1601.6km²(240.17 万亩),总耕地面积 105.17 万亩,其中山地 100.5 万亩,川地 4.6 万亩,人均耕地 1.73 亩,2009 年国内生产总值 25.19 亿元。农作物以粮食作物为主,粮食作物以冬小麦、玉米、马铃薯三大作物为主,其次为高粱、谷子、糜子、荞麦、洋麦、莜麦、豆类等。经济作物有胡麻、油菜子、向日葵、瓜果等。

秦安县人多地少,资源贫乏。近年来,全县因地制宜,大力发展以苹果、蜜桃和花椒为主的林果业,积极发展乡镇企业、规模养殖和商贸流通业等产业,形成支撑县域经济发展的特色支柱产业。经过多年建设,全县公共服务和基础设施状况得到较大改善。截至 2004 年,全县有各级各类学校 426 所,其中完全中学 4 所,农村职业中学 2 所,初级中学 27 所,小学 385 所,学龄儿童入学率达 99.33%。有卫生机构 30 个,其中中心卫生院和乡卫生院 23 个,有床位 571 张。2004 年,全县公路总里程达 1794km,310 国道由北向南贯通县境。全县有邮政局(所)17 个,电信局(点)3 个。有 440 个村通电话,占全部行政村的 78%。全县电视覆盖率达 96%,515 个行政村全部通电,通电农户占总户数的 98.7%。

7. 历史沿革

秦安县具有悠久的发展历史,距今七千八百多年的新石器时代大地湾遗址证明,这里是中华民族的发祥地之一,是中华民族文明的摇篮。秦安文化古迹甚多,境内现存文庙"大城殿"、元代兴国寺和清代"泰山庙"等古建筑,有大地湾新石器时代仰韶文化早期遗址及崖背里、孙家村、雁掌坪遗址、阴洼坪、曾祖庙等仰韶和齐家文化遗址等共七十余处,其中有两处为国家级重点文物保护单位。

秦安县早期地属雍州。公元前约 1000 年,非子为周孝王牧马有功,封非子邑地于秦,县地属秦。秦昭王二十七年(前 280 年)始置陇西郡,秦安地属陇西郡。汉晋隋唐以来，以郡辖县，区域多变。宋金时期，朝廷在边疆地区设置了城、堡、寨、镇等许多行政区域，有的隶属于州，有的隶属于县。腊家城是隶属于州的县级区划，是秦安县建制的最早雏形。《大清统一志》记载："金正隆中，始以宋之腊家城置秦安县，即今治也。"金正隆二年（1157年），将鸡川寨改置为鸡川县。金世宗大定二十七年（1187年），将陇城寨改置为陇城县。元世祖至元七年（1270年），将陇城县和鸡川县并入秦安，这是秦安县建制以来县域范围较大的一次变动，也是秦安县域趋于稳定的开始。明嘉靖时期，秦安县东与清水县相接，西北与平凉府静宁州、通渭县相接，西南与伏羌县（今甘谷县）相接，东南与秦州相接，西连三阳川。新中国成立以后，秦安县域几经划拨，到1957年行政区划基本稳定。

在历史时期漫长的发展演变和纷繁的朝代更迭中，县以下行政机构和管理体制的设置在不断发生着调整和变化。自秦朝起，县以下开始设立乡、亭、里，十里一亭，十亭一乡，乡有三老，亭有亭长。亭一般设于人口集中的集镇和交通要道，主要负责治安管理。这种体制设置持续了较长时间，被一直沿袭至隋唐时期；自五代时期起，县以下开始设置乡、邻、里制，以百户为里、五里为邻，并在城中设坊，乡村设村；宋金时期，朝廷设置了城、堡、寨、镇等地方行政机构，分别隶属于州和县，隶属于州者相当于县一级政区，隶属于县者为县以下政区。秦安县境内曾设置秦、陇城、鸡川、牧马、长安5寨和腊家城等城堡，其中陇城和鸡川两寨为县一级政区；元代在各级地方行政机构中均设置了达鲁花赤职位，位高权大，为最高地方行政长官。县以下政区推行村社制，秦安县以50家立一社，选年高懂农事者为社长；明朝县以下推行里、甲制，以110户为一里，一里分十甲，里设里长，甲设甲长。城中者称坊，近城者称厢，乡村者称里。明嘉靖年以前，秦安县共设有10里，其中县城内设有坊厢、附廓、坊下3里；清朝推行里、所制，所的长官称千户、百户，战时统率军士进行征战，平时垦荒屯田自给，与地方行政毫无关系。后来，由于边境地区屯田日渐废弛，为了保证军士的给养，卫所不得不兼理民事，军队眷属和各里村落错居，军士和老百姓基本上没有什么区别；民国初年，县以下废里设区，实行区、村制。全县划设中区、东区、西区、南区和北区共5区，区内住户分编牌甲，以5家为牌，设牌正副各一。10牌为甲，设正副甲长各二。区署设立后，改保甲为村制，10甲为村，特殊区域设闾，4闾为村，并先后设立了区公所、村公所和镇公所。

县以下行政机构和管理体制设置的调整与变化，不但反映了历史时期的政治、军事形势和行政管理特征，同时也反映出乡村人口和聚落发展演变的一些基本特征。此外，秦安县境内曾存在过许多飞地。民国末期，县域内将近一半的乡镇有飞地，天水、通渭、甘谷3县在秦安县境内的飞地约有88个自然村。同时，在静宁、庄浪、通渭等周边区县也存在有许多秦安县的飞地，总数达一百余村。新中国成立后，从1950年11月开始，在政府的协调和工作下，经过连续几年的努力，彻底解决了县内县外存在的飞地问题。

三、资料评估

1. 文献资料

文献资料包括中英文专著、期刊论文、硕博士论文和秦安县、通渭县、甘谷县和麦积区历史文献资料(均已在"参考文献"中列出)。

2. 统计数据

1) 统计年鉴:主要包括各县区的《国民经济历史统计资料》(1949~1990年)和《统计年鉴》(1991~2010年)。

2) 土地利用数据:各县区的土地利用数据;耕地调查报告。

3. 图像资料

各县区土地利用现状图(2000年)(1:1万)
各县区地形图(1975年,1985年,2000年)(1:5万、1:1万)
各县区地貌图
各县区农用地分等单元图(1:5万)
各县区典型村庄遥感影像资料
各县区行政区划图(2005年)(1:25万)

4. 实地访谈调研资料

论文围绕研究的需要,在实地调研阶段进行了广泛的问卷、访谈与调研工作。访谈对象包括政府相关部门(主要包括各县区土地局和各乡镇政府)、调研村庄的村委会干部和居民。以村庄为调研单元,共完成王甫乡、郭嘉镇、刘坪乡、安伏乡、叶堡乡5个乡镇12个行政村(梁岘村、马庄村、程崖村、程沟村、窦沟村、侯滩村、大坪村、墩湾村、寺咀村、王甫村、吴湾村、龚川村)51个自然村的调研工作,掌握了开展研究所需的第一手资料。

第五节　本书中涉及的几个基本概念

一、聚落的相关概念

1. 居民点、城市聚落与乡村聚落

"聚落"(settlement)一词源于德文,意即居住地。在《辞海》中,"聚落"被解释为"人聚居的地方"及"村落"。《现代地理学辞典》(P672)中,"聚落"被定义为:"聚

落是人类为了生产和生活的需要而集聚定居的各种形式的居住场所。包括房屋建筑的集合体，以及与居住直接有关的其他生活设施(如道路、公共设施、园林绿化、港站等)和生产设施。聚落又称为居民点"。按照性质与规模等的不同，聚落(居民点)通常划分为城市型和乡村型(即城市聚落和乡村聚落两大类)(图1-4)。

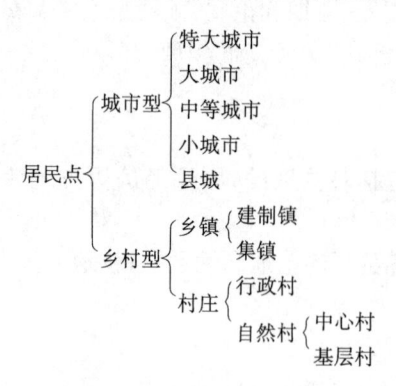

```
             ┌ 城市型 ┬ 特大城市
             │        ├ 大城市
             │        ├ 中等城市
             │        ├ 小城市
居民点 ┤        └ 县城
             │
             └ 乡村型 ┬ 乡镇 ┬ 建制镇
                      │      └ 集镇
                      └ 村庄 ┬ 行政村
                             └ 自然村 ┬ 中心村
                                      └ 基层村
```

图1-4 居民点体系结构图

城市聚落即城市(city)，是指具有一定规模的人口和建筑、绿化、交通等用地，第二及第三产业高度集聚的、以非农业人口为主的居民点。古代城市起源于历史上手工业和农业的分离，并随阶级和国家的出现而产生，其职能以政治中心、军事城堡和商业集市为主。现代城市的形成和发展以工业化为主要推动力，是现代大工业、现代科学技术、商业和文教事业高度集聚的产物。社会化的城市生活方式和人口、建筑高度密集的城市景观，是现代城市的主要特征(《现代地理学辞典》P672)。

乡村聚落即乡村居民点，中国古代泛指有别于都邑的农村人口居住地。西方通常有两种观点：其一认为乡村聚落是建筑在乡村地区或非城市地方的居民点，所说聚落除农业人口居住地外，还包括从事矿物开采、牧渔业、工业制造、甚至旅游人口居住地等，即只要地域上不在城市，都属乡村聚落；另一认为乡村聚落指以农业为生的人口居住地。从乡村聚落的实际情况看，后者所限范围过于狭窄。虽然农村是乡村聚落的主要类型和主体，但不能涵盖乡村聚落的全部，乡村聚落至少应包括渔村、牧村、副业村等聚落类型。随着乡村社会经济的多元化发展，必然会催生出更多乡村聚落类型。

依据自然地理条件的差异，中国的乡村聚落可分为山地聚落(包括缓坡地带)、高原聚落、平原聚落(含低洼盆地、平坝)、草原聚落、沿海丘陵聚落、湖滨水域聚落等类型。由于地形地貌和气候条件的无限多样性，同一地理单元内的聚落又可划分为许多亚类。同时，任何形式的聚落都建立在与之相适应的经济活动之上，服从并服务于一定的经济生活。依据经济活动方式的不同，我国乡村聚落在宏观上可

第一章 绪 论

分为农业聚落和非农业聚落两大类型。非农业聚落又细分为渔村、牧村、副业村、工矿业村等具体类型。按照《城市规划法》和《村庄和集镇规划建设管理条例》的划分,乡镇中的建制镇属于城市聚落类型,而其余则属于乡村聚落类型。2000年2月建设部又颁布了《村镇规划编制办法》,适用于乡村聚落。

2. 一般镇(集镇)与建制镇

一般镇(集镇)是指乡、民族乡人民政府所在地和经县级人民政府确认的由集市发展而成的作为一定农村区域经济、文化和生活服务中心的非建制镇(《村庄和集镇规划建设管理条例》,1993)。

建制镇是一定农村区域的政治、经济、文化和生活服务的中心。1984年国务院批转的民政部关于调整建镇标准的报告中关于设镇的规定为:①凡县级地方国家机关所在地,均应设镇的建制。②总人口在2万以下的乡,乡政府驻地非农业人口超过2000的,可以建镇。总人口在2万以上的乡,乡政府驻地非农业人口占全乡人口10%以上的也可建镇。③少民族地区、人口稀少的边远地区、山区和小型工矿区、小港口、风景旅游、边境口岸等地,非农业人口虽不足2000,如确有必要,也可设置镇的建制。

3. 村庄

"村庄"亦即乡村居民点,通常又称为"村落"。《村庄和集镇规划建设管理条例》中将村庄定义为:"村庄是指农村村民居住和从事各种生产的聚居点"。

在我国,与村庄相关的概念有行政村、基层村、中心村、自然村等。行政村是一个行政概念和辖区概念,作为乡(镇)以下的一级组织,行政村由若干自然村组成,村委会所在地一般是乡村中较大的聚落(居民点)。自然村亦即基层村,是由若干农户宅院集聚而成的最基层的居民点。为了便于表述和研究,本文用"村庄"泛指空间意义上的自然村。中心村不同于行政村,是指在空间上位于周围若干村庄的中心,在功能上能为周围若干村庄提供一定公共和基础服务的规模较大的村庄。在我国许多山区乡村,中心村建设与发展还相当滞后,与理论意义上的中心村相距甚远。

二、乡村聚落系统的概念

乡村聚落系统是指在乡村地域——非城市化空间——范围内,由乡村聚落所组成的具有层次和功能结构特征的乡村聚落群体,包括分布在乡村地域的各种形式的乡村人口聚居点,具体包括村庄(自然村)、集镇和县城以外的建制镇。乡村聚落系统即通常意义上的村镇体系。乡村聚落系统结构如图1-5所示。

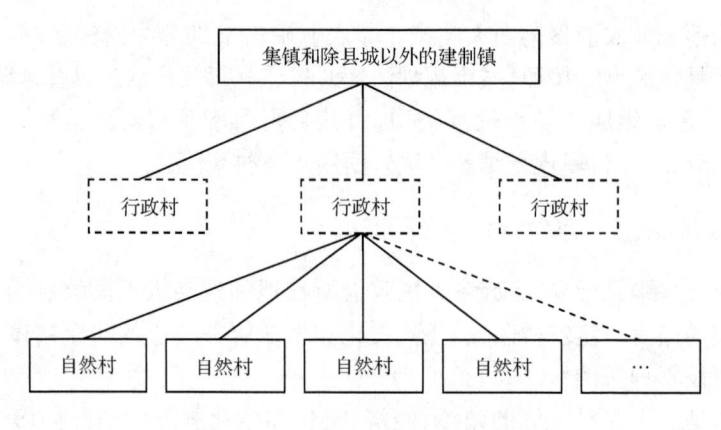

```
          集镇和除县城以外的建制镇
         ┌──────────┼──────────┐
       行政村      行政村      行政村
                 ┌─┼─┬─┬─┐
               自然村 自然村 自然村 自然村 …
```

图 1-5　乡村聚落系统结构图

三、乡村聚落空间结构的概念

聚落空间结构是一个具有广泛内涵与外延的概念。狭义的聚落空间结构概念一般是指聚落内部的空间结构，如在城市聚落空间研究中，西方国家一般将城市内部空间结构称为城市空间结构。伯恩(Bourne,1971a)认为，城市空间结构包括城市形态和城市相互作用，其中城市形态是指城市各个要素的空间分布模式；城市相互作用是指城市要素之间的相互关系；城市空间结构则以一定的组织规则，将城市形态和各个子系统相连接，并整合成为一个城市系统。广义聚落空间结构的概念除了包含聚落内部空间结构之外，还包括聚落体系空间结构（如城镇聚落范畴中的城镇体系空间结构、乡村聚落范畴中的村镇体系空间结构）和聚落社会空间结构等内涵。20世纪初，德国地理学家施吕特尔(O. Schluter)就认为研究整个聚落空间网络比研究单个城镇或村庄的形式和位置意义更大。

聚落社会空间结构即聚落社会系统各要素的空间分布状态及其空间关系，研究内容包括聚落居住空间、日常生活空间、社会群体和生活质量等。从国内外研究现状来看，聚落社会空间结构研究多集中于城市社会空间结构研究，研究内容涉及种族的空间分布、城市政策、贫困、城市管理、公共空间、公共服务和设施、社会福利、社会区划分、城市感应空间、人口迁居和城市环境质量等方面。相对于城市聚落复杂的社会空间结构而言，乡村聚落由于人口用地规模较小、经济活动类型和社会群体结构单一，因而其社会空间结构较为简单。

为了系统深入地研究乡村聚落的空间结构特征，在本研究中，将乡村聚落空间结构区分为"地域—形态空间结构"和"社会空间结构"。地域—形态空间结构包括乡村聚落系统空间结构（村镇体系空间结构）、乡村聚落群空间结构和单体乡村聚落空间结构（聚落内部空间结构）（范少言和陈宗兴，1995）；社会空间结构从乡村居民的自然生活空间和各种行为活动轨迹的角度，主要研究乡村聚落的居住空间和社会生活空间。

第二章 国内外相关研究文献综述

第一节 国外乡村聚落发展及其空间结构研究述评

一、研究进展

国外关于乡村聚落的研究起步较早。19世纪,法国地理学家就开始了对乡村聚落的研究,随后德国地理学家在乡村地理的研究中,对乡村聚落、土地利用、农业活动和乡村文化景观等问题进行了系统研究。19世纪末20世纪初,聚落地理学逐步发展为独立学科,并在各国形成不同学派和不同研究特色。德国以科尔·梅村(Meitzen)、拉采尔(Ratzel)、米尔卡(Mielke)为代表创立了聚落景观论,为聚落地理学的发展奠定了基础。法国以维达尔·白吕纳为代表,着重从社会、自然综合观点研究聚落。英国地理学家对聚落历史地理与区位的研究贡献较大。美国从现实和未来居住地域出发,着重聚落地志和区位实际调查研究。随着工业化和城市化进程的加快,城镇聚落的作用日益加强,有关城市经济结构、职能、类型等问题的研究,大大丰富了聚落地理学的研究内容。

从研究进展来看,国外乡村聚落的研究经历了以下4个阶段。

1) 19世纪至20世纪20年代,乡村聚落地理的研究主要集中在聚落与地理环境特别是与自然地理环境之间的关系方面。1841年,德国地理学家科尔(Johann Georg Kohl)在其著作《人类交通居住地与地形的关系》一书中,对聚落的形成进行了较为系统的研究,并对大都市、集镇和村落等不同类型的聚落进行了比较研究,论述了聚落分布与土地的关系,重点研究了地形差异对村落区位的影响。此后,在德国的拉采尔、法国的维达尔、白吕纳、德曼雄以及美国学者鲍曼等的推进下,聚落地理研究得到初步发展。1895年,梅村(Meitzen)基于对德国北部的农业聚落的考察,全面分析了聚落形态、聚落形成的因子、聚落发展的过程与条件等问题,初步提供了聚落地理研究的理论基础。1902年,路杰安(Lugeon)对村落位置与地形、日光等环境要素的关系进行了深入分析(金其铭,1988)。法国学者白吕纳对乡村聚落与环境的关系进行了全面研究,他认为,不仅房屋的位置受自然环境的影响,而且村落的位置也同样受这些环境的影响(陈干和贾玉莲,2001)。总之,这一时期乡村聚落的研究范围较小,并以描述说明为主。由于受当时生产力发展水平的制约,对乡村聚落的研究主要偏重于自然环境方面。

2) 20世纪20年代至60年代,第二次世界大战以后的城市重建以及经济发展引起的城市化浪潮,在推动城市地理学迅猛发展的同时,一度使得乡村地理学处于衰退状态。这一时期,对乡村聚落研究做出重要贡献的当数德国地理学家克里斯泰勒。克氏通过对德国南部乡村聚落市场中心和服务范围的实证研究,于1933年创立了中心地理论,推动了乡村聚落的理论研究,对乡村中心建设和乡镇空间体系规划发挥了重要的理论指导作用。除此之外,美国学者 Robert Burnett Hall (University of Michigan)在区域自然差异分析的基础上,对日本乡村聚落的类型、特征以及不同文化对日本乡村聚落形态的影响进行了深入分析(1931年);Glenn T. Trewartha 通过对美国密西西比河上游殖民地乡村聚落的研究,认为乡村地域的农业类型、区域特征和乡村规划,取决于每个家庭占有不同类型土地的愿望和城镇经营者对土地的分配与补偿(1946);Leonard Unger 从地理位置、人口增长、农业区域(agricultural regions)、土地占用与耕作范围(land tenure and size of farms)及聚落模式等方面,对意大利坎帕尼亚区的乡村聚落进行了综合研究(1953)。在该阶段,前苏联学者萨乌什金和科瓦列夫等也对乡村居民点等问题进行了研究。但这一时期乡村聚落的研究主要侧重于对村落的原始形态、村落分布、区位条件等方面的描述,而且多限于小区域的实地考察成果,研究的内容也主要集中于乡村聚落的形成、发展、类型、模式、职能、规划等方面。

3) 20世纪60年代至80年代,乡村聚落研究在方法上产生重大变革。1963年,鲍顿(L. Burton)正式提出地理学的"计量革命"口号,计量地理学得到迅速发展并对地理学产生重大影响,对乡村聚落的研究也起到了极大的推动作用,乡村聚落研究不仅在内容上有很大扩充,方法上也逐步走向定量与定性相结合的道路。这一时期,芝加哥大学的贝里(B. J. L. Berry)利用数理统计方法,连续发表了数篇有关中心地划分的论文。1964年,美国德克萨斯州立大学地理学教授 George W. Hoffman 从自然条件、政府政策、人口迁移等方面,较为系统地研究了保加利亚乡村聚落的形成和发展过程。1970年,道温斯又提出人文地理学的"行为革命"口号,主张地理学的首要任务是研究"空间的行为"与"空间的感应",行为地理学迅速发展起来并逐步得到学术界的认同,乡村聚落研究也开始广泛应用行为科学的成果,将心理因素引入具体研究之中,研究人与环境的平衡与反馈原理,强调人类决策行为对改变聚落分布、形态和结构的作用。70年代以后,西方出现了乡村地理学的"再生",研究领域大为拓展,同时建立了大量研究机构。这一时期乡村聚落研究的论著也不断增多,如邦斯(M. Bunce)的《都市世界的乡村聚落》、基士姆(M. Chisholm)的《乡村聚落和土地利用》和 F. S. Hudson 的《聚落地理学》等。在人文地理和乡村地理通论著作中,关于乡村聚落的研究内容也逐渐增多。

4) 20世纪80年代以后,在众多哲学思潮特别是后现代主义、存在主义、理想主义以及激进地理学、人本主义地理学、结构主义地理学和批判现实主义地理学的影响下,西方乡村地理学研究范式也从空间分析逐渐向社会和人文方向转型,研究

第二章 国内外相关研究文献综述

内容涉及乡村聚落模式的演变、乡村人口与就业、乡村交通、聚落政策、乡村规划、乡村危机与乡村聚落变迁、环境可持续发展等方面(Pacione,1983;Hall,1996;McGrath,1998;Rey et al.,1998;Njegać,1998;Turnock,1998),乡村聚落的研究内容日益多元化。近年来,乡村聚落研究的内容更是扩展到人口密度对乡村聚落系统的影响、乡村社区类型与老年人居住区域的关系、乡村聚落的人口结构、乡村社区的商业与性别差距、农村女性主宰的家庭与贫困、农村妇女的地位、城郊乡村变迁中的社区、种族与阶层划分、后社会主义重建与人口再分布等方面,研究的内容日益具体、深入和全面,研究范式的人文社会趋向也日益明显(Kiss,2000;Czetwertynski-Sytnik and Koziol,2000;Carolan,2005;Cocklin and Dibden,2005;Argent,2005;Burholt and Naylor,2005)。

二、研究内容

通过对大量检索文献的梳理和分析,可以看出国外乡村聚落的研究内容总体上经历了由简单到复杂,从单一向综合、从空间分析向人文社会方向转变的发展变化过程,其主要研究内容可概括为以下几个方面。

1. 乡村聚落影响因素的研究

在乡村聚落形成、分布及发展的影响因素方面,经历了由单要素到多要素,由注重自然因素到综合考虑社会、经济、自然诸因素的发展阶段。20世纪20年代以前,以科尔、拉采尔、维达尔、白吕纳、A 德曼雄、鲍曼等学者为代表,乡村聚落影响因素的研究主要集中在自然因素方面。第二次世界大战结束以后,前苏联学者萨乌什金和波克希舍夫斯基等已提出生产分布对居民点分布具有决定性作用的观点。此后,乡村聚落影响因素的研究逐渐扩展到人文社会领域,研究的因素涉及政府政策、人口迁移、人类决策行为、乡村交通、人口密度和社会文化等方面,乡村聚落形成与发展影响因素的研究逐渐趋于全面与综合。

2. 乡村聚落分类与形态的研究

聚落分类研究始于20世纪初,首先将聚落划分为乡村和城市,然后再分别进行研究。在乡村聚落的分类及形态研究方面,以梅村关于德国聚落和农业关系的研究为标志,国外学者围绕乡村聚落类型和分类标准等问题开展了大量研究,提出了一系列乡村聚落类型划分的指标体系。

梅村(Meitzen)认为,当代农庄的分布模式是永久定居在农业区的栽培者的指示物,凯尔特族人居住在孤立的农庄,斯拉夫人居住在圆形和街道村庄,德国人居住在不规则的群集村庄中。其后,划分乡村聚落类型大多使用聚落个体形态作为标准,如德孟雄在聚落类型两分法(将聚落类型划分为聚集和散布两种形态)的基础上,依据聚落个体本身形态把法国聚集聚落再细分为线型、团状和星形村庄(Demangeon 1928,1939)。由于单纯依据聚落个体形态划分聚落类型存在明显的缺陷,学者们在之后的研究中开始注重运用多种指标来划分乡村聚落的类型。前苏联学者良里科夫和科瓦列夫在这方面做了较为深入的研究。1959年,科瓦列夫就提出了应依据社会经济基础、技术经济条件、居民点人口数、居民点密度、居民点之间的联系及其空间组合、地形位置和典型的平面形态等因素进行聚落综合分类的观点,并认为在众多因素中,社会经济因素是最重要的因素。此外,克里斯泰勒(Christaller,1961)、罗伯茨(Roberts,1979)等也对乡村聚落类型进行了深入研究。如克里斯泰勒(1961)把村庄类型划分为不规则的群集村庄和规则的群集村庄,后者又细分为街道村庄、线形村庄、庄园村庄等类型;罗伯茨(1979)根据乡村聚落的形状、规则度及开阔地的有无提出了村庄分类计划。在以往乡村聚落的分类研究中,由于只关注了聚落个体的平面形态而忽视了乡村聚落的空间地域功能,国际地理联合会曾提出了包括功能、形态位置、起源及未来发展四个基本标准(细分为66个亚标准)的乡村聚落一般类型的划分方法,使乡村聚落分类研究的理念有了突破性发展,弥补了以往乡村聚落分类指标体系设计的不足。但由于该方法蕴含了高度的技术性和抽象性,使其适用性和可操作性受到限制和影响。事实上,由于每个聚落都有自己的起源、发展历史、地理条件、形态结构及职能特点,故难以制定一个包括各类因素的综合分类系统。

总体来看,自1921年美国学者奥罗休(Aurousseau)提出城市型聚落的定性描述分类后,聚落分类经历了一般描述、统计描述、统计分类等过程。1960年以来,随着人们对聚落认识的日益加深,各种统计资料日臻完善,分类方法不断进步,特别是电子计算技术的广泛应用,使城市聚落分类从定性描述向定量分析转变,而定量分析又从运用单一指标发展为运用多指标、多变量分析,主成分分析和聚类分析方法得到了广泛的应用。

3. 乡村聚落土地利用的研究

在乡村聚落土地利用研究方面,以杜能的农业区位论为基础,国外学者围绕土地经营时耕种和收获的最小耗费原则,开展了聚落区位和农业区位的研究。如艾赛达认为印度乡村聚落的演化和农业系统的发展是土地利用和耕地类型环状分布的产物;基士姆根据距离对乡村聚落和土地利用的特征进行了系统研究(Chisholm,1968)。此后,一些学者提出了土地利用的反极概念,认为由聚落向外,随着距离的增加,土地价格、每英亩的产量、作物可靠性、土地地形和坡度、土壤肥力、接收性能、水的效力和农民的积极性等变量会出现由高到低的变化,而在村庄边界是负的。前苏联在乡村聚落经济地理位置的研究中,也把居民点与劳动场所之间的联系作为主要研究内容之一。科瓦列夫就曾提出了评价聚落位置对劳动资源合

第二章 国内外相关研究文献综述

理利用的影响应成为居民点与劳动场所之间联系研究的主要内容的观点(陈宗兴和陈晓健,1994)。

4. 村镇规划研究

在村镇规划研究方面,针对"是把有限的财政资源集中在少数中心聚落还是分散于各级聚落"这一实质性问题,战后的英国围绕集中与分散以及关键聚落战略展开了争论,学者认为没有单一的政策适合所有类型的乡村地区。Martin等在把英国乡村分为三种类型的基础上,提出了针对不同聚落类型的不同聚落政策(Martin and Voorhees Associates,1981)。中心聚落政策是英国过去几十年乡村规划的基础,在人口规模大、居民点众多的乡村地区,其一般被当做控制聚落扩张的有效方法。美国在20世纪80年代提出建设"都市化的村庄"之后,为了防止在现代化的过程中牺牲农村,破坏村镇原有景观,又于1984年在马萨诸塞州成立了"乡村中心",专门研究农村面临的特殊问题。"乡村中心"成立后,他们编写乡村规划的实用手册,指明如何通过创造性的建设规划,实现保留乡村特色的目标,帮助村镇确定最合适建房的区域和值得长期保留的村镇风貌,并开展乡镇规划效果的讨论会,出版乡村景观特色及规划、设计的期刊。德国在60年代的土地规划中,以城市和临近地区为主,农村地区处于陪衬角色,并未深入研究有关农村发展问题。这种不均衡的城乡发展促使德国政府自60年代末开始在全国范围内推行村落更新计划,以挽救日益衰退的乡村。随着乡村规划理论与实践的发展,乡村聚落建设规划时涉及的因素逐步由土地利用扩展到乡村社会经济及环境政策等方面。

5. 空间结构与地域组织的研究

国外乡村聚落空间结构与地域组织的研究受到中心地理论、扩散理论以及有关区域科学理论的较大影响。20世纪初,德国地理学家施吕特尔(O. schluter)就认为研究整个聚落空间网络比研究单个城镇或村庄的形式和位置意义更大。克里斯泰勒在其"中心地理论"中也阐明了聚落作为一个地域体系的整体,存在着级别或层次的观点。克氏认为,聚落的级别、层次愈高,其职能愈复杂、中心性愈强、受其影响的聚落数量愈多、腹地也愈广,而乡村聚落处于最低层次。克氏还指出,各聚落不是孤立存在的,而是有机地结合成一个区域关联体系。此外,拜鲁德(E. Bylund)在对瑞典聚落中心研究的基础上提出了聚落扩散的6个假设模式(1960)。赫德森(J. G. Hudson)试图把中心地理论和扩散理论结合起来分析乡村聚落的分布,并对美国艾奥瓦州的聚落体系进行了研究(1969)。特莱华塞和布勒希曾以商业、运输、邮电、工业、行政等机构的拥有数量为标准,确定地方中心的职能类别及其规模,并用地图表示这些职能特征和地区分布。由于乡村聚落的形态和分布受多种因素的影响而处于不断地变化之中,因此一些学者认为,脱离具体文化和工业发展技术关系的一般空间组织法则是没有意义的、乡村聚落模式是他们所拥有地区的产品(Bunce,1982)。艾萨德(W. Isard)也认为,乡村聚落规模、职能及分布等受制于空间—区域等级结构的特征。

6. 乡村聚落社会研究

自 20 世纪 60~70 年代 Williams 号召采用更为"社会学的视角"研究乡村居住地和景观以来,国外关于乡村聚落社会的研究逐渐得到加强。从研究历程来看,早期的研究主要集中在人口、家庭和社区等方面。80 年代以后,乡村聚落研究的人文社会趋向日趋明显,研究内容涉及乡村聚落政策(Sillince,1986)、乡村发展问题(Bigmore,1987)等方面。如 J. A. A. Sillince 通过对 1982 年英国沃里克郡中心聚落政策变化的分析,认为乡村聚落政策的变化缘起于中央政府和郡县政府的政治目的以及乡村政策中权利和义务向地方的分散。90 年代以来,乡村聚落研究开始了后现代转向,表现在对乡村"被忽略方面"的系列研究,研究内容涉及乡村社区、乡村景观、城乡关系和乡村社会问题等方面,研究的内容更为广泛、具体和深入。如乡村演变模式的关系(Bigmore,1994)、乡村发展、人口迁移及其不确定性(Hall,1996)、汽车对乡村地区环境可持续发展与生活质量的影响(McGrath,1998)、乡村危机与乡村聚落变迁、乡村多样化与社会经济转型(Turnock,1998)、社会经济转型时期的乡村重构(Kiss,2000)、乡村社区类型与老年人居住区域的关系(Burholt and Naylor,2005)等。

7. 乡村聚落生态研究

国外对乡村聚落的生态研究主要集中在文化生态学、生态人类学、景观生态学和村落生态系统研究等方面。1978 年,澳大利亚生态学家 Mollison 及其学生 Holmgren 提出"永恒文化村(permaculture)"(由 permanent agriculture 或 permanent culture 缩写而成)的概念,其目的是为了建立一个生态型人居环境(ecological human habitat)和食物生产系统(Mollison,1987)。1991 年,丹麦学者 Gilman 提出"生态村(eco-village)"的概念,认为生态村是一个以人类为尺度(human-scaled)的全特征(full-featured)聚落。在聚落内,人类的活动不损坏自然环境并融入自然环境,支持健康的人文发展(healthy human development)且能持续发展到未知的未来(Gilman,1991)。目前,生态村运动已在欧洲许多国家(如丹麦、英国、挪威、德国等)展开,并在美国、澳大利亚、印度、阿根廷和以色列等其他国家开始出现。与生态村相似,永恒文化村也是一个寻求可持续土地利用和社区建设的运动,其宗旨是将人居聚落、小气候、动植物、土壤、水资源融入稳定、高效的社区中。永恒文化村最初的主题是进行生态农业景观的设计、强调作物的多重利用和挖掘有利于环境的乡土知识,后来逐步将生态聚落建设(节能建筑、废水处理、物质循环利用、保护土壤环境)和社会经济方面的内容作为其追求目标。文化生态学(cultural ecology)主要研究文化变迁的生态过程和生态原因。从某种意义上说,人类的定居过程就是人类文化改造自然和适应自然的过程。针对发展中国家由于环境变迁引起的迁移和定居,西方学者做过大量的研究。在生态人类学(ecological anthropology)研究方面,发达国家的研究案例主要集中在非洲、拉丁美洲、南亚、东南亚和太平洋岛国。如 Schjellerup 从自然生态条件、村落历史、房屋结构以及村民主要的社会经济活动等方面,对秘鲁东北部村庄 LaMorada 进行了系统研究(2000)。在景观生态学研究方面,针对发展中国家的传统聚落社会在现代农业技术和外来文化的冲击下所发生的巨大变化,国外一些学者应用景观生态学中的文化景观理论,对正在遭受剧烈变化的聚落景观进行了研究。如 Saleh(2000)通过对沙特阿拉伯西南部村庄的研究,认为在传统聚落的建设中,不仅要保护传统的建筑,而且要保护其他文化景观要素。国外村落生态系统的研究主要集中在对山区聚落,尤其是偏远山区聚落的研究。由于山区聚落规模小、聚落封闭以及聚落对当地食物和能源高度依赖,与外部世界完全隔离,因而聚落生态系统是一个封闭系统,即不使用农药和化肥,没有粮食和资金输入,聚落的能量流动和物质循环在一个狭小的范围内进行,所使用的能量以人力和畜力为主。对这些聚落进行能量生态学研究可以揭示聚落生态系统内农业、畜牧业、林业和家庭系统之间的复杂关系。印度学者对本国山区聚落也进行了大量的能量生态学研究(Tripathi and Sah,2001)。除印度外,其他一些发展中国家的学者对本国乡村聚落的能源使用和消耗也进行了初步研究。

总体来看,在发达国家,人们创建生态村的目的有 3 个,即物质生活的生态化,精神生活的宗教化和人际关系的社会化。而在发展中国家,生态村建设的目的,一是为了维持和重建可持续的农村社区,包括创造就业机会;二是为了更好地吸引人们在大城市周围的生态村定居。与中国的生态村建设不同,西方的生态村运动似乎是一种后工业化现象,更多地表现出一种社会思潮,所追求的是一种理想的生活模式。

第二节 国内乡村聚落发展及其空间结构研究述评

一、研究进展

中国关于乡村聚落的研究起源于古老的相地术,可以追溯到商周时期。有关"卜宅之文"早在商周之际的《尚书》《诗经》等文献的若干篇章里已经出现,对古代先民选择居址和规划城邑的活动进行了史实性记述(孙天胜和徐登祥,1996)。春秋战国时期,择居经验在聚落选址的实践中逐渐得到丰富和发展。《墨子·辞过》

说：“古之民，未知为宫室时，就陵阜而居，穴而处，下润湿伤民，故圣王为宫室，为宫室之法，曰室高足以辟润湿，边足以幸风寒，上足以待雪霜雨露，墙之高足以别男女之礼"。《管子•乘马》篇说："凡立国都，非于大山之下，必于广川之上，高毋近旱而水用足，下毋近水而沟防省"。可以看出，在春秋战国时代，不仅小的聚落选址已十分重视与环境的关系，就是国都的建设也已经积累了丰富的经验。后来风水理论经长期发展而日趋复杂，但其基本追求与古代的"卜宅"完全一致，就是周密地考察自然环境，顺应自然，创造良好的居住环境，自觉不自觉地考虑到了气候、地形、地质、水文等自然要素及其对人类生存和身体健康的影响，以达到"天人合一"的理想境界。正是基于这一追求，风水理论在其长期的发展中，融会吸收了哲学、美学、伦理学、民俗学以及古代科学发展的成就，最终形成了内涵丰富深厚的风水学理论体系。在实践中，风水学以其世俗化而深深植根于古代社会的各个层面，在传统建筑选址和规划布局等方面，一直起着权威的指导作用，上至京都、皇宫、陵寝，下至山村、民舍、坟茔，无不受到风水观念的影响。

中国近代聚落地理的发展受到国外学术思想的巨大影响。20世纪30年代，白吕纳的《人生地理学》和《人地学原理》传入中国，对中国地理学发展产生重要影响，乡村经济活动和乡村聚落成为这一时期小区域研究的中心议题。如李旭旦的《白龙江中游地区乡村聚落和人口之分布》、朱炳海和严钦尚的《西康山地村落之分布》、陈述彭和杨利普的《遵义附近之聚落》、刘恩兰的《川西之高山聚落》等。与此同时，一部分学者也对集镇的形成条件、商业贸易现状及兴衰变迁等方面进行了研究。

新中国成立后，经过20世纪50年代初的土地改革，中国农村迅速转入农村集体化。从此一直到70年代末，对中国农村和农民问题认识的主线是围绕农业集体化展开的，并由此上升到意识形态的重大分歧和争论，国内有关中国农村和农民问题的研究基本停顿下来，这一时期乡村聚落的研究未能得到应有的发展；80年代以来，中国农村地区发生了巨大变化，乡村从单一的农业向工业、商业、交通运输业、旅游业等多方向发展。政治、经济、社会和文化的变迁使得乡村产生了众多的新情况和新问题，城镇化与聚落体系也成为这一时期的主要研究内容之一。综观90年代以前的乡村聚落研究，研究内容主要集中于乡村聚落形态、位置、景观、演变、规划6个方面；90年代以来，随着我国改革的继续深入和经济的飞速发展，乡村也进行着更为深刻的变化。此时，经济全球化、城乡一体化、农业生态化、发展持续化等思想不断涌现并受到重视，在新观念和新思想的影响下，学者们对乡村出现的问题和矛盾进行了重新审视。这一时期乡村地理学的研究内容逐渐扩展，除涉及基础理论探讨、土地利用、乡村经济、乡村城市化、乡村景观、乡村文化等研究内容之外，乡村聚落和乡村空间研究开始为众多学者所关注，乡村聚落研究在空间结构、分布规律、特征、扩散等方面得到了加强。如在乡村聚落扩散的研究中，学者们

第二章 国内外相关研究文献综述

从聚落扩展的规模、速度、形态等方面对乡村聚落扩展的特点进行了研究,认为人口增长、收入增加、家庭规模变化、交通条件改善、农村地区工业化成为乡村聚落演变的重要推动力。与此同时,一些学者还对区域乡村住区与传统聚落的可持续发展、乡村居住用地变化与人口的相关模型、城郊村镇分布等问题进行了研究;2000年以来,在快速城市化和国家建设社会主义新农村的背景下,国内学者就城市化进程中乡村聚落空间演变的类型与特征、城市化背景下乡村聚落空心化、城乡统筹背景下村庄布点规划、新农村建设模式与可持续发展等问题进行了广泛和深入的研究,产生了大量的研究成果,有力促进了乡村聚落理论研究的发展。

二、研究内容

1. 村庄空心化与乡村聚落空废化研究

村庄空心化和乡村聚落空废化是城乡转型发展过程中出现的乡村地域系统的空间演化过程与现象,是区域经济社会发展到一定阶段的产物。改革开放以来,伴随中国城镇化过程的推进和城乡转型步伐的加快,中国村庄空心化和乡村聚落空废化现象日益凸显并引起国内学者的高度关注,相关研究逐渐增多,研究内容主要集中在村庄空心化的基本内涵与特征、村庄空心化空间形态、村庄空心化影响因素与驱动力、村庄空心化负效应、空心化村庄治理对策、空心化村庄发展演化阶段、村庄空心化微观分析等方面。

在村庄空心化基本内涵与特征研究方面,早期的研究主要针对乡村聚落空心化、乡村聚落空废化和住宅的空心化等方面,侧重对农村宅基地演化特征与问题的探讨。有学者从土地利用的角度定义空心化为村庄内部出现大面积空闲的一种特殊结构布局的村庄(张昭,1998),还有学者从城镇化背景、村庄空间形态住宅的空间布局和村民的年龄结构空心村形成原因等方面定义了空心村(程连生和冯文勇,2001;雷振东,2002;许树辉,2004;薛力,2001;王海兰,2005);在农村空心化负效应研究方面,田光进基于20世纪90年代中国土地利用矢量数据,指出淮河与长江中下游、华北平原是我国农村居民点扩展造成耕地资源流失的主要地区。在快速城镇化背景下,大量转移到城市的人口仍占有农村宅基地,农村居民点用地继续增加(2003);在管理与政策研究方面,有学者认为当前我国宅基地使用权具有身份性、从属性、无偿性、无固定期限性等特点,是一种不稳定、不完全、有条件和受限制的用益物权(张正河和卢向虎,2006),尚存在农村土地立法不健全、过分强调其社会保障性等弊端,致使用益物权性质不能得以彰显(姜广辉等,2007)。同时,现行立法对农户的内涵界定比较模糊、宅基地使用权取得与建造房屋的目的相脱钩,以及宅基地实行无偿无限期使用、房屋继承后实行地随房走的制度,使"一户一宅"管理政策难以形成有效约束,"一户多宅"现象更加严重;在村庄空心化发展阶段研究方面,王成新等以山东省新泰市北公村为例,通过广泛的问卷调查和实地调研,总结了村落空心化发展的3个阶段,阐明了村落向心力与离心力失衡、经济发展迅速和观念意识落后、新房建设加速和规划管理薄弱等三大矛盾是村落空心化的内在机制(2005);在村庄空心化影响因素与驱动机制研究方面,程连生等以太原盆地东南部为例,分析了农村聚落空心化的因素,认为人口和家庭因素、社会经济与收入、交通条件、制度因素和文化因素,是农村聚落空心化的主要因素,并分析了农村聚落空心化造成的问题,指出健全用地制度和提高人口素质是遏制农村聚落空心化的有效途径(2001);另有学者基于实地调查和统计分析,认为村庄空心化受经济发展、土地改革、家庭组织关系瓦解、市场化、城镇化、传统观念变革、计划生育约束等因素的综合驱动,其过程与格局包括以改善家庭居住条件为主导和以改善综合生活质量为主导两个阶段。村庄空心化从出现到逐渐稳定,有其特定时期的阶段性。未来村庄空心化将在综合驱动力(离心力、向心力)与政府政策导向博弈的过程中发生变化(吴文恒等,2012);在村庄空心化扩展特征研究方面,李君、李小建等基于对河南省一个空心村的实地调研和问卷调查,从时间和空间扩展的角度对村庄空心化扩展特征进行了分析和解释,认为现有村庄住宅政策的不完善是导致空心化形成的深层制度原因。指出在不同的扩展时段内,村庄扩展规模和速度的差异与村庄的整体社会经济发展过程有关。在村庄空间扩张的过程中,村庄所处的地形特点在一定程度上影响了村庄居民的建房偏好与行为,进而影响到村庄的空间扩展特征;在乡村聚落空废化研究方面,国内也有学者以实际调查资料为基础,通过对乡村聚落转型期普遍存在的诸多空废化现象及其负效应性、普遍性、严峻性和深层次长效性的分析,提出了乡村聚落空废化概念,揭示了聚落空废化研究的重要现实意义,总结了聚落空废化问题量化分析的基本模型,并指明了解决乡村聚落空废化问题的基本应对原则(雷振东,2002)。

总体来看,近年来中国农村空心化问题引起了地理学、经济学、社会学等学科领域学者的密切关注,但已有的相关研究重在关注聚落空心化和住宅空心化。从统筹城乡发展的中长期战略来看,中国农村地区适时推进空心化村庄"迁村并居"和中心村(社区)建设,实现农村人口集中、产业集聚和用地集约的目标成为必然趋势,从乡村地域系统的视角研究农村空心化将是重要的前沿领域。研究农村空心化与乡村发展问题是地理学的优势,理应着眼乡村地域系统的综合性、动态性和区域性,在深化乡村空间重构和农村空心化理论研究基础上,系统研究不同地域类型的空心村整治模式及其技术体系,既为乡村地理学深化学科理论与方法创新提供了新机遇,也为面向国家战略需求推进空心村整治机制创新与科技支撑搭建了新平台(刘彦随,2010)。

第二章 国内外相关研究文献综述

2. 传统乡村聚落与乡村聚落人地关系研究

近年来,国内有关传统乡村聚落与聚落人地关系的研究逐渐增多,研究内容涉及传统乡村聚落的营造思想与可持续发展、城镇化背景下传统乡村聚落空间演化及其区域效应、乡村聚落人地关系协调、乡村聚落人地关系的演化、人地关系与聚落形态变迁、传统乡村聚落景观保护、古村落与传统民居旅游开发模式等方面。如有学者通过对中国传统农村聚落建造的相关特征的分析,认为传统乡村聚落的营建观和实践,是自给自足的小农经济和宗法社会的产物,其中体现出的封闭式发展意识以及尊卑贵贱的身份等级思想,与当前新型的较为开放的社会形态不相适应,应作为传统历史文化积淀中的消极成分而消除。但另一方面,作为一份历史遗产,传统村镇聚落曾经从物质和精神上维系过过去的社会,其实践活动所渗透的天人合一、人与自然和谐相处的文化思想以及由此呈现在乡土人文景观中的田园情趣和生活情态,无一不反映着对生命的关怀和热爱(金涛等,2002);有学者分析了可持续发展理论对当今中国传统聚落更新的启示,提出了传统聚落可持续发展需遵循的区域整体协调发展、聚落综合协调发展和地域性文化可持续发展三大原则(吴超等,2001);另有学者认为赣南客家乡村聚落是典型的传统乡村聚落,聚落空间格局具有依山傍水、集中分布在缓坡低地、聚族而居等特征。在城镇化背景下,山地聚落在空间分布上表现出向下和水平迁移、传统民居在空间上被合围、路网密度加大、空间实现重组并向城市聚落景观演替等新特征,认为这种演变必然会带来人地矛盾变化、传统与现代文化的碰撞、空间的聚集与均衡、部分聚落的空间萎缩与空间隔离等等各种正、负效应(陈永林等,2012);林丽艳和卜风贤(2011)认为,乡村聚落是不同时代不同生产力水平下的产物,表现了人类生活、生产与周围环境的协调和统一。环境作为外界因素总是影响着、制约着人类的生活、生产等活动,而为了生活、生产,人们也自觉或不自觉地受制并反作用于周围的环境系统;赵之枫(2004)针对新乡村建设中所面临的人地关系协调发展问题,运用建筑学和人文地理学的相关理论,按照人类文明发展的不同模式,从人地观念、聚落建设、技术措施等方面综合分析了乡村聚落人地关系的演化历程,认为在采集狩猎社会、农业社会、工业社会和信息社会,乡村聚落分别体现出依附自然、干预—顺应自然和回归自然的人地关系特征。

此外,国内学者还就传统山村聚落形态的生成模式与演化机制、聚落文化的生态价值、传统聚落保护、传统村落公共空间的更新与重构等问题进行了大量的实证研究。如张健选取番禺大岭村为研究案例,以影响村落空间形态和村民生活形态的村落公共空间为研究对象,通过对大岭村村落公共空间形态的深入剖析,揭示了大岭村公共空间的形成原因和在村落空间中的作用与意义,指出了大岭村在由传统乡村聚落向城市社区演变的过程中公共空间存在的问题(2012)。随着可持续发展观念的渗透,乡村聚落研究中溶入了生态学思想,出现了生态村、乡村聚落生态系统、乡村人居环境等新概念,国内学者开始将研究视野扩展到农村庭院生态系统、村落生态系统、村级生态农业系统、生态村建设等方面。在生态村建设模式和技术路线方面,各地也进行了较多的探索。在生态村建设的基础上,国内部分山区还进行了小康生态村建设的探索。为了指导生态村建设,判断生态村的发展水平,一些学者对生态村综合评价指标体系和评价方法进行了分析探讨。

3. 乡村社区与乡村经济研究

从20世纪90年代中期开始,国内有关乡村社区的研究逐渐增多,研究内容由乡村社区的形成与发展、性质与功能逐渐扩展到乡村社区的类型与演化的动力机制、村庄兼并与乡村社区重建、乡村文化与制度变迁、新型乡村社区结构变化与环境文化体系建设、乡村社区建设的多元价值、乡村社区建设中非政府组织的定位、乡村社区空间界面、乡村社区的结构形态与组织创新、乡村非农化与城市化对乡村社区的影响等方面。如张小林(1997)从职业结构、功能属性、生态、社会文化等角度对乡村社区的内涵进行了分析;宋金平等(1999)归纳了中国乡村社区演变的几种形式,认为其演化的动力机制是社区内部的凝聚力、外部的吸引力、社区发展的拉力与阻力以及非农化的推动作用;陈百明(2000)在给出农村社区和农村社区更新定义的基础上,分析了中国农村社区现状及存在的问题,归纳了已经开展的农村社区更新的主要类型,指出农村社区更新的理论研究必须以可持续发展理念为基础,在农村社区更新类型、分布及其域差异性、农村社区更新与农村社区环境相互关系、农村社区更新的规划和设计等方面开展深入研究;有学者以北京3个乡村社区为例,调查分析了城市化背景下居民日常行为空间的变化过程以及对地方感的影响,发现地方感的差异不仅与空间重构导致的居民社区依附程度差异有关,同时还与社区"公共领域"有关(吴莉萍和周尚意,2009);朱新山(2005)研究指出,中国乡村社区在结构形态上发生了分化,形成了"资源村组织集中型"、"资源社会分散型"和"资源集体和农户双重控制型"三种类型,进而分析了中国乡村三类社区组织演进的互动结构及存在的问题,分析探讨了乡村社区组织创新的路径选择;叶建军等(2006)研究指出,在中国的乡村社区建设中,传统的政府单中心模式使得社区建设具有行政色彩。非政府组织在乡村社区建设中的地位,随其参与程度的不断深入显得越来越重要;乔家君(2012)基于空间界面理论,分析探讨了空间界面在乡村社区各空间中的具体应用,认为空间界面是乡村社区各相应空间的相对活跃区域,乡村社区各活动空间之间存在着密切关联。指出乡村社区空间在经济高速发展、社会网络日渐复杂的条件下逐渐变化,从空间界面出发制定乡村社区发展方略具备科学性与合理性。总体来看,目前国内有关乡村社区的研究内容日益拓展和丰富,但体系、方法和手段尚不成熟,研究还停留在比较宽泛的层面(王丽华等,

2005)。

国内有关乡村经济的研究主要集中在农业方面,特别是有关农业可持续发展、资源合理利用、农业结构调整等方面的研究较多。20世纪90年代以来,生态农业、观光农业、特色农业、知识农业、农业产业化等问题开始为众多学者所关注。学者们普遍认为,21世纪中国农业应走产业化、生态化、国际化与地区化的发展道路,同时还需优化制度环境、完善保障体系和突破结构的制约。郭焕成(2003)指出,乡村资源应包括以农业生产为核心的自然资源、矿产资源、土地资源、人力资源、资本存量资源、乡村景观资源、民俗文化资源、田园环境资源和乡村空间资源;有学者利用资源净产值、环境净产值和真实储蓄进行分析后发现,90年代初期中国农村经济的发展建立在资源浪费与环境污染的代价之上,为不可持续发展(杨友孝和蔡运龙,2000)。与此同时,一些学者还对生态脆弱区,如黄河中游地区、黄土丘陵地区、干旱区和贫困地区的乡村经济发展与生态环境保护给予了特别关注。近年来,国内学者围绕少数民族乡村经济发展、公路建设对乡村经济发展的影响、农村合作银行对乡村经济发展的影响、欠发达地区乡村旅游与乡村经济协调发展、乡村工业化与乡村经济发展等问题进行了广泛探讨。有学者认为,山区少数民族乡村经济并非简单地属于农村经济与农业经济的范畴,而应属于民族经济范畴。山区少数民族乡村经济发展的基础是健全和完善的基础设施,其发展路径不仅要结合自身的资源禀赋发挥比较优势,还要积极发展新型工业,走工业化道路(兰觉,2010);也有学者认为,乡村经济的发展在很大程度上依赖于乡村公路的发展。便利的交通不仅为本地区的发展夯实了基础,还大大加强了与外界的联系,扩大了人流与物流。并以安康市吕河镇为例,分析了公路建设对经济发展的积极作用及其在发展过程中存在的问题,提出了相应的对策建议(孙远姗,2011);有学者指出,在农村建设过程中,国家通过文化下乡、科技下乡、资本下乡、政策下乡、制度下乡等一系列的举措来推动农村经济的增长。然而,这一系列外置政策措施在与乡村经济增长实践的磨合中矛盾重重,国家建构的乡村经济面临着增长困境(陶康和邱福林,2010)。

4. 乡村空间与乡村聚落空间结构研究

中国乡村空间与乡村聚落空间结构的演变与农村经济社会的发展息息相关。改革开放以来,我国农村发生了巨大变化,农业经营方式的更替、市场机制的逐步建立和流通手段的进步,引发了农业经济结构多元化、生活方式趋向城市化和城市工业向农村地区扩散等变化。而与此同时,大部分农区仍处于传统农业生产阶段,种植业仍然是农村社会经济活动的主体,随着农业生产总量和收入的增加,乡村兴起住宅建设的高潮,原有聚落面貌发生了很大变化,引起乡村空间与聚落空间结构的迅速更替和演变。在此背景下,国内学者对乡村空间与聚落空间结构的演变给

乡村聚落发展与演变——陇中黄土丘陵区乡村聚落发展研究

予了高度关注。从研究进展来看,国内有关乡村空间的研究自20世纪90年代末开始逐渐增多,研究内容主要集中在乡村空间演变、乡村公共空间和社会空间、乡村空间特征与重构、城市边缘区乡村空间的变动、乡村空间发展趋势、农户住房选择与乡村空间布局演变、乡村空间地域系统、乡村空间肌理的保护与延续等方面(苗长虹,1999;张小林,1999,2005;周尚意和龙君,2003;陈丽,2008;邵书峰,2011;刘自强和李静,2008;杨凯健和黄耀志,2011)。有学者认为乡村工业化会带来乡村新的经济空间、社会结构和地理空间(苗长虹,1999);也有学者以乡村社会经济变迁中的空间演变为重点,从空间结构、关系、过程及动力机制等方面对苏南乡村空间系统的演变进行了实证研究。认为乡村空间由经济、社会、聚落三大空间组成,三者相互联系,共同构成乡村空间系统。进而指出乡村的变化必然带来乡村经济的重组、社会的重构和聚落的重新分布(张小林,1999,2005)。在该阶段,乡村聚落空间结构研究中引入了空间结构理论,如业祖润(2001)运用空间结构理论,对我国传统聚落环境的影响因素、空间结构形态、结构方式、结构特征及空间品质塑造等问题进行了探析,认为人类居住领域中的"空间观"是将空间视为人类生活及活动体系的核心,它的形成与发展体现了人在自然中的定位和对自然的认同,体现了社会群体力量、经济、科技、文化发展的互动关系,体现了人的认识能力和智慧创造;周尚意(2003)在对河北唐山地区进行调查后发现,大多数乡村公共空间都分布在必需性活动场所及其附近,并以两三种活动复合在同一地点为主,良好的环境和设施只是属于附加性的影响因素;姜爱萍(2003)从自然生活空间和村民的各种行为活动轨迹的角度,对苏南乡村社会生活空间进行了初步研究,认为乡村社会生活空间主要有市场贸易空间、生产劳动空间、文化教育空间、家庭婚姻空间和社会交往空间五种类型;陈小卉(2007)认为,中国乡村空间发展存在组织核心弱化、结构网络薄弱、要素流动无序、对部分要素的控制能力丧失、基础设施要素分布不平衡等现象,应在城乡统筹的基础上,通过重塑乡村组织核心、重构乡村居住空间、完善乡村结构网络、加强对城乡共建共享要素的统筹等措施实现乡村空间的重构;还有学者认为,中国已进入城市化高速成长期,随着乡村城市转型步伐的加快,城乡空间格局出现大幅度变动与调整。快速城市化背景下乡村空间转型表现出非农产业已成为塑造乡村经济空间的主导力量、乡村工业集聚区逐渐成为乡村工业布局的主要形式、乡村城市化全方位推进、城乡空间一体化是乡村空间转型的方向等基本特征。指出重构乡村空间是新农村建设的关键,规划建设"中心城市—重点中心镇—新型农村社区"三级农村城市化平台是乡村空间重构的重要手段(陈晓华和张小林,2008);王兴平等(2011)在分析苏南乡村改革进程及其对乡村发展影响的基础上,基于实证调查和研究,对以城乡统筹和土地流转为核心的新乡村改革驱动下苏南乡村地区空间转型的特点和内涵进行了全面总结,对转型出现的新的乡村空间现象进行了系统梳理归纳,对苏南乡村地区规划变革的方向提出了初步建议;杨凯健等(2011)以江苏沿海平原地区为例,对该地区棋盘格网状的乡村空间形态特点及其成因进行了总结分析,认为作为人与自然相互融合发展的见证,应对该乡村空间景观特征进行重点保护,进而提出了保护和延续江苏沿海平原地区乡村空间肌理的对策和建议。

在乡村聚落空间结构研究方面,国内相关研究主要集中在乡村聚落空间结构的含义、乡村聚落空间分布规律、乡村聚落空间结构演变的动力、机制、形式和模式、乡村聚落景观格局、聚落形态和农村居民点规模、城乡一体化过程中聚落选址和布局的演变等方面。如有学者在分析中国乡村发展背景的基础上,对乡村聚落空间结构的含义和研究内容进行了分析探讨,认为乡村聚落空间结构指农业地域中居民点的组织构成和变化移动中的特点,是村庄分布、农业土地利用和网络组织构成的空间形态及其构成要素间的数量关系,是在特定生产力水平下人类认识自然、利用自然的活动及其分布的综合反映,也是乡村经济社会文化过程综合作用的结果,其构成要素包括村庄的地域结构、社会结构、产业结构、土地利用结构和文化结构等。认为乡村聚落空间结构的研究重点应放在规模与腹地、等级体系与形态、地点与位置、功能与用地组织、景观类型与区划方面,可以从宏观整体、村庄个体、住户单元3个层次对其特征进行研究(范少言和陈宗兴,1995);针对长期以来聚落研究着重解释聚落与环境的因果关系、划分聚落类型、归纳类型特征而忽视对聚落体系演变规律、区位职能、空间布局和发展理论研究的不足,范少言(1994,1995)指出乡村聚落空间结构研究应分为区域乡村聚落空间结构、群体乡村聚落空间结构和单体乡村聚落空间结构。认为农业生产新技术、新方法的应用和乡村居民对生活质量的追求是导致乡村聚落空间结构变化的根本原因,并阐述了乡村聚落空间结构形态演化的3个基本阶段和演变的基本模式;有学者指出,随着农村乡镇工业和第三产业的发展,许多村庄逐渐形成了分散化的发展模式,不仅使基础设施建设成本大为增加,也影响了小城镇规模的发展。因此应通过对城市化加速时期村庄结构的综合分析,推进农村城镇化的进程(赵之枫,2003);另有学者基于赣南乡村聚落空间结构现状,对新农村建设中乡村聚落空间结构演变的动力、主要形式和基本模式进行了分析探讨,分析了赣南乡村聚落空间结构演变的趋势(陈永林和孙巍巍,2007);还有学者以空间稀缺性为研究前提,分别从乡村居民、乡村企业、乡村组织等3个视角,建立了乡村空间的市场供需模型,分析了乡村主体的空间需求、供给行为以及影响供需的社会、经济、环境因素,透析了乡村居住、生产、公共空间等动态均衡与乡村空间演变的关系,总结了乡村空间演变规律(蒋子龙和曾菊新,2010)。

值得关注的是,近10年来,RS、GIS技术在国内乡村聚落空间分布与演变、乡村聚落景观格局、聚落形态与规模等研究中得到了日益广泛的运用,有力促进了乡村聚落空间分布等相关研究的发展。如有学者以地理信息系统为基本技术手段,以国家1：25万基础地理数据库等数字信息为主要信息源,对陕北榆林地区乡村聚落的空间分布规律与区位特征进行了探讨(汤国安和赵牡丹,2000);还有学者运用RS与GIS技术以及景观分析方法,以辽东山区桓仁县6个典型乡镇的乡村聚落为研究对象,选取乡村聚落斑块数、斑块面积、斑块密度、平均斑块面积、面积加权平均斑块分维数等5个景观指数,从乡村聚落用地、规模、形态、分离度4个方面进行景观空间格局分析(于淼和李建东,2005);另有学者利用2000年TM影像判读的中国土地利用矢量图提取全国农村居民点信息,分析了中国农村规模分布的基本特征,指出中国农村居民点分布不均匀,农村居民点密度呈现地带性差异,孔隙度指数与农村居民点密度相关程度较高(田光进等,2002);此外,还有学者以四川省茂县作为典型研究区,以ETM影像及国家1：25万基础地理数据库为主要信息源,经图像识别与实地验证获得乡村聚落的空间信息,并运用GIS空间分析方法对岷江上游乡村聚落的空间聚集特征进行了定量分析(冯文兰等,2008);有学者以江苏省徐州地区SPOT与TM融合遥感影像及1：5万电子地形图为主要数据源,通过人机交互解译获得研究区的乡村聚落图斑、水系、道路、地形等空间信息,借助ArcGIS软件的空间分析模块为主要技术手段,对徐州地区乡村聚落的空间分布进行了定量分析。指出研究区绝大多数乡村聚落在局部空间上聚集,聚落沿水系、道路分布特征明显,绝大多数聚落分布在50m以下地势平坦地区(单勇兵和马晓冬,2011);有学者以DEM和遥感数据为数据源,运用GIS空间分析方法,对陇中黄土丘陵区秦安、甘谷、通渭等县的乡村聚落空间分布格局及其变化特征进行了分析,指出陇中黄土丘陵区乡村聚落在空间分布上极为分散,空间扩展特征显著,聚落斑块随高程和坡度均呈正态分布且表现出明显的空间集聚态势,聚落沿道路与河流集聚分布的趋向十分明显(郭晓东和马利邦,2012)。

5. 乡村聚落系统与城乡一体化发展研究

乡村聚落系统是指在乡村地域范围内由乡村聚落所组成的具有层次和功能结构特征的乡村聚落群体,包括村庄、集镇和县城以外的建制镇。长期以来,受城乡二元结构的影响,中国乡村聚落系统与城镇聚落系统之间疏离分割,导致包括规划建设、产业发展、基础设施、公共服务等在内的城乡社会经济发展差距不断扩大。从理论研究来看,国内有关乡村聚落系统的研究相对较少,研究内容主要局限在乡村聚落系统的界定、概念、组成和结构等方面。20世纪90年代末至21世纪初,随着我国乡村工业的发展、城市化进程的加快以及对城乡矛盾认识的不断深入,规划界开始逐渐重视涉及城乡的区域规划、城镇群规划和城镇体系规划,特别是县域城镇体系与小城镇建设在理论研究和实践方面取得了较大发展,加快了乡村聚落系统中集镇的研究步伐(冯健和张小林,1999,2000;赵西君和刘科伟,2005),其中包含了对集镇性质、功能及空间结构的研究。与此同时,国内学者对乡村聚落体系的

第二章 国内外相关研究文献综述

规划组织也进行了初步研究,认为乡村聚落系统规划应以建设中心镇实现乡镇的合并与重组,以建设中心村实现农业空间的集约化经营,以完善配套支撑体系来优化乡村聚落(张京祥等,2002)。但总体来看,由于城镇规划的"城市中心"偏向依然存在,农村地区仍然被当做"附属问题"看待,因而对农村地区仍缺乏应有的关注。同时,有关乡村建设的研究也大多停留在传统的经验式描述阶段,研究内容松散,内部关联性差,缺乏理论内核,尤其是有关村庄规划政策的研究更少,难以对村镇建设实践起到指导作用。

国内有关城乡一体化的理论研究,是在改革开放以来中国城乡二元结构矛盾不断加剧和东部沿海地区乡镇企业快速发展的背景下逐步展开的。从研究进展来看,国内城乡一体化研究经历了两个主要阶段。20世纪80年代中期至90年代中期,城乡一体化研究开始起步,研究重点集中在城乡一体化的内涵与动力机制、城乡一体化的模式和城乡一体化实现途径等方面,研究内容涉及城乡一体化系统、乡村工业化与城乡一体化、小城镇建设与城乡一体化、城市化与城乡一体化、城乡一体化管理体制等方面,有关东部沿海特别是珠江三角洲地区城乡一体化发展的实证研究也逐渐增多。总体来看,该阶段城乡一体化在研究内容上仍相对狭隘,对相关问题的探讨也不够深入;90年代中期以来,国内有关城乡一体化的研究在广度和深度上得到快速拓展和深化,研究成果日益丰富。地理学、经济学、社会学、生态学等学科领域和规划界就城乡一体化理论、城乡一体化实施途径、城乡一体化评价、城乡一体化规划等问题展开了广泛和深入的研究,研究内容涉及城乡一体化过程中农民劳动权益保障、基本公共服务均等化、农村基础设施建设与人力资源开发、城乡一体化空间组织、土地流转与农村土地综合整治等方面。有学者认为,推进城乡一体化的核心在于强化都市圈内中心城市的市场功能,赋予中心城市带动区域产业化的能力(洪银兴等,2003);有学者在实地考察和参考相关文献资料的基础上,对我国一些地方实施城乡一体化的误区进行了分析,认为从制度、机制角度提出的城乡一体化在实践中发生了概念性误偏,畸变成了物质环境布局的一体化,不但未能收到预定成效,反而影响了地方的可持续发展。认为在推进城乡一体化的过程中要继续大力推进城市化,使非农产业向城市集中,增强城市对农村剩余劳动力的吸纳能力(袁政,2004);有学者通过构建广西城乡一体化评价指标体系,以城乡发展水平和城乡协调水平两个维度共18个评价指标为依据,对1998~2008年广西城乡一体化的发展水平及演进进行了实证研究,认为广西城乡一体化尚处于初级阶段(赵锋,2010);有学者指出,城乡一体化以比较优势及分工理论为基础,强调生产要素的空间自由流动及合理布局。城乡一体化既是经济社会发展的目的,又是经济社会发展的过程。认为拉尼斯—费模式揭示了农村剩余劳动力向城市工业部门转移的过程,是描述城乡一体化的主要模式,进而指出城乡一体化的过程分为城乡二元结构松动阶段、城乡二元结构瓦解阶段和城乡融合阶段三个阶段

(赵增凯和童玲,2010);另有学者以城市化与城乡一体化的相关理论分析为依据,论述了城乡一体化推进我国城市化的现实意义,认为新农村建设是在城乡一体化背景下我国大力推进农村城镇化和农村剩余劳动力转移的实践举措,是提高我国城市化质量的重要保障(胡云,2010)。需要指出的是,国内相关研究中与"城乡一体化"相近的概念还有"城乡统筹"、"城乡协调"和"城乡融合"等,国内学者对上述相关概念也进行了辨析,认为"城乡一体化"作为一个过程和最终目的,"城乡统筹"是"城乡一体化"的阶段性表达,是达到"城乡一体化"状态所必经的一个过程(吕京庆和刘培培,2011)。

6. 社会主义新农村建设研究

国内有关社会主义新农村建设的研究,是在国家提出"建设社会主义新农村"的政策背景下,伴随中国新农村建设实践的需要而逐步展开的。从发展背景分析,建设社会主义新农村是在我国经济发展总体上已进入以工促农、以城带乡的新阶段和全面建设小康社会的关键时期,国家作出的又一重大战略决策,是统筹城乡发展,实行"工业反哺农业、城市支持农村"方针的具体化。2005 年 10 月,中国共产党第十六届五中全会通过的《中共中央关于制定国民经济和社会发展第十一个五年规划的建议》中指出:"建设社会主义新农村是我国现代化进程中的重大历史任务"。要按照"生产发展、生活宽裕、乡风文明、村容整洁、管理民主"的要求,坚持从各地实际出发,尊重农民意愿,扎实稳步推进新农村建设。在此背景下,国内学者围绕社会主义新农村建设展开了大量研究,涌现出一大批代表性研究成果。如国内学者刘彦随等近年来在国家自然科学基金重点项目——"我国东部沿海地区新农村建设模式与可持续发展途径研究"的支持下,对东部沿海地区农村发展的时空规律、农村发展过程的主导类型、就业结构演进、农村经济发展模式及经济社会发展动力机制、新农村建设的战略定位与重点领域、新农村建设模式与可持续发展途径等问题进行了系统和深入研究。该研究的创新成果主要包括:①建立了农村发展评价数据库、指标体系与模型,揭示了农村发展的时空差异规律。指出东部沿海地区总体上已步入工业化中后期,农村发展进入转型升级阶段,并把农村地域类型分为环渤海、江浙沪、闽粤琼等 3 个一级类、15 个二级类。②从地理学区域差异视角,模拟分析了快速城镇化进程中不同类型区域农村发展过程及其演进态势。指出东部沿海地区农业主导型乡村集中分布在黄淮海平原,工业主导型乡村主要分布在京津冀交界处、长江三角洲、鲁中南及鲁、粤、闽沿海一带,商旅服务型乡村发展相对缓慢,均衡发展型乡村的发展层次存在较大差异。认为我国乡村发展明显受到快速工业化与城镇化的辐射影响,城乡转型发展将面临日益严重的水土资源承载压力。③从人口-资源-环境-发展的综合视角,分别诊断了不同类型区域和村域尺度的农村经济发展模式的主导类型、成长背景、演变过程、运行机理、内在特征

第二章 国内外相关研究文献综述

与发展方向。指出沿海地区农村经济发展模式,主要包括外援驱动主导型和农村自我发展主导型两大类,村域农村发展模式可划分为传统农区现代农业产业化带动型、城郊多功能农业带动型、村企联动发展型三大类。认为模式的成长取决于区域差异性、功能主导性和问题制约性的"三性"耦合机制,而推进农村要素组织、产业和空间"三整合",是科学推进新农村建设的关键。④提炼构建了城郊山地丘陵区生态经济型、集体经济主导型、个体经济主导型、现代农业主导型四类带动性较强、易于推广、技术相对成熟的东部沿海地区新农村建设主导发展模式。在理论研究的基础上,开展了天津东丽区、山东禹城市、海南三亚市城乡一体化村镇融合型新农村建设典型区规划与示范,实现了新农村建设理论分析与不同类型区新农村建设发展实践的有机结合。⑤针对农村居民点"散、乱、空"的问题,特别是日益严重的农村空心化现象,开展了沿海地区农村空心化过程及其空心村整治的系列研究。模拟分析了快速城镇化与农村空心化的交互过程及其效应,揭示了农村空心化演进的"生命周期"律与代际演替空间形式,模拟了农村空心化形成机理及其动力机制,提出了空心村"三整合"调控理论、村镇空间重构等级体系,以及城镇化引领型、中心村整合型、村内集约型等村庄整治与中心村(社区)建设模式。⑥基于资源、环境、产业、科教和政策视角,界定了东部沿海地区农村发展的战略方向、重点领域、新农村建设主体与科学发展途径。按照城市近郊区、城市远郊区及道路沿线地区、传统平原农区、山地丘陵区等不同差异类型,提出了新农村建设的差别化方略。该项研究,是近年来我国新农村建设研究领域较为系统、深入和最具代表性的研究成果。

此外,国内学者还就新农村道路建设、新农村建设对乡村聚落生态系统的影响、边远贫困山区社会主义新农村建设、新农村建设中农村公共管理的优化、农民合作社与新农村建设、新农村建设中的产权制度创新、新农村建设面临的体制机制障碍、新农村建设视阈下基层政府的执行力等问题进行了广泛的研究。如有学者认为,修建村庄公路是改善农村基础设施建设的重要环节,并以村庄常见的"功德路碑"现象作为切入点,通过建立博弈分析模型,对"先集资,后修路,再致富"的博弈过程和逻辑进行了分析(朱敏杰,2010);有学者基于对赣南乡村聚落生态系统特点的分析,指出新农村建设既优化了人居环境,发展了生态农业,规划了村庄布局,同时也造成乡村环境污染、生物多样性遭破坏、自然资源人均分布不均等负面影响(陈永林,2007);有学者认为,边远贫困山区新农村建设应突出重点、协调带动,与扶贫开发有机结合,与山区市场经济发展有机结合(吴敏,2012);还有学者在对江西7县35个新农村建设试点村进行实地调研的基础上,对新农村建设中基层组织体系和公共管理制度建设的运行进行了分析,认为江西应从明确各级政权组织中农村公共管理责任入手,完善县乡(镇)、乡(镇)村财政关系,强化村民委员会公共管理职能,促进农村新型民间组织发展等举措入手,优化新农村建设中的农村公共管理(李良智等,2012);另有学者基于现代产权经济理论,认为界定和保护产权是新农村建设的基本前提,清晰的产权可以为新农村建设中人们的经济行为提供基本的制度激励与约束。指出当前新农村建设中与农民利益及主体性作用密切相关的两项产权制度是土地流转制度与集体资产组织和运营制度(赵爱庆等,2006);韩艳丽(2010)认为,基层政府作为新农村建设的主导者,其执行力水平对于实现新农村建设的各项政策目标具有重要作用。指出目前新农村建设过程中基层政府执行力不足的问题普遍存在,深入剖析造成基层政府执行力问题的成因并提出相应的对策,是提升新农村建设中基层政府执行力的关键。

可以看出,20世纪90年代以来特别是近10年来,国内有关乡村聚落的研究在研究内容上不断丰富和扩展,研究成果日益丰富。研究中也开始借鉴和运用生态学、社会学、经济学和建筑学等学科的理论与方法,注重与相关学科的交叉与融合。同时,许多新技术与新方法也融入到乡村聚落研究之中,特别是 RS、GIS 和数学方法的运用,弥补了乡村聚落研究拘泥于定性描述的不足,使乡村聚落研究不断深化,有力地促进了乡村聚落研究的发展。可以认为,近年来乡村聚落研究的快速发展,使长期存在于学术界与规划界的"城市中心偏向"的状态和格局被逐渐打破,新的发展背景下乡村聚落发展面临的诸多问题日益为社会所关注并进入更多学者的学术视野。但仍需指出的是,与城市聚落研究相比,我国乡村聚落的研究仍较为薄弱,理论研究进展缓慢,各个研究方向之间缺乏内在的融合,许多基本问题还有待于进一步的研究。

第三节 黄土丘陵区乡村聚落发展及其空间结构研究述评

一、研究内容

自 20 世纪 90 年代中期开始,国内学者对陕北黄土丘陵区乡村聚落的空间分布、密度、形态、规模、土地利用、空间类型及演变特征等进行了分析研究(李雅丽和陈宗兴,1994;尹怀庭和陈宗兴,1995;汤国安和赵牡丹,2000;甘枝茂等,2004)。也有学者对陇东南天水地区黄土丘陵区、西秦岭山地与河谷川道的人口、村落和居民点的空间分布特征进行了比较研究(牛叔文等,2006)。从现有文献资料分析,国内有关黄土丘陵区乡村聚落的研究主要集中在聚落的空间分布与形态方面。

二、主要结论

在聚落空间分布特征研究方面,有学者认为,陕北乡村聚落有均匀分布、集中分布和随机分布三种形式,均匀分布和随机分布为其主要分布形式。其中塬区为典型的均匀分布,以团聚状的较大聚落为主。黄土丘陵沟壑区地形复杂多变,往往

第二章　国内外相关研究文献综述

在小块地区内既有线性排列的沟谷聚落,又有呈稀疏离散状分布的丘陵点状聚落,因此聚落呈随机分布状态,而河谷川道乡村聚落则呈现集中分布。在分析村庄用地平面几何特征及其功能小区分异现象的基础上,他们还将聚落形态归纳为聚集型、松散团聚型、散居型三种不同类型(尹怀庭和陈宗兴,1995);有学者以地理信息系统为基本技术手段,以国家1∶25万基础地理数据库为主要信息源,对陕北榆林地区乡村聚落的空间分布规律进行了分析,得出了不同土地类型区域乡村聚落的空间分布差异明显,聚落密度随距城镇距离的增大而降低,乡村聚落的密度以及聚合、离散、规模、结构等空间分布特征与自然环境及社会经济发展水平密切相关等结论(汤国安和赵牡丹,2000);还有学者运用RS、GIS和数学方法对陇东南天水市域的人口、村落和居民点的空间分布特征进行了综合分析和比较研究,认为在以丘陵山地为主的地理背景和以农业生产为主的经济背景下,人口分布具有较高的分散性。分散的、小规模的村落是人口分布的主要形式,在微观上总是以城镇、村落和居民点的形式呈"斑块状"分布,斑块分布具有明显的离散性特征(牛叔文等,2006)。

在聚落区位特征研究方面,有学者指出陕北黄土丘陵区乡村聚落具有趋向水源分布、向阳分布和局限于特定的地貌部位等特点。认为在地表水和地下水都比较丰富的河谷川道、河流交汇处和沟谷联结处是乡村聚落最为集中的地带,支沟源头也多为乡村聚落的选点位置。从地形区位分析,黄土丘陵沟壑区乡村聚落大多集中于坡地的下部(李雅丽和陈宗兴,1994);有学者将陕北乡村聚落划分为河谷平原型、坡麓台地型、支毛沟型及墚峁坡型四种类型,认为陕北乡村聚落总体上具有规模小、密度小、分布不均匀和沿树枝状水系递减等特征,聚落空间分布大多体现出向阳、向路、向沟分布的"三向性"特征(甘枝茂等,2004)。此外,针对日益严重的水土流失和生态环境问题,国内学者也对黄土丘陵区乡村聚落的生态环境和可持续发展问题进行了研究。如有学者通过对陕北黄土丘陵区乡村聚落土壤水蚀的定量观测和分析,认为陕北乡村聚落水蚀强度与其土地利用形式关系密切。土壤侵蚀的形成,除受降雨等自然因素的影响外,人为活动的影响更加突出(甘枝茂等,2005)。

综上所述,国内学者从聚落的空间分布与形态、聚落密度与规模以及聚落土地利用等角度,对我国黄土丘陵区乡村聚落进行了分析探讨,研究中也开始应用RS、GIS技术手段和定量分析方法,得出了一些有价值的结论。但由于我国黄土丘陵区乡村聚落的研究起步较晚,现有的研究仍然是薄弱的。特别是在乡村聚落演变的人文社会因素分析、演变的动力机制、动态演变过程、多层次形态空间结构与社会空间结构等方面,现有的研究明显不足。

第四节　国内外城市空间结构研究及其对本研究的启示

一、城市空间结构概念的发展

城市空间结构(urban spatial structure)是一个跨学科的研究对象,由于每个学科的研究角度不同,难以形成一个共同的概念框架。福利(Foley,1964)认为,城市结构的概念框架是多层面的。第一,城市结构包含三个要素,即文化价值、功能活动和物质环境;第二,城市结构包括空间和非空间两种属性,城市结构的空间属性是指文化价值、功能活动和物质环境的空间特征;第三,城市空间结构包括形式与过程两个方面,分别指城市结构要素的空间分布和空间作用的模式。Foley还指出,尽管每个历史时期的城市结构在很大程度上取决于前一个历史时期,但城市结构的演变还是显而易见的,因而有必要在城市结构的研究中引入第四个层面,即时间层面。

韦伯(Webber,1964)关于城市空间结构的论述限于城市结构的空间属性。韦伯认为,城市空间结构的形式是指物质要素和活动要素的空间分布模式,过程则是指要素之间的相互作用,表现为各种交通流。因而城市空间被相应划分为"静态活动空间"(adapted space)(如建筑)和"动态活动空间"(channel space)(如交通网络)。

伯恩(Bourne,1971)对城市空间结构的概念进行了更为严密表述,他描述了城市系统的3个核心概念,即城市形态是指城市各个要素的空间分布模式,城市要素的相互作用是指城市要素之间的相互关系,使之整合成为一个功能实体,称为子系统。城市空间结构是指城市要素的空间分布和相互作用的内在机制,使各个子系统整合成为城市系统。Bourne把城市要素的构成机制作为城市空间结构的组成部分,这是城市空间结构概念的重要发展。Harvey认为,传统的城市研究受到社会学科方法和地理学科方法界限的束缚,城市研究的跨学科框架就是在社会学科方法和地理学科方法之间建立"交互界面",即任何城市理论必须研究空间形态和作为其内在机制的社会过程(1973)。

二、国外城市空间结构研究综述

国外早期的城市空间结构研究主要是以神权、君权思想为依托,强调以宗祠、神庙、市场等为核心的城市空间布局以及秩序化的理想结构形态。如古希腊建筑师Hippodamus提出的以棋盘式路网为骨架、城市广场和城市公共建筑群相间分布的城市空间布局模式,古罗马Vitruvius提出的蛛网式八角形理想城市模式,对15、16世纪文艺复兴时期的城市空间规划产生了重要影响。

第二章 国内外相关研究文献综述

18世纪之后,在工业革命的影响和推动下,西方国家进入了快速城市化阶段,城市空间结构与组织模式发生了巨大变革,传统城市的空间格局迅速瓦解,取而代之的是大片工业区、码头区和工人住宅区,城市走向大规模集中发展阶段。但是,伴随城市社会和经济结构的复杂化,城市问题日益突出并引起许多学者的高度关注,为了拯救日益腐朽的城市,他们提出了许多理想城市空间模式,如1817年英国工业慈善家Owen创办的"新和谐村"和1929年Fourier设想的"法郎吉"协作社。同时,欧美国家出现了追求城市秩序的城市形体规划结构模式,影响较大的有Haussmann主持规划的巴黎改建方案。此外,1889年维也纳建筑师Sitte提出的城市空间视觉艺术准则和1893年H. Bunham主持的旧金山、克里夫兰、芝加哥等城市的空间发展及治理规划,也对城市空间结构研究进行了有益探索。

20世纪初期至中期,城市功能空间在西方国家的城市空间研究中得到重视。这一时期,国外学者提出了许多城市空间结构模式,如Y. Mata的带型城市模式、E. Howard的田园城市模式和T. Gamier的工业城市模式等。此外,1918年E. Saarinen提出的有机疏散理论和大赫尔辛基方案,1922年R. Unwin提出的"卫星城市"模式和大伦敦方案以及1930年A. Milntin提出的城市功能平行发展的带状结构模式和斯大林格勒(现为俄罗斯伏尔加格勒)方案等,都从不同侧面体现了现代城市空间结构中功能性模式的发展。与此同时,城市空间结构形成了多种组合模式,如同心圆模式、扇形模式和多核心模式,反映了城市在特定发展阶段所具有的共同特征。

20世纪60年代至90年代,发达国家正处在从工业化向信息化转型的时期,因而对城市发展提出了更高的要求。这一时期城市空间结构研究更侧重于从文化价值、人居环境和人类体验等层面关注城市发展和城市空间结构的梳理。如K. Lynch的城市意象感知,V. Jacobs的城市活力交织功能分析,Doxiadis的人居环境体系等,均反映了后现代社会城市模式中强调"连续性"变化的文脉思想。J. Gottmann和Mcgee等学者除了进行实证研究之外,还将城市空间的研究视野拓展到全球范围。

20世纪90年代以来,伴随着知识经济和网络时代的到来,城市发展开始步入一个崭新的时代。随着新技术手段的广泛应用,西方国家的研究重点开始从城市空间关系转向城市空间机制研究,从一国一地的研究转向跨国跨区域的研究,从实体研究转向组织结构研究,如世界城市体系假说的提出、对世界城市功能体系和世界城市体系图景的描述等(Sassen,1994)。

20世纪70年代以来,西方国家在城市居住空间结构演变和城市社会区域划分方面开展了大量研究,使城市研究开始从传统的如经济布局研究及商业、市场空间研究逐渐向城市社会空间研究方面深入,引起城市地理学、城市社会学以及城市规划研究的新发展,标志着城市空间研究的一个新时代的开始。从80年代开始,更多的学者从社会、经济层面着手研究城市物质空间演化、空间重构、土地利用与管理、城市形态和理论研究等问题。研究领域集中于不平等、社会经济重构引发的城市社会空间重构、社会组织与个人行为3个主题，具体内容涉及住房问题（如住房与阶层、住房与家庭、住房消费行为及迁居等）、特殊群体问题（如老人、儿童、妇女、残疾人、少数民族、同性恋者等）、邻里和社区问题（如居住隔离、绅士化、空间极化、内城问题、城市更新等）、公共服务设施问题（如公共空间、社会福利、教育等）、城市政治经济问题（如社会冲突与社会运动、城市政策与利益冲突、城市管理等）及贫困与犯罪问题等。国外同类研究也表明，中心城市内部的空间建筑、经济发展、居民生活以及社会环境等形成的社会空间不但受经济空间结构的制约，而且随着经济的发展越来越受到社会因素的影响，并产生了许多社会-生态问题。概括不同学科，国外有关城市社会空间结构的研究主要集中在以下四个方面：①基于人类日常生活的城市社会空间系统的研究。②从人类生态学的角度研究城市内部社会空间基础及社会空间系统。③对城市社会物质空间因素和社会、文化、思想意识中非物质社会空间因素的研究。④对城市社会空间结构与模式的研究，包括居住分化与社会区、居民意识与行为、城市内社会场所感知、生活的社会基础、城市组织与生活领域、住宅与市场、土地利用权力与管理、城市生活质量、社会背景与政治等内容。城市社会空间的研究，主旨是为了解决城市社会矛盾反映到空间与环境上日益突出的问题，以便更好地进行城市规划与管理，使城市具有适合人们社会行为的良好城市生态环境。

三、国内城市空间结构研究综述

中国城市空间结构的研究起步较晚。20世纪80年代以前，国内城市空间结构的研究仅仅是对西方理论与方法的引进。改革开放以来，随着中国城市的迅速发展和城市化进程的快速推进，城市空间结构发生了巨大变化，引起了国内众多学者的关注。20世纪80年代至90年代中期，国内学者对城市空间结构的研究主要集中在城市的发育机制、演化机制、演化模式与特征、规划结构、城市空间形态、城市用地结构和城市经济空间等方面，城市空间结构研究取得较大发展，极大地推动了我国城市空间结构的研究。从20世纪90年代中期开始，国内有关城市空间结构的研究主要集中在城市空间演变及其动力机制、城市土地利用结构、城市空间结构的实证研究框架、信息时代的区域与城市空间结构等方面。

1）在城市空间结构演化方面，有学者研究了改革开放以来中国地域结构空间重组的基本特征，指出除少数高科技产业健康发展的内陆城市外，中国城市原有格局将长期存在，并在此基础上分析了南京都市区内部地域结构的演化特征和存在的问题（吴启焰等，1999）；黎夏利用CA模型模拟了珠江三角洲地区的城市空间发展布局，创新了现代城市规划的思路（1999）。

第二章 国内外相关研究文献综述

2) 在城市空间结构演变的动力机制方面,杨荣南等从经济发展、交通建设、居民生活需求等因素出发,综合分析了城市空间扩展的动力机制,并提出了城市空间扩展的四种模式(1997);石崧基于对行为主体、组织过程、作用力、约束条件等因素的分析,深入探讨了城市空间结构演变的动力机制,并对城市空间结构的动态演变过程和演化轨迹进行了系统研究(2004);张庭伟研究认为,政府力、市场力和社区力是驱动城市空间结构演变的基本动力(2001)。

3) 在城市空间结构研究的理论总结方面,唐子来(1997)对西方城市空间结构研究的理论和方法进行了系统回顾,并阐述了城市空间结构的实证研究框架;吴启焰梳理了国内外城市空间结构研究的脉络,并结合中国城市发展的实际,提出了城市空间结构研究的方向和热点;甄峰(2002)以信息技术为主线,介绍了西方学术界信息时代区域与城市空间结构的相关研究;有学者在介绍城市内部空间结构概念和研究过程的基础上,从人口与城市内部空间结构等方面,回顾了中国城市内部空间结构研究的最新进展(冯健和周一星,2003)。

4) 在城市土地利用方面,地理学、经济学、社会学、建筑形态学和规划学等学科从不同领域和不同角度对城市土地利用空间结构进行了大量研究。宋启林(1998)认为,城市土地利用空间结构即城市空间结构,城市空间结构离不开对土地的依托,是城市土地利用物质和精神的具体体现,二者是同质的。20世纪80年代初,我国引入发达国家城市用地空间结构理论,地理界对城市地域类型、地域结构、不同产业的区位等问题进行了广泛研究。同时,土地经济领域对地价、级差地租等问题也有较多的分析探讨。城市土地利用空间结构及其演变规律是城市土地利用及城市规划的核心问题,但总体来看,我国有关城市空间结构演变规律的研究依然较为薄弱和零散。

5) 在城市社会空间结构方面,国内学者的研究始于20世纪80年代末,并在90年代得到较大发展。如虞蔚从介绍西方城市社会空间规律和研究方法入手,定性地分析了上海中心城社会空间的特点、形成条件及与城市规划的关系(1986);此外,有学者采用居民出行调查及房屋普查的数据,对1985年广州城市社会空间结构进行了因子生态分析(许学强等,1989)。

从20世纪90年代中期开始,国内学者在城市社会空间结构研究中引入了因子生态分析方法,并对城市社会区类型变化的原因进行了深入研究(郑静和许学强,1995);胡俊(1995)在其博士论文《中国城市:模式与演进》中,对中国古代、近代和现代中国城市空间结构的影响因素、基本模式与类型谱系进行了系统研究。1996年以后,中国城市社会空间结构的研究成果逐渐增多。如有学者以兰州市为例探讨了以单位为基础的中国城市内部生活空间结构,提出了中国城市内部生活空间结构的3个构成层次(柴彦威,1996);王兴中(2000)在其著作《中国城市社会空间结构研究》一书中,运用国外比较成熟的人文主义、结构主义和实证主义等方法,研究了城市社会区域空间结构模式的形态、中国城市社会空间的微观形态与结构以及城市形态空间与社会空间的相互作用等问题。此外,随着80年代以来国内大城市流动人口的发展,学术界有关城市流动人口数量、特征、管理以及对城市发展的影响等问题的研究也逐渐增多。

四、国内外城市空间结构研究对本研究的启示

城市与乡村同属聚落范畴,是自然因素和人文社会因素在特定地理空间上相互耦合、综合作用的结果。虽然城市聚落与乡村聚落在规模、形态、功能、产业构成和空间结构等方面存在着较大的差异,其发展演变规律也不尽相同,但作为人类生产、生活和集聚定居的场所,两者并无本质属性上的差异,其发展演变也表现出某些共同特征与规律。特别是改革开放以来,随着农村经济的快速发展、产业结构的变化和城市化进程的加快,乡村聚落空间结构快速演进和变化,由此引发出乡村聚落空废化、空间布局散乱和土地利用结构不合理等一系列突出矛盾和问题。对国内外城市空间结构的研究脉络进行系统梳理,积极借鉴国内外城市空间结构研究的理论与方法,对拓展乡村聚落空间结构的研究内容、探讨乡村聚落空间结构的演变规律以及深化乡村聚落研究具有重要的意义。国内外城市空间结构研究对本研究的启示主要体现在以下几个方面。

1) 在研究方法上,由于城市空间结构长期以来一直是地理学、社会学、经济学和建筑学等多门学科竞相参与的研究领域,因此研究方法得到不断的丰富、发展和完善。目前国内外在城市空间结构研究中已广泛运用空间模拟、虚拟现实、因子生态分析、模型及定量化等研究方法。与之相比,国内乡村聚落空间结构的研究方法仍较为单一,大多还停留在定性分析层面。因此,应积极借鉴现代城市空间结构的研究方法,对乡村聚落发展及其空间结构演变中存在的问题进行深入研究。

2) 在研究内容上,目前国内外城市空间结构的研究内容已拓展到城市空间结构的演化机制、演化模式与特征,城市空间形态、经济空间、社会空间的特点与形成条件,城市地域结构体系及其要素结构,城市空间结构的基本模式与类型谱系、城市内部生活空间结构、城市的空间集聚与扩散、城市社会极化与空间分异、城市社会空间的微观形态与结构以及城市形态空间与社会空间的相互作用等方面,并且在国外形成了城市土地利用空间结构研究的历史形态学派、区位经济学派、社会行为学派及政治经济学派等不同的理论派系。但相对而言,目前国内乡村聚落空间结构的研究内容仍较为单一和零散,因此应开拓乡村聚落空间结构的研究视野,丰富乡村聚落空间结构的研究内容,形成完善的乡村聚落空间结构研究理论框架体系与内容结构体系。

3) 从国内外城市空间结构的研究可以看出,城市空间结构的演变与城市发展进程密切相关。城市的各种经济活动最终都要落实到一定的空间形式上,各种经

济活动在空间上的投影就构成一定的城市空间结构,它是城市经济发展程度、阶段和内容在空间上的反映。长期以来,中国乡村社会发展进程缓慢,经济活动单一,严重制约着乡村聚落的健康发展和空间结构的优化。因此,应以调整农村产业结构、改善农村基础设施和公共服务设施为切入点,大力推动乡村社会发展进程,从而实现乡村聚落空间结构的优化。

第三章 陇中黄土丘陵区乡村聚落的起源与发展

第一节 聚落起源与发展的历史轨迹

一、聚落的起源

聚落是人类活动的中心，是人们居住、生活、休息和进行各种社会活动的场所，也是人们进行生产劳动的场所。随着生产力的发展、人口的增加，聚落的形态不断发生变化，聚落因城市的出现而演变为乡村聚落和城市聚落。

对于聚落这种人文地理景观，古今中外均有论述。《史记·五帝本纪》中云："一年而所居成聚，二年成邑，三年成都"。《汉书·沟洫志》也说："或久无害，稍筑室宅，遂成聚落"。可见在古代中国，聚落的本义是指人类居住的场所，相当于英文中的 settlement 一词。

聚落是经过漫长的历史发展过程后才出现和形成的，是社会生产力发展而引起人类生存方式不断变化的结果。在漫长的原始社会，人类最初以采集和渔猎等为谋生手段。为了获得天然食物，人类不得不随时迁徙，原始人或栖身于可随时抛弃的天然洞穴，或在树上作巢居住。这些极其简单、原始的居处组成了最原始的聚落。在此阶段，人基本上为自然所奴役，生活能力极其微弱，生活没有保障。风雪雷电，洪水猛兽，都对人的生命构成直接的威胁，此时的"家园"是防护性的，是庇护所，因而封闭性成为其基本特征。这时的社会历史发展也正处于母系氏族时期，在采集经济和游牧生产方式下，相对稳定的、按氏族血缘关系形成的"聚"是原始生产与生活相结合的社会组织基本单位，也是组织定居点的基本单元，一般一个氏族的成员组成一个"聚"。在空间结构上，每个"聚"的中央是公共的"大房子"，是组织活动的中心，"大房子"周围环布着各家居室，具有内聚向心的特征（田银生，2001）（图3-1）。

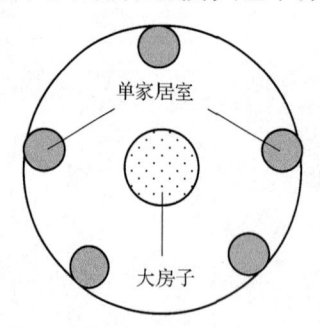

图3-1 按氏族血缘关系组织的"原始聚"

严格地说，母系氏族时期按血缘关系组织而成的"原始聚"，由于其栖身居所极其简陋，生活能力极其微弱，生活还没有保障，甚至为了获取天然食物而不得不随时迁徙，因而还不是真正意义上的聚落。当人类社会从旧石器时代

第三章 陇中黄土丘陵区乡村聚落的起源与发展

跨入到新石器时代之后,生产力得到较大发展,出现了在相对固定的土地上获取生产资料的生产方式——农耕与饲养,形成了专门从事不同劳动的人群。农业的出现和人类历史上第一次劳动分工,向人类提出了定居的要求,也为真正意义上的聚落的产生提供了可能。这样的一个历史过程意味着人类在经过了漫长而艰难的跋涉之后,终于在大自然中找到了一块立足之地。定居方式的实现,意味着人与自然关系的一次重大改变,人类初步具备了改造自然的能力,农业种植和动物驯养使食物来源有了比较充分的保证,人们可以开始创造自己永久性的家园——聚落。

"邑"是聚落的最初形态,是由若干近亲氏族集合而成的部落,也是由若干"原始聚"组成的综合体。这是母系氏族社会最大的血缘组织集团。从甲骨文看,"邑"是指人居于设有一定维护结构的场地。考古资料显示,"邑"的空间布局也具有内聚向心的特征,中央为公共活动的广场,各氏族的"聚"环绕广场布列,凝为一个整体,其结构方式如图3-2所示。《尔雅》中描述:"邑外为之郊,郊外为之牧,牧外为之野,野外为之林",清楚地说明了邑外部的空间环境构成。最里一圈为郊,郊有耕地;郊外为牧,是畜牧场地;其外为野,实际上是荒地;再外则为森林地带(江国逊等,2011)。很显然,郊和牧构成了邑中居民的食物圈,耕种放牧,生产劳作基本上在这个圈子里进行。原始聚落"邑"的空间组织模式如图3-3所示。

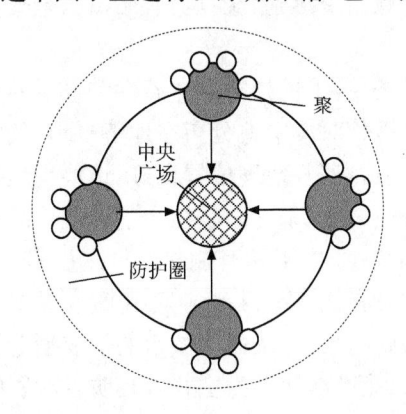

图3-2 "邑"的内部组织结构　　图3-3 "邑"的空间组织模式

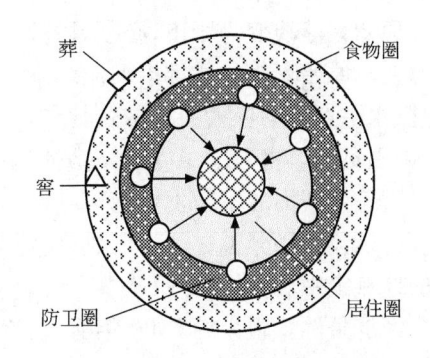

二、聚落的发展演变

在史前时期,人类大都选择水草丰美、动植物种群丰富、生态环境优越的地方作为自己的居住地。居民"缘水而居",河流提供了饮水和鱼类,两岸的土壤比较肥沃,有利耕种,植物茂盛又可饲养家畜。此时,由于人口数量少,聚落的数量和规模均较小。

随着社会生产力的不断发展和人口数量不断增长,聚落规模与数量不断扩张,这是聚落发展演变的轨迹之一。生产力的发展和人类改造自然能力的增强,使得高山、深谷、大河、沙漠等天然障碍对人类生存的影响逐渐减弱,许多过去认为不能居住的地区也有了人类活动的足迹,人类的居住空间逐渐扩展。聚落的量变反映在聚落规模扩大和聚落数量增长两个方面。在地形相对开阔、发展空间充裕的区位,聚落随人口的增长向外围扩展,在空间上表现为外延式扩散,聚落规模不断扩大;在地形狭窄,发展空间狭小的区位,聚落随人口的增长而呈现跳跃式扩散,聚落数量不断增长。但无论是外延式扩散还是跳跃式扩散,聚落扩张根本原因是人口数量的增长。中国历史时期聚落规模与数量的扩张可以从人口数量的增长得到反映。

在聚落规模扩张的同时,部分聚落由于安全、政治和军事的需要逐渐演变为"城"(也可称之为"城垣""城堡""城池""城郭"),聚落的防御功能大大增强。由于具有了政治和军事职能,聚落的职能发生了明显变化。随着生产力和社会分工的进一步发展,手工业、商业向"城"内集中,商品交换也成为城堡中重要的活动内容。商品交易活动的经常化,孕育了货物集散、贸易和交换的场所——"市"。这样,"城"与"市"就紧密地结合在一起,形成了真正意义上的"城市"。到商、周时代,城与市的结合已十分规范。此时,城市的职能已扩展到手工业生产、商贸等方面,聚落职能已发生了根本性的变化。可以看出,从原始聚落到"城"再到"城市",是聚落发展演变的另一条轨迹。

原始聚落演变为城市,必须具备两个前提条件:①优越的自然条件和重要的地理位置。原始聚落一般都沿河流水系分布,聚落相对集中地分布在地势平坦、气候适宜、水源充足的各大河流域及其支流的阶地上。那些地理位置良好,地势平坦宽阔、周围资源丰富聚落,具备了向城市演化的自然地理条件。②社会生产关系的变革。随着生产力的不断发展,劳动产品有了剩余,产生了私有制,推动了又一次大规模的社会劳动分工——手工业、商业与农牧业的分离。手工业者和商人寻找适当的地点集中居住,以专门从事手工业生产和商品交换,从而为城市的形成创造了社会经济条件。距今约 5500 年前,以负担非农业经济活动为主并兼具防卫功能的城镇、城堡聚落已经产生。尼罗河三角洲平原上的底比斯、孟菲斯城,美索不达米亚平原的伊立、巴比伦城,印度河流域的哈拉帕、莫亨卓达罗城,黄河流域河南平原上的阳城(前 2100 年)等,就是世界上最早形成的城镇。据不完全统计,到商代末期,已有早期城市 26 座,主要集中在黄河中下游及淮河上游地区(柳思维,2003)。

第二节　陇中黄土丘陵区乡村聚落的起源与发展

一、乡村聚落的起源

陇中黄土丘陵区泛指兰州以东、陇山以西、六盘山以南、秦岭以北的黄土丘陵

第三章 陇中黄土丘陵区乡村聚落的起源与发展

沟壑区。在行政区划上,陇中黄土丘陵区覆盖了定西、天水、平凉三市的大部分区县,其中秦安县是陇中黄土丘陵区最早有人类生存遗迹的区域,开发历史悠久。考古资料显示,秦安县葫芦河流域的原始聚落最早出现在新石器时代,在时间上早于仰韶文化半坡类型,距今约7800～7300年。与陕西的老官台、河北的磁山及河南的裴李岗遗迹在时间上相当。根据1989年的文物普查结果,秦安县境内发现的古村落遗址有73处,主要分布在葫芦河及其支流清水河、显亲河、南小河和西小河的两岸(表3-1)。

表3-1 秦安县境内部分古村落遗址概况

序号	遗址名称	地理位置	文化类型
1	大地湾遗址	位于五营乡清水河南岸邵店村以东的第二、三级阶地上	前仰韶文化和仰韶文化
2	王家阴山遗址	位于五营乡鱼尾沟东岸的第二级阶地上	仰韶文化早期半坡类型
3	寺咀坪遗址	位于郭嘉镇逯家河与华阳河交汇处的第一级阶地上	齐家文化遗址
4	雁掌坪遗址	位于五营乡焦沟村清水河南岸的第一级阶地上	仰韶文化遗址
5	朱家峡遗址	位于安伏乡朱家峡村显亲河西岸的第二级阶地上	仰韶文化遗址
6	孙蔡村遗址	位于古城乡孙蔡村东小沟北岸的第二级阶地上	仰韶文化和齐家文化遗址
7	崖背里遗址	位于安伏乡杨寺村葫芦河西岸的第二级阶地上	仰韶文化和齐家文化遗址
8	清淡坪遗址	位于郭嘉镇暖泉村第一、二级阶地上	仰韶文化和齐家文化遗址
9	康坡遗址	位于古城乡康坡村南小河与清水河交汇处的东侧	仰韶文化和齐家文化遗址
10	王家窑遗址	魏店乡王家窑村	仰韶文化和齐家文化遗址
11	雏家川遗址	位于西川乡雏家川村西小河西侧的第一级阶地上	仰韶文化和齐家文化遗址
12	马家坪遗址	位于郑川乡郑川村花山子周围第二级阶地上	仰韶文化和齐家文化遗址
13	雷祖庙遗址	莲花镇上河村清水河与庄浪河交汇处的陡峭三角梁上	齐家文化遗址
14	阳山坪遗址	位于安伏乡沟门村葫芦河东岸第二级阶地上	齐家文化遗址
15	高家庙遗址	位于王窑乡高家庙村云台山东南坡	齐家文化遗址
16	安湾遗址	位于好地乡安湾村	齐家文化遗址
17	榆木川遗址	位于郭集乡榆木川村南北两山的坡地上	齐家文化遗址

秦安县境内的古村落遗址除大地湾新石器时代遗址、王家阴山遗址、寺咀坪遗址等保存相对完好之外,其余分布于王家窑、安伏、魏店、郭嘉、西川、郑川、兴丰、刘坪、陇城、莲花、好地等乡的王家、高家峡等56处仰韶、齐家文化古聚落遗址面积较小且多已破坏,主要出土有陶器残片和石器等。大地湾遗址位于秦安县葫芦河支

流清水河(五营河)南岸,居于邵店村东第二、三级阶地上,北傍河川、南倚山丘,总面积约 1.1km²,文化层厚 1~3m,包括了前仰韶文化和仰韶文化早期(距今6500~6000 年)、中期(距今 5900~5500 年)、晚期(距今 5500~5000 年)四大文化层,是新石器时代聚落遗址的典型代表。分布于葫芦河流域的大量前仰韶、仰韶和齐家文化村落遗址,充分表明秦安县葫芦河流域具有悠久的开发历史,数千年以前古代先民就在这里生息繁衍,开始了定居生活。

二、乡村聚落的发展演变

1. 历史时期秦安县乡村聚落的发展演变

葫芦河流域乡村聚落的发展演变经历了漫长的过程。据《秦安县志》(2001)记载,在元代世祖至元七年(1270 年)将陇城县、鸡川县并入秦安后,秦安始成为一县。在此之前,由于历史跨度较长,期间政权交替和建制变化纷繁复杂,因而元代以前无本区域完整的人口和户数统计资料。从现有文献资料分析,明清时期葫芦河流域的人口开始迅速增长,乡村聚落数量和乡村户数也随之增加。明嘉靖十四年(1535 年),秦安县总人口为 18 523 人,有 150 余个村庄,有乡村住户 1395 户。至清道光十八年(1838 年),全县总人口为 12.88 万人,总户数增长到 22 280 户,村庄已发展到 314 个。到 1948 年,全县总人口已增长到 24.06 万人,总户数已达 42 920 户。在约 400 年的时间里,全县人口增长了约 13 倍,乡村住户增长了约 25 倍。

表 3-2 综合反映了秦安县人口、户数和村庄数量的发展变化情况。由于历史时期相关统计数据不全面,表 3-2 中的部分数据为推算数据。推算的依据分别是:①在户均人口规模指标上,根据已有历史数据计算,家庭规模逐渐趋小的趋势非常明显。明嘉靖十四年(1535 年),秦安县户均人口为 13.3 人,家庭规模较大。到 1848 年,户均人口规模降至 5.6 人。相关研究认为,清乾隆二十九年(1764 年),秦安县户均人口规模应为 10~13 人。根据相关研究与家庭规模趋于小型化的趋势,本文取相应年份的户均人口规模为 11 人。1838~1948 年,全县户均人口规模变化不大(为 5.6~5.8 人),本文将该阶段户均人口规模按 5.6~5.8 人取值。②在村庄平均户数指标上,根据已有历史数据计算,从 1535~1838 年,村庄平均户数由 9.3 户增长到 71 户。由于现状村庄平均户数仍约为 70 户(2004 年为 69.4 人),考虑到地形因素和劳作半径对村庄扩展的限制,可以认为 70 人为村庄平均户数规模的上限,据此将 1838 年以后的村庄平均户数指标取值为 70 户。而在 1535~1838 年,由于村庄住户扩展的空间较大,因此仍将 1764 年的村庄数量确定为 150 个(据此反演的村庄平均户数也仅为 14 户,完全支持上述推论)。

第三章 陇中黄土丘陵区乡村聚落的起源与发展

表 3-2　历史时期秦安县人口与户数增长变化

年份	年号	总人口（人）	总户数（户）	户均人口（人）	村庄数量（个）	村庄平均户数
1535	明嘉靖十四年	18 523	1395	13.3	150	9.3
1764	清乾隆二十九年	23 100*	2100	11*	150*	14.0*
1838	清道光十八年	128 800	22 280	5.8	314	71.0
1890	清光绪十六年	155 376*	26 789	5.8*	382.7*	70.0*
1928	民国十七年	180 000	31 034*	5.8*	443.3*	70.0*
1934	民国二十三年	189 976	33 924*	5.6*	484.6*	70.0*
1948	民国三十七年	240 642	42 920	5.6	613.1*	70.0*

注：带 * 的数据为推算数据

资料来源：秦安县志编纂委员会. 2001. 秦安县志. 甘肃：甘肃人民出版社

从图 3-4 和图 3-5 的基本数据和拟合曲线分析，可以得出以下基本结论：①明代以前秦安县人口增长缓慢。从清乾隆年间开始，秦安县人口、户数和村庄数量开始迅速增长，呈现出加速增长态势。②葫芦河流域地处黄土丘陵地区，地形破碎，沟壑纵横，聚落规模的扩张受到地形的严重限制。伴随人口与户数的增长，聚落演变在表现为规模扩张的同时，也表现为聚落数量的增长（图 3-5）。③家庭人口规模的小型化，加剧了乡村聚落的空间扩展速度。

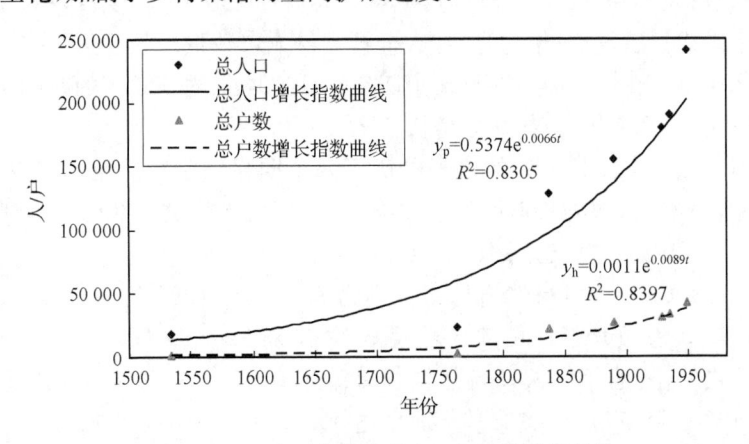

图 3-4　历史时期秦安县人口与户数增长趋势

$y_p=0.5374e^{0.0066t}$
$R^2=0.8305$

$y_h=0.0011e^{0.0089t}$
$R^2=0.8397$

根据历史资料记载，秦安县在不同历史时期也曾形成过许多古城，主要有略阳道故城、街泉故城、显亲故城、成纪故城、腊家城、兴国镇（县城）、莲花古城、郭嘉故城和陇城新城等，它们基本是不同历史时期的治地或军事要塞，是应政治和军事的需要而产生的。这些古城，除了以防御为主、具有政治和军事职能以外，也不同程度地具有经济、商贸和文化职能。历史时期城镇的形成与发展，反映出秦安县域葫芦河流域乡村聚落的另一条演变轨迹。

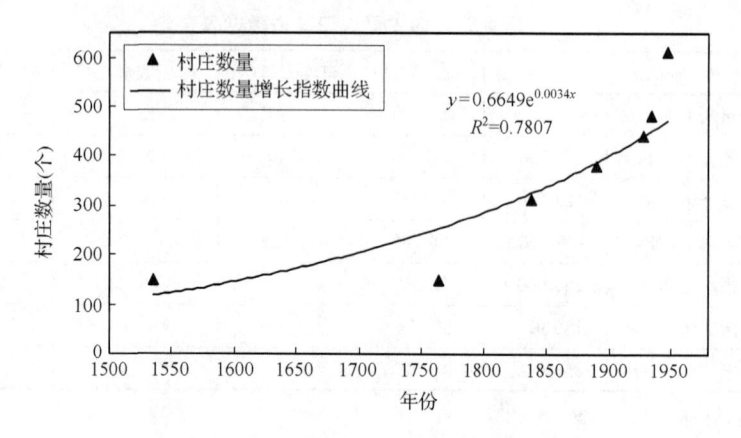

图 3-5　历史时期秦安县村庄数量增长趋势

2. 新中国成立后乡村聚落的发展演变

新中国成立以后，秦安县人口持续增长。1949年，全县总人口为28万人，其中乡村人口26.38万人，乡村总户数为4.71万户。1990年，全县总人口增长到50.2万人，乡村总户数增长到9.02万户。截至2004年，全县总人口已达59.99万人，总户数已发展到11.3万户。其中乡村人口56.58万人，乡村户数11.3万户。在新中国成立后仅55年的时间中，全县乡村人口数量增长了2.1倍，乡村户数增长了2.4倍。在1535年（明嘉靖十四年）至2004年约500年的时间中，全县人口数量增长了32.4倍，乡村户数增长了81倍。

新中国成立后秦安县人口的增长经历了两个明显的阶段。新中国成立后至20世纪70年代初，人口增长速度逐渐加快，1953年底人口突破30万，达到30.32万人。1974年突破40万，达到40.36万人。除1958～1962年连续5个非正常年份（1958年和1961年人口自然增长率分别为9.32‰和1.94‰，1959年、1960年和1962年人口为负增长，人口自然增长率分别为－69.32‰、－65.58‰和－14.72‰）之外，其他年份人口自然增长率基本在20‰～40‰。其中1967年、1969年和1970年人口自然增长率分别高达45.97‰、42.50‰和44.78‰。从70年代初开始，由于实行计划生育政策，人口自然增长率有所下降（1974年下降到14.07‰，1986年下降到9.37‰），但由于人口基数大，人口总量仍然增长较快。

表3-3综合反映了1949～2004年秦安县乡村人口、乡村户数、户均人口规模和自然村数量的发展变化。由于秦安县自然村数量统计指标仅在1990年以后的《秦安统计年鉴》中有所反映，因而表3-3中的自然村数量为根据乡村户数推算的数据（仍按村庄平均户数规模为70户推算）。

第三章 陇中黄土丘陵区乡村聚落的起源与发展

表3-3　1949~2004年秦安县乡村人口、户数与自然村增长变化

年份	乡村总人口（万人）	乡村总户数（万户）	自然村（个）	户均人口规模	年份	乡村总人口（万人）	乡村总户数（万户）	自然村（个）	户均人口规模
1949	26.38	4.71	673	5.60	1977	40.10	7.22	1031	5.56
1950	26.90	4.89	699	5.50	1978	40.45	7.29	1041	5.55
1951	27.31	4.91	702	5.56	1979	41.00	7.41	1059	5.53
1952	28.05	4.88	698	5.74	1980	41.70	7.49	1070	5.57
1953	28.69	4.94	706	5.80	1981	42.36	7.60	1086	5.57
1954	29.55	4.97	709	5.95	1982	42.84	7.74	1105	5.54
1955	29.99	5.04	719	5.96	1983	43.16	7.83	1119	5.51
1956	30.63	5.07	724	6.05	1984	43.97	8.00	1143	5.50
1957	31.21	5.19	741	6.01	1985	44.35	8.08	1154	5.49
1958	32.34	5.44	777	5.95	1986	44.69	8.19	1170	5.46
1959	30.13	5.50	785	5.48	1987	45.21	8.41	1201	5.38
1960	27.73	5.58	797	4.97	1988	45.90	8.65	1235	5.31
1961	27.83	5.78	825	4.82	1989	46.61	8.83	1262	5.28
1962	27.56	5.94	848	4.64	1990	47.65	9.02	1288	5.28
1963	28.35	5.83	833	4.86	1991	48.25	9.19	1313	5.25
1964	29.43	5.91	845	4.98	1992	48.75	9.39	1341	5.19
1965	30.46	6.00	857	5.08	1993	49.34	9.55	1364	5.17
1966	31.30	6.04	863	5.18	1994	49.93	9.75	1393	5.12
1967	32.21	6.13	876	5.25	1995	50.67	10.02	1432	5.06
1968	33.26	6.21	888	5.35	1996	51.38	10.17	1453	5.05
1969	34.90	6.45	921	5.41	1997	52.71	10.47	1496	5.03
1970	36.15	6.55	936	5.52	1998	53.38	10.65	1522	5.01
1971	36.78	6.57	938	5.60	1999	54.07	10.81	1545	5.00
1972	37.61	6.72	959	5.60	2000	55.01	10.92	1560	5.04
1973	38.53	6.81	973	5.65	2001	55.58	11.04	1577	5.03
1974	39.10	6.91	988	5.65	2002	56.11	11.15	1593	5.03
1975	39.48	7.04	1006	5.61	2003	56.33	11.24	1605	5.01
1976	39.86	7.13	1019	5.59	2004	56.58	11.30	1614	5.01

注：自然村数为推算数据

资料来源：《秦安县国民经济历史统计资料》(1949~1990年)；《秦安统计年鉴》(1991~2004年)

表3-4比较了1991~2004年自然村数量的推算数据与统计数据。从比较结

果来看,2003年与2004年的推算数据与统计数据十分接近(分别仅相差22与13),但1991～2002年的两类数据却存在较大差距。原因在于:自然村数量的变化是非连续的,具有明显的相对稳定性和跳跃性特征。由于村庄外延式扩展的存在,乡村户数的增长并不完全意味着自然村数量的增加。而推算数据则是将跳跃性变化均衡化,使其具有明显的连续性变化特征(图3-6)。

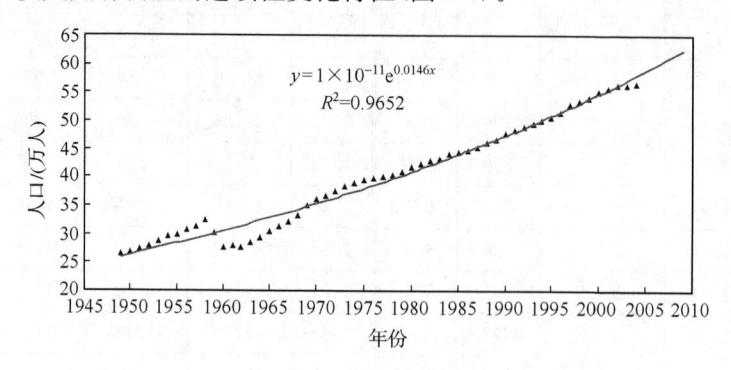

$$y=1\times 10^{-11}e^{0.0146x}$$
$$R^2=0.9652$$

图3-6　1949～2004年秦安县人口增长趋势

表3-4　1991～2004年秦安县自然村数量增长比较

年份	1991	1992	1993	1994	1995	1996	1997	1998	1999	2000	2001	2002	2003	2004
V_{n1}	1620	1622	1622	1622	1622	1627	1627	1627	1627	1627	1627	1627	1627	1627
V_{n2}	1313	1341	1364	1393	1432	1453	1496	1522	1545	1560	1577	1593	1605	1614

注:V_{n1}为统计村庄数量;V_{n2}为测算村庄数量

图3-7反映了1949～2004年秦安县自然村数量的增长趋势。由于自然村数量的增长具有跳跃性特征,因而图中自然村数量的均衡增长曲线仅仅是自然村数量增长趋势的反映,并不代表自然村数量增长的真实情形。20世纪80年代,秦安县村庄数量迅速增长,而1991～2004年,自然村数量则基本保持稳定。

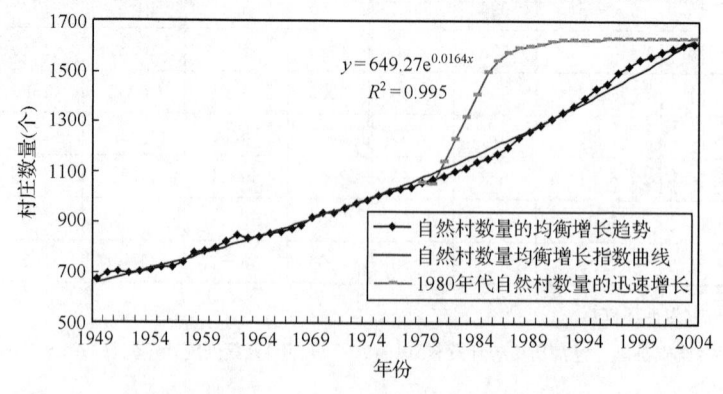

$$y=649.27e^{0.0164x}$$
$$R^2=0.995$$

图3-7　1949～2004年秦安县自然村增长趋势

|第三章| 陇中黄土丘陵区乡村聚落的起源与发展

实地调研发现,秦安县自然村数量在20世纪80年代发生了急剧增长,主要原因是:①改革开放以后,人民公社化时期被压制的住宅需求释放出来,农村兴起建房热潮,村庄住宅以填充式扩展与外溢式扩张的方式先后展开,引起乡村聚落空间结构的巨大变化和村庄数量的迅速增长。②农村改革使农村经济得到迅速发展,为乡村住宅建设奠定了经济基础。③乡村人口持续增长和家庭结构小型化所引发的家庭的增生与分裂空前加剧,加速了乡村户数和自然村数量的增长。④包产到户和生产责任制极大地调动了农民的生产积极性,为了提高劳动效率,农宅逐渐向耕地靠近,进而演化为新的村庄(如叶堡乡窦沟村,在80年代由一个自然村分裂出坷岔地、栅山地、吊子山3个自然村,如图3-8所示。

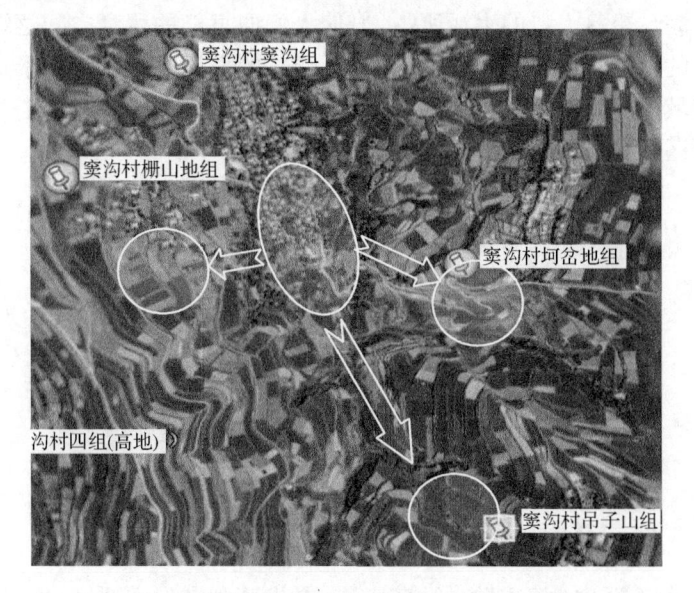

图3-8 窦沟村的分裂与演变(20世纪80年代)

3. 乡村聚落区位的演变

(1) 原始聚落的区位特征

原始聚落在选择区位时十分注重自然条件的优劣,即自然地理条件是否有利于人的生存、繁衍和发展。最初主要考虑有无基本的安全与食物保障,随着聚落的发展,考虑的因素逐渐上升到农牧业生产的生态条件是否优良,发展的条件是否优越等方面。在古代,人们结居成落的基本依据也可从古文献资料中得到反映。如《诗·大雅·緜》第三章说:"周原膴膴,堇荼如饴。爰始爰谋,爰契我龟,曰止曰时,筑室于兹"。其意是人们发现了一片肥美的田原,田原上生有茂盛的堇和荼,人们便在那里定居下来。《淮南子·泰族训》载:"俯视地利,以制度量,察陵陆、水泽、肥墩、高下之宜,立事生财,以除饥寒之患"。《陈旉农书》说:"山川原隰,口湖薮泽,其高下之势既异,则守燠肥瘠各不同;大率高地多寒,泉冽而土冷,传所谓高山多冬,以言常风寒也;且易以旱干;下地多肥饶,易以淹没,故治之各有宜也"。可以看出,古代先民在聚落选址时十分重视对自然条件的选择。

聚落考古和大量研究证实,原始聚落大多"缘水而居",以便于取水和耕种河流两岸肥沃的耕地。葫芦河流域的原始聚落最早主要分布在葫芦河及其支流清水河、显亲河、南小河和西小河的两岸,大多位于河流的第二、三级阶地上。虽然当时的生产力水平非常落后,但聚落的居住区位却十分理想。

(2) 现代乡村聚落的区位特征

随着人口的不断增长,人口压力逐渐加大,原始聚落有效耕作半径内有限的耕地逐渐难以满足聚落人口的生活所需,迫使人们向可能的生存空间逐渐扩散。现代乡村聚落的空间分布,是原始聚落经历了漫长的发展演变过程后形成的。现阶段葫芦河流域乡村聚落的区位主要有河谷阶地区位、坡麓坪地区位、谷坡台地区位和黄土墚峁区位等类型(图3-9)。

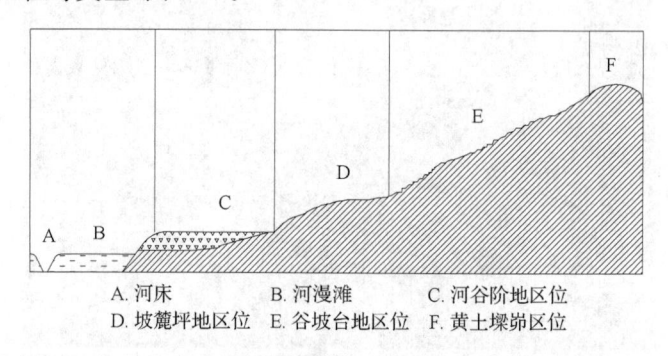

A. 河床　　　　B. 河漫滩　　　　C. 河谷阶地区位
D. 坡麓坪地区位　E. 谷坡台地区位　F. 黄土墚峁区位

图3-9 黄土丘陵区葫芦河流域聚落区位示意图

1) 河谷阶地区位:河谷阶地聚落密集,是聚落分布的主要区位类型。在葫芦河及其一级支流清水河、南小河等相对较大的河谷,河漫滩与河谷阶地发育,一般发育一至三级阶地。其中葫芦河河谷阶地发育较完善,有四级阶地分布,而且面积较大。全县有河谷阶地面积43.26km^2,占县域总面积的2.7%。河谷阶地地势低平,土壤肥沃,地下水和地表水都比较丰富,灌溉条件便利,热量充足,生产和生活条件良好,因而聚落密度较高,聚落规模也较大,大多呈串珠状沿河谷方向延伸。在秦安县23个乡镇中,除王甫等9个纯山区乡之外,其余14个乡镇的政府驻地均分布于河流沿岸的阶地上。据统计,分布于河谷阶地的人口合计占全县总人口的34.59%(图3-10)。

2) 坡麓坪地区位:坡麓坪地自然条件相对较好,是葫芦河流域乡村聚落的重要区位类型。坡麓坪地主要分布在葫芦河及其支流河谷阶地的后缘,地势起伏较小,宽阔缓斜,一般高出一级阶地约10~40m,面积相差悬殊。较大的坡麓坪地主

第三章 陇中黄土丘陵区乡村聚落的起源与发展

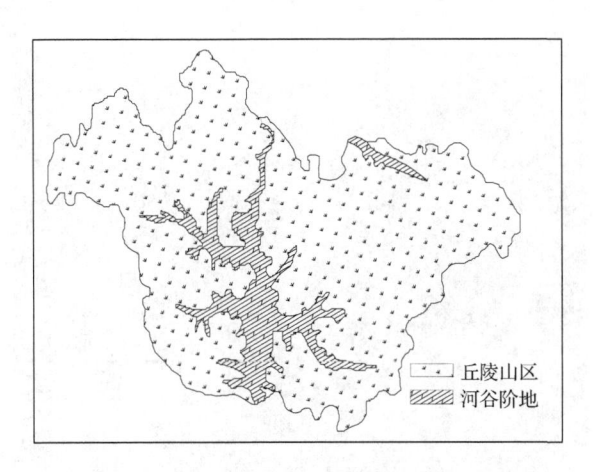

图 3-10 秦安县域河谷阶地的空间分布

要分布在葫芦河及其一级支流的较大河谷内,距河流的距离约 1km 左右,面积约数百亩,最大的可达 700~800 亩。选址于坡麓坪地的聚落,其耕地主要分布在聚落背倚的山坡和两翼坡地上,生产劳动强度较大。聚落布局因坡势而高低错落,住宅密度较大,距水源较近,交通相对便利。如兴国镇的堡子坪、杨家坪,刘坪乡的邓家坪,叶堡乡的李家坪、钱家坪,莲花镇的湫国坪等。此外,葫芦河流域的许多沟谷中还分布有许多微型坪地,多由洪水切割而成,如艾家坪、彭家坪、蔺家坪等。全县坪地总面积 26.936km^2,约占全县总面积的 1.65%。

3) 谷坡台地区位:谷坡台地是黄土丘陵区主要的聚落区位。谷坡黄土沉积较厚,坡度约 10°~35°,为县域耕地和乡村聚落的主要分布区域,面积达 932.09km^2,占县域总面积的 58.21%。黄土丘陵区谷坡台地面积狭窄,由于空间限制,住宅分布分散,多呈阶梯状或组团状分布,聚落密度和规模均较小。耕地主要分布在聚落周围的山坡上,交通及农业生产非常不便。为了方便生产,谷坡台地乡村聚落的分布具有明显的土地指向性(图 3-11)。实地调研发现,聚落在布局上多集中于谷坡的中、下部台地上,又表现出明显的水源指向性(图 3-12),聚落距水源地的距离为 0.5~1km。可以看出,谷坡台地聚落的区位具有土地和水源的双重指向性。需要指出的是,由于近十多年来地下水位的下降和泉水的干枯,黄土丘陵山区居民的用水基本依赖于"雨水集流工程"(水窖),水源对聚落扩散和区位选择的指向性在逐渐减弱甚至消失。

4) 黄土梁峁区位:黄土梁、峁是黄土地貌的重要类型,也是黄土丘陵区乡村聚落的基本区位类型。黄土梁呈长条状蜿蜒曲折,脊线起伏较小,长度达数十公里,宽度在 150~450m。秦安县黄土梁面积为 160km^2,占总面积的 10.8%。黄土峁分布较少,不太典型,县域峁顶面积约 7.7km^2,占总面积的 0.5%。由于梁、峁位置较高(海拔约 2000m 左右),不背风,交通、劳动及人畜饮水不便,黄土梁的狭

| 57 |

图 3-11 谷坡台地上新建的住宅——叶堡乡窦沟村

图 3-12 谷坡台地聚落——叶堡乡程崖村

窄空间也限制了聚落的集聚和扩展,因而分布在黄土梁峁的聚落较少。

(3) 乡村聚落的区位演变与现状空间分布格局

从原始聚落和现代乡村聚落空间区位的比较可以看出,葫芦河流域乡村聚落具有由河谷阶地向丘陵山区逐渐扩散的基本特征。这种扩散是传统农业社会人口增长、劳作半径和土地承载力限制以及社会生产力发展等多种因素共同作用的结果。伴随乡村聚落的空间扩散,聚落区位渐趋复杂和多样,区位条件也愈来愈差。同时,聚落空间分布日益分散,最终形成星罗棋布的聚落空间分布格局(图 3-13)。

第三章 陇中黄土丘陵区乡村聚落的起源与发展

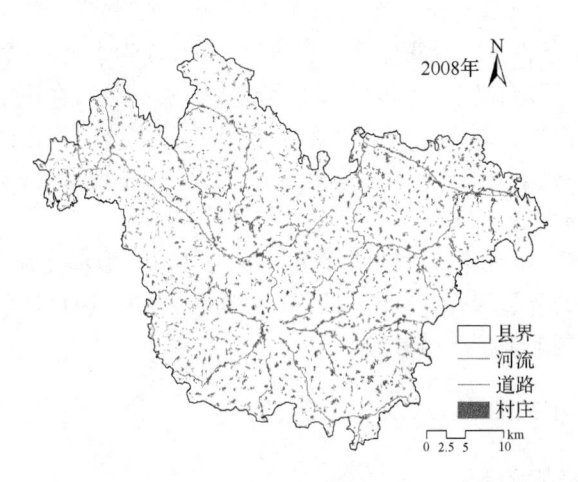

图 3-13 秦安县乡村聚落的现状分布格局

4. 乡村聚落分裂演变的理论假设与分析

秦安县域星罗棋布的乡村聚落现状空间分布格局,是少数原始聚落在漫长的历史发展过程中逐渐分裂演变和空间扩散的结果。假设县域原始聚落的数量为 a($a \geqslant 1$),由一个母聚落衍生分裂出的子聚落的数量为 q($q \geqslant 2$),现状乡村聚落(1896 个聚落斑块,2004 年)是原始聚落经过 n 次分裂后形成的,则乡村聚落的数量(S_n)可表示为

$$S_n = a + a_1 + a_2 + a_3 + \cdots + a_n = a(1 + q + q^2 + \cdots + q^n) = \frac{a(1-q^{n+1})}{1-q}$$

(3-1)

式中,q 为等比数列的公比。

显然,式(3-1)是一个等比数列的求和公式。

假定县域原始聚落的数量 $a \leqslant 5$,由一个母聚落衍生分裂出的子聚落的数量 $q \leqslant 5$;运用式(3-1)分别计算上述假定条件下 S_n 的值,通过比较 S_n 与现状乡村聚落斑块数,可以确定与现状聚落斑块数最接近的 S_n 值,并据此推算出原始聚落衍生分裂的次数 n。上述假定条件下的计算结果如表 3-5 所示。

表 3-5 秦安县聚落斑块的衍生分裂

项目	2 分裂次数(n)	最接近现状聚落板块数的 S_n	3 分裂次数(n)	最接近现状聚落板块数的 S_n	4 分裂次数(n)	最接近现状聚落板块数的 S_n	5 分裂次数(n)	最接近现状聚落板块数的 S_n
1	10	2047	6	1093	5	1365	4	781
2	9	2046	6	2186	5	2730	4	1562
3	8	1533	5	1092	4	1023	4	2343
4	8	2044	5	1456	4	1364	4	3124
5	7	1275	5	1820	4	1705	3	780

根据理论假定条件下的计算结果判断分析,当 $a\leqslant 5$ 时,由一个母聚落衍生分裂出 2 个子聚落的假定在整体上最接近现实情形,$8\leqslant n\leqslant 10$;在假定有 5 个原始聚落,由一个母聚落衍生分裂出 3 个子聚落时,S_n 与现状聚落斑块数最为接近,$n=5$;在假定有 5 个原始聚落,由一个母聚落衍生分裂出 4 个子聚落时,S_n 与现状聚落斑块数也较为接近,$n=4$。

以上分析是在一定理论假设的前提下对乡村聚落分裂演变所做的理论推断。事实上,乡村聚落的分裂演变受到人口增长、社会经济特征和自然条件等多种因素的影响,其衍生分裂的情形十分复杂。

三、乡村聚落的基本类型

1. 依据地形特征分类

依据地形特征,可将秦安县域的乡村聚落分为河谷川道聚落和丘陵山区聚落两大类型。河谷川道聚落主要分布在葫芦河及其一级支流的阶地上,聚落规模和聚落密度较大,大多呈串珠状沿河谷方向延伸,交通方便;丘陵山区聚落分布在丘陵山区的坪地、台地和黄土梁峁上,聚落住宅因地势变化而高低错落。由于空间限制,聚落规模一般较小,聚落密度也较低,交通及人畜饮水不便。

2. 依据聚落形态分类

聚落形态是指聚落用地的平面形状,是聚落景观与内部组织的直观表现,也是聚落自然条件、社会经济和传统文化的综合反映。根据聚落的空间形态,可将葫芦河流域的乡村聚落分为集聚型和分散型两大类型。集聚型乡村聚落住宅密度较高,一般分布在河谷阶地和丘陵山区地势相对平坦的地方。集聚型乡村聚落可分为单核心状与多核心状。分布于河谷阶地乡村聚落,其空间形态通常表现为条带状。分散型乡村聚落住宅分布分散,住宅密度较低,多因地形分隔、空间限制和耕地分散形成。

3. 依据聚落规模分类

依据聚落规模的大小,可将乡村聚落分为小型、中型和大型三类。根据统计资料,秦安县小型乡村聚落的人口规模一般介于 200～400 人,聚落户数介于 40～75 户,约占全部聚落的 50%;中型乡村聚落人口规模介于 400～900 人,聚落户数介于 75～150 户,约占全部聚落的 35%;大型乡村聚落的人口规模一般介于 900～1400 人,聚落户数介于 150～280 户,约占全部聚落的 15%。总体而言,中小规模的聚落占据乡村聚落的主体。

第三章 陇中黄土丘陵区乡村聚落的起源与发展

4. 依据经济特征分类

(1) 基于抽样调查的乡村聚落经济类型划分

依据聚落经济特征的抽样调查结果,可将黄土丘陵区乡村聚落分为传统农业型、劳务输出型、半商品经济型和商品经济型四类(表3-6)。传统农业型乡村聚落基本分布在黄土丘陵山区,退耕还林后人均耕地仍相对较多,传统农业种植业占据经济活动的绝对主体,经济结构单一,收入水平低;劳务输出型乡村聚落也主要分布在黄土丘陵山区,退耕还林面积大,人均耕地少,农村剩余劳动力多,外出打工人数占聚落总人口的比例高;半商品经济型乡村聚落人均耕地较少,水果、花椒等商品性农产品种植面积较大,占总收入的比例为40%~60%;商品经济型乡村聚落主要分布在河谷川道地区,耕地全部种植蔬菜、水果、花椒等商品性农产品,农业生产结构已发生较大变化,聚落的商业服务功能(地膜、农药、农机配件、日用百货等)也较强。

表3-6 基于抽样调查的乡村聚落经济类型划分

聚落类型	经济特征	地形特征	行政村	自然村	人均耕地(亩/人)	人均年收入(元/人)	外出打工人数(人)	经济商品化率(%)
传统农业型	农业种植业占据主体	丘陵山区	梁岘村	梁家岘组	3.0	900	53	23
			马庄村	周家斜道	3.2	800	35	15
半商品经济型	传统农业种植业与商品性农产品种植面积各占约50%	丘陵山区	程崖村	程崖组	1.6	1000	155	52
			程沟村	程沟组	1.5	1000	48	40
			窦沟村	窦沟组	1.5	1000	118	60
			侯滩村	秦咀组	2.0	1200	30	43
			大坪村	渠沟组	1.6	850	110	45
			大坪村	大坪组	1.2	650	80	65
劳务输出型	打工收入占据经济收入的主体	丘陵山区	墩湾村	庄子场组	0.5	2300	270	75
			墩湾村	上拉脊组	0.5	2100	290	70
商品经济型	商品性农产品种植与商贸活动占据主体	河谷川道	寺咀村	二组	0.8	1450	32	100
			侯滩村	侯滩组	0.8	2000	0	100

(2) 乡村聚落经济发展水平的系统聚类分析

1) 聚类指标的选择。影响农村经济发展的因素是多方面的,根据综合性和可操作性等原则,在参考相关研究的基础上,选择人均纯收入(x_1)、乡镇企业产值(x_2)、第二产业从业人员比重(x_3)、第三产业从业人员比重(x_4)四项指标作为经济发展水平聚类分析的基础指标(表3-7)。

由于每一个乡镇是由若干自然村组成的一个集合,乡镇单元的聚类结果总体上反映各乡镇农村经济的发展状况(包括山区村庄与川道村庄的比例),因而以乡镇为单元进行聚类分析是必要的。

2) 聚类计算。运用上述四项指标(表3-7),借助于统计分析软件SPSS11.5进行聚类分析计算,具体计算过程如下。

表3-7 秦安县各乡镇经济发展水平聚类分析基础数据(2004年)

序号	乡镇	自然村数(个)	人均纯收入(元/人)x_1	乡镇企业产值(元/人)x_2	二产从业人员比重(%)x_3	三产从业人员比重(%)x_4
1	兴国镇	59	1915	15 702	0.961	2.763
2	莲花镇	88	1420	3100	0.979	2.355
3	西川镇	66	1743	6394	6.262	5.897
4	陇城镇	62	1403	2881	2.750	1.874
5	郭嘉镇	161	1311	2672	5.196	1.279
6	刘坪乡	66	1340	783	0.000	0.698
7	五营乡	105	1427	1981	0.518	2.061
8	中山乡	110	1176	221	0.000	11.792
9	叶堡乡	106	1474	5701	1.696	2.603
10	安伏乡	85	1313	2608	0.882	1.464
11	魏店乡	132	1300	1447	0.000	1.839
12	王铺乡	165	1104	403	0.005	0.614
13	千户乡	63	1198	615	0.369	1.031
14	王窑乡	115	1092	457	0.126	0.231
15	云山乡	58	1327	2694	0.785	2.299
16	王尹乡	92	1510	1911	0.000	1.203
17	兴丰乡	94	1210	5076	0.162	1.638

资料来源:《秦安统计年鉴》,秦安县统计局,2004年

ⅰ.用标准差标准化方法对四项指标的原始数据进行标准化处理。
计算公式为

$$x'_{ij} = \frac{x_{ij} - \bar{x}_j}{s_j} (i=1,2,\cdots,m; j=1,2,\cdots,n) \tag{3-2}$$

式中,$\bar{x}_j = \frac{1}{m}\sum_{i=1}^{m} x_{ij}, s_j = \sqrt{\frac{1}{m}\sum_{i=1}^{m}(x_{ij}-\bar{x}_j)^2}$

|第三章| 陇中黄土丘陵区乡村聚落的起源与发展

且 x'_{ij} 满足，$\bar{x}_j = \frac{1}{m}\sum_{i=1}^{m} x'_{ij} = 0$，$s_j = \sqrt{\frac{1}{m}\sum_{i=1}^{m}(x'_{ij}-\bar{x}'_j)^2} = 1$

ⅱ．采用欧氏距离测度17个乡镇之间的样本间距离。

ⅲ．选用最邻近法（nearest neighbor）计算类间的距离并对样本进行归类。

经过上述聚类计算步骤得到的聚类结果如图3-14所示。

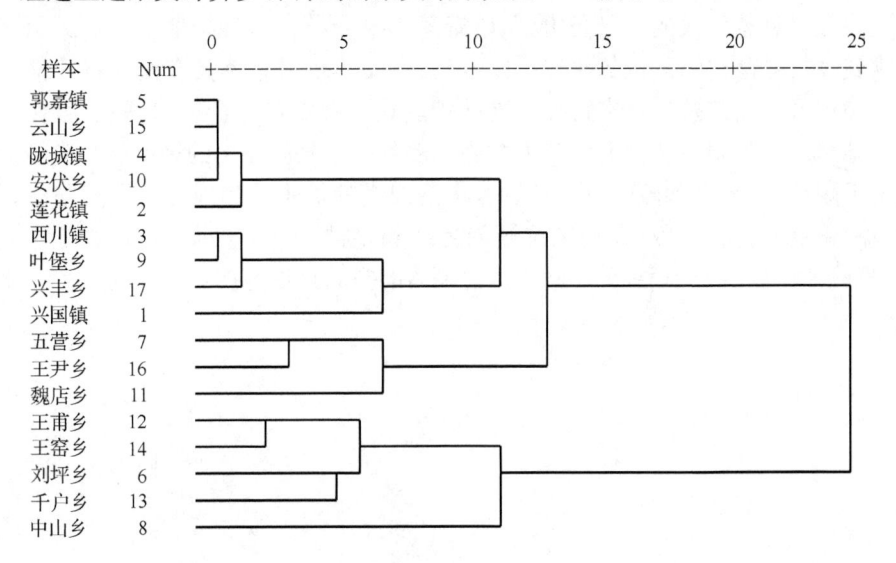

图3-14　秦安县17个乡镇经济发展水平聚类谱系图

3）聚类结果分析。由聚类分析谱系图可以看出，17个乡镇最后聚类为两大类，王甫、王窑、刘坪、千户、中山为一类，所属自然村全部位于黄土丘陵山区，经济发展落后；郭嘉、云山等12个乡镇为一类，经济相对发达。其中西川、叶堡、兴丰、兴国合并为一亚类（西川、叶堡、兴丰三乡镇更加接近，兴国镇为县政府所在地），该亚类中位于葫芦河、显亲河等河谷川道的自然村所占比重较高，集中了全县自然条件最好和经济最为发达的区域。郭嘉、云山、陇城、安伏、莲花合并为一亚类（郭嘉、云山、陇城、安伏四乡镇更加接近），该亚类中位于河谷川道的自然村也占较大比重，自然条件较好，经济相对发达。五营、王尹、魏店合并为一亚类，该亚类中地处河谷川道的自然村所占比重较低，自然条件相对较差，经济较为落后。聚类分析结果表明，秦安县各乡镇在经济发展水平方面存在着较大差异，差异形成的根本原因在于河谷川道区与黄土丘陵山区自然条件的差异。

聚落起源与发展的历史表明，现代聚落是伴随社会生产力发展和人类生产生活方式不断变化而逐渐演变形成的。在史前时期，由于人口数量少，聚落的数量和规模均较小，人类大都选择水草丰美、动植物种群丰富、生态环境优越的地方作为自己的居住地。随着社会生产力的不断发展和人口数量不断增长，聚落规模与数量不断扩张。在聚落规模扩张的同时,部分聚落由于安全、政治和军事的需要逐渐演变为"城"。随着手工业、商业向"城"内集中,孕育了货物集散、贸易和交换的场所——"市"。"城"与"市"的紧密结合,意味着真正意义上的"城市"的产生,聚落职能发生了根本性的变化。可以看出,人口增长和社会生产力的发展,是聚落发展演变的最基本的因素。

秦安县具有悠久的开发历史,原始聚落主要分布在河谷阶地上。从原始聚落和现代乡村聚落空间区位的比较可以看出,秦安县乡村聚落具有由河谷阶地向黄土丘陵山区逐渐扩散的基本特征。这种扩散是传统农业社会人口增长、劳作半径和土地承载力限制以及社会生产力发展等多种因素共同作用的结果。秦安县地处黄土丘陵沟壑区,地形破碎,沟壑纵横,聚落规模的扩张受到地形的严重限制。伴随乡村聚落的空间扩散,聚落区位渐趋复杂和多样,聚落空间分布日益分散。同时,家庭人口规模的小型化,加剧了乡村聚落的空间扩展速度。

第四章 陇中黄土丘陵区乡村聚落的空间分布与空间结构

第一节 乡村聚落系统的空间分布与空间结构

由大小不等的乡村居民点构成的乡村聚落系统可分为集镇、中心村和自然村3个层次,其空间结构即集镇、中心村和自然村在乡村地域空间的相对位置关系和空间分布状态。在乡村地域中,集镇的规模较大,职能最强,通常为特定乡村地域的首位聚落。自然村规模较小,职能单一,数量较多,处于乡村聚落系统结构的最基层。中心村在规模、数量和职能等方面则介于集镇与自然村之间。从聚落属性上讲,集镇、中心村和自然村同属乡村聚落范畴,只是三者在规模、数量和职能等方面存在差异。乡村聚落的系统结构如图 4-1 所示。

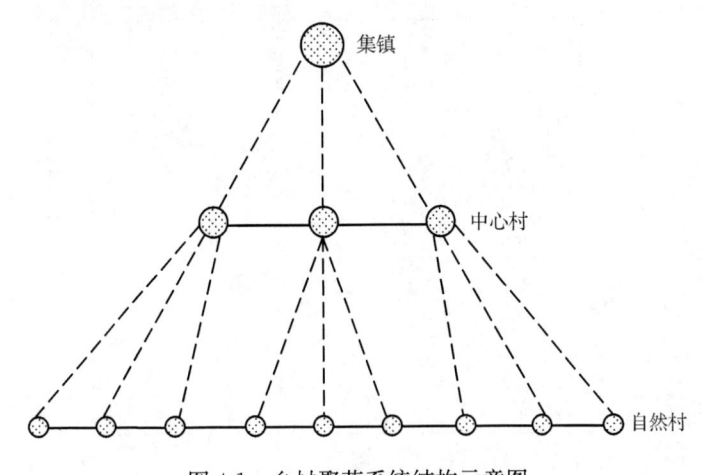

图 4-1 乡村聚落系统结构示意图

一、集镇的空间分布与结构

1. 集镇的空间分布特征

集镇是乡村聚落系统中层次最高、规模最大和功能最强的聚落类型。与单纯的自然村相比,集镇具有较强的行政、经济和教育文化职能,是区域性的交通和商贸中心。县政府所在地(即县城,不属于乡村聚落的范畴)通常是县域范围内的首位集镇,规模较大,功能较强且较为齐全;建制镇是县域内一定区域的中心,规模相对较大且具有较强的区域中心性；一般集镇大多为乡政府所在地,具有行政、文化、教育等职能,但中心作用相对较弱。

秦安县域集镇的空间分布特征(图 4-2),主要表现在以下 3 个方面：①集镇大多沿河流分布。在秦安县 22 个集镇(撤乡并镇前)中,除王甫、中山、千户、刘坪、兴丰之外,其余基本都分布在河流沿岸,如沿葫芦河分布的安伏、叶堡、西川、郑川,沿清水河分布的莲花、陇城、五营等,集镇明显表现出沿河流分布的特点。②集镇沿主要交通线路分布。由于集镇具有行政、商贸和文化教育等职能,为了便于对外联系,集镇一般选择在交通方便的区位,因此集镇具有沿主要交通线分布的特征。秦安县除莲花、中山、五营、刘坪、兴丰等集镇沿县乡公路分布外,其余集镇基本沿国道(310 线)和省道(207 线、304 线)分布。③集镇分布的历史继承性较为明显。秦安县集镇分布与历史上的政治和军事活动有非常密切的关系。秦安开发历史较早,自古兵家相争,烽火连绵。出于战争与防卫的需要,秦安在历史时期形成了许多古城堡,现今不少集镇即为古城堡所在地。如陇城乡(街泉故城)、叶堡乡(成纪故城)、古城乡(腊家城)、莲花镇(莲花古城)、郭嘉镇(郭嘉故城)等。

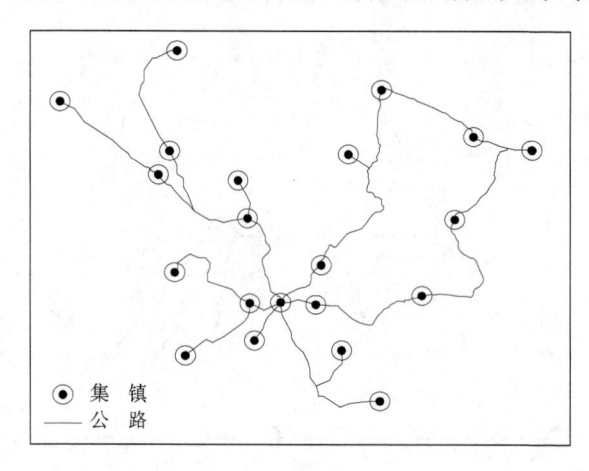

图 4-2 秦安县集镇空间分布

2. 集镇空间结构的分形特征

分形(fractal)体指的是自然界存在的具有自相似性、维数是分数的一类结构破碎的形体。此概念由美国数学家 B. Mandebrot 于 1967 年提出以后,吸引了众多学科关注。尽管至今分形集还没有一个完整严格的定义,并且自然形体只是在一定尺度内具有某种统计的自相似性特征,并不具有理论上所构造的分形集具有的全部性质(Mandebrot,1982),但这并不妨碍利用精细的结构和某个方面具有自

第四章 陇中黄土丘陵区乡村聚落的空间分布与空间结构

相似性对自然分形体进行分形研究。就统计分形研究而言，早期的研究多注重于分形体的描述与分维数的求算，到后来逐渐用于预测系统结构的演化方向，并开始注重对分形体形成机制的探讨（艾南山等，1998）。聚落群中各聚落的大小及其等级次序的分布，是聚落群结构的一个侧面。不同聚落在聚落群内部的地位、相互作用及其发展趋势是聚落群发展演变的一个重要研究内容（金其铭，1989）。分形几何为研究区域各聚落的组合、结构及相互关系提供了十分有益的量化方法。

集镇在地域空间上的布局，是一个区域乡村聚落系统空间结构的重要表征。从理论上来讲，一个区域的各个集镇之间存在着相互作用和空间联系。因此可以运用分形理论中的关联维数来模拟集镇之间的相互作用和空间联系（徐建华，2002）。其基本模型可表示为

$$D = \lim_{r \to 0} \frac{\ln C(r)}{\ln r} \quad (4-1)$$

式(4-1)中，D 为关联维数；r 为给定的距离标度；$C(r)$ 为集镇的空间关联函数，即

$$C(r) = \frac{1}{N^2} \sum_{i,j=1}^{N} H(r - d_{ij}) \quad (4-2)$$

式(4-2)中，d_{ij} 为第 i 个与第 j 个集镇之间的距离，N 为集镇的个数，H 为 Heaviside 阶跃函数，即

$$H_r - d_{ij} = \begin{cases} d_{ij} \leqslant r \\ d_{ij} > r \end{cases} \quad (4-3)$$

根据关联维数的定义，$r \to 0$ 只是表示 r 的变化方向，并非一定要趋近于零。在研究集镇的空间结构与相互联系时，r 在大小两个方向上都有尺度限制，超过了这个限制就超出了无特征尺度区。关联维数 D 反映了乡村聚落系统空间布局的均衡性，在 D 的通常变化区间(0～2)内，当 $D \to 0$ 时，说明区域内各集镇之间联系紧密，分布高度集中；当 $D \to 2$ 时，集镇之间空间作用力小，集镇布局分散到均匀程度。研究运用 GIS 手段首先测算了秦安县各集镇之间的直线距离，据此分析集镇空间结构的分形特征（表 4-1）。

在计算中，以步长 $\Delta r = 2\text{km}$ 来取距离标度 r，可以得到一系列点对 $(r, C(r))$，如表 4-2 所示。根据表 4-2，在双对数坐标中画出 $(r, C(r))$ 的散点图，然后用线性回归方法进行模拟，结果如图 4-3 所示。由模拟结果可知，$R^2 = 0.9618$，拟合效果好。关联维数 $D = 1.2146$，$D > 1$，表明秦安县集镇在空间上分布比较分散。

表 4-1　秦安县 16 个集镇的距离矩阵　　　　　　　　（单位：km）

	莲花	西川	陇城	郭嘉	刘坪	五营	中山	叶堡	安伏	魏店	王铺	千户	王窑	云山	王尹	兴丰
莲花	0	25.8	17.5	23.8	19.5	10.8	15.0	19.0	17.8	21.3	32.5	34.8	28.3	33.0	28.0	22.0
西川		0	33.5	13.8	7.5	28.3	23.3	8.0	11.8	26.8	28.3	9.5	7.5	18.0	11.3	17.8
陇城			0	38.0	26.3	7.0	10.8	30.8	31.3	38.8	49.3	42.3	39.3	31.3	29.5	19.5
郭嘉				0	16.5	31.5	29.3	8.8	6.8	14.3	14.5	18.5	9.0	31.5	24.8	28.3
刘坪					0	21.3	15.8	7.8	11.0	26.3	31.0	16.5	3.8	16.5	10.0	11.8
五营						0	7.8	24.5	24.8	31.8	42.5	37.5	33.3	29.8	26.3	17.5
中山							0	21.3	22.5	33.3	37.0	31.8	29.0	22.0	19.3	9.5
叶堡								0	3.8	19.3	23.0	16.3	9.3	23.8	17.0	19.3
安伏									0	15.5	20.0	19.3	11.0	27.5	20.5	22.0
魏店										0	12.8	32.5	23.3	43.0	36.0	35.8
王铺											0	30.3	21.8	46.0	39.0	42.0
千户												0	9.5	20.5	15.8	25.0
王窑													0	25.3	18.8	25.0
云山														0	7.0	12.3
王尹															0	10.5
兴丰																0

表 4-2　标度 r 及其对应的关联函数 $C(r)$

序号	1	2	3	4	5	6	7	8	9	10	11	12	13	14	15	16
r	6	9	12	15	18	21	24	27	30	33	36	39	42	45	48	52
$C(r)$	18	38	64	78	104	128	154	176	196	220	232	242	246	252	254	256

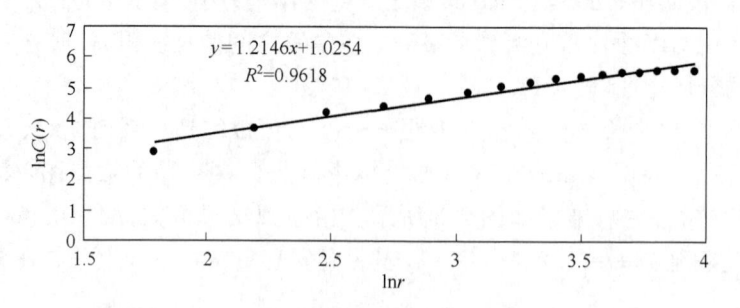

图 4-3　秦安县集镇空间分布的双对数坐标图

第四章 陇中黄土丘陵区乡村聚落的空间分布与空间结构

3. 集镇的规模结构

在乡村聚落系统中,集镇分为建制镇和一般集镇,其规模大小及中心职能存在差异。在秦安县16个乡镇(为撤乡并镇后的乡镇数,不包括县城)中,非农人口超过10 000的只有莲花镇。非农人口在1000~10 000集镇有6个,其他集镇非农业人口均少于1000人。全县集镇的非农业人口规模如表4-3所示。可以看出,虽然在行政等级上同属乡镇,但其非农业人口规模却存在很大差距,除县城兴国镇之外,非农业人口规模最大者(莲花镇)是最小者(中山乡)的近38倍。但根据M. Jefferson的城市首位律原理计算县域城镇的首位指数,2城镇指数$S_2=3.81$,4集镇指数$S_4=1.71$,城镇的首位指数较高,为典型的首位分布。城镇首位指数计算结果表明,秦安县域除县城之外建制镇规模依然偏小,一般集镇的规模更是明显偏小。

表4-3 秦安县各集镇非农人口规模

集镇	兴国镇	西川镇	郭嘉镇	莲花镇	陇城镇	刘坪乡	兴丰乡	云山乡	王尹乡
非农业人口(人)	45 455	6392	6174	11 919	8286	6129	383	414	373
集镇	千户乡	王窑乡	叶堡乡	安伏乡	王甫乡	魏店乡	五营乡	中山乡	
非农业人口(人)	351	317	665	443	1110	936	670	316	

二、乡村聚落系统的空间分布与结构

1. 乡村聚落系统空间结构的分形特征

为了研究乡村聚落系统空间结构的分形特征,论文选取具有较强代表性的安伏乡并测算了乡村聚落之间(包括集镇与各自然村之间和自然村与自然村之间)的直线距离,以此分析乡村聚落系统空间结构的分形特征。

在计算中,以步长$\Delta r=0.5$km来取距离标度r,可以得到一系列点对$[r, C(r)]$,如表4-4所示。根据表4-4,在双对数坐标中画出$[r,C(r)]$的散点图,然后用线性回归方法进行模拟,结果如图4-4所示。

表4-4 标度r及其对应的关联函数$C(r)$

序号	1	2	3	4	5	6	7	8	9	10	11
r	1	1.5	2	2.5	3	3.5	4	4.5	5	5.5	6
$C(r)$	32	76	114	176	224	274	342	416	486	530	592
序号	12	13	14	15	16	17	18	19	20	21	22
r	6.5	7	7.5	8	8.5	9	9.5	10	10.5	11	
$C(r)$	652	716	756	794	824	856	874	886	890	900	

乡村聚落发展与演变——陇中黄土丘陵区乡村聚落发展研究

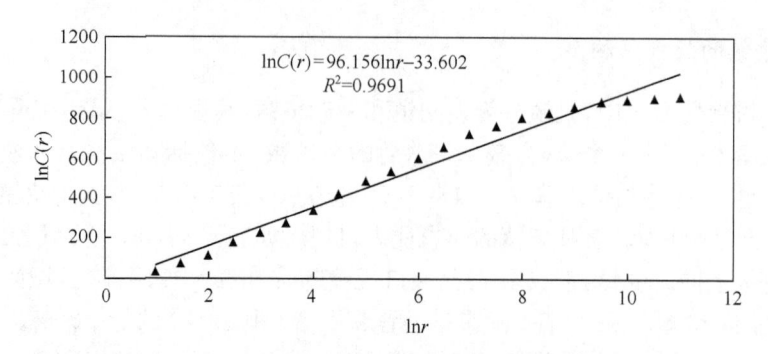

图中公式：$\ln C(r)=96.156\ln r-33.602$，$R^2=0.9691$

图 4-4 乡村聚落系统空间分布的双对数坐标图

由模拟结果可知，$R^2=0.9691$，拟合效果十分理想。关联维数 $D=96.156$，$D>1$，表明乡村聚落在空间分布上极为分散，乡村聚落系统的分形特征准确反映了乡村聚落空间分布的真实情形。

2. 乡村聚落规模结构的分形特征

乡村聚落规模分布具有自相似性，即满足分形的特征。对于县域的乡村聚落，若给定一个人口尺度 k 去度量，则人口大于 k 的乡村聚落数 $N(k)$ 与 k 的关系满足

$$N(k) \propto r^{-D} \tag{4-4}$$

显然，式(4-4)是一个分形模型，D 即为分维，表征乡村聚落规模的分布特征。对该式两边取对数，将其转化为

$$\ln N(k) = A - D\ln k \tag{4-5}$$

式(4-5)中，A 为常数。

截至 2004 年底，秦安县共有 1627 个乡村聚落（自然村），在分形研究中，选取秦安县莲花镇、王铺乡、魏店乡、郭嘉镇、刘坪乡、西川镇 6 个乡镇共 515 个自然村的人口数据，以 $\ln N(k)$ 为纵坐标，$\ln k$ 为横坐标做出散点图，然后用线性回归进行模拟。由模拟的结果可见（图 4-5），分维值 $D=2.2264$，$A=17.877$，$R^2=0.8972$，相关性较好。由于 $D>1$，说明秦安县乡村聚落的规模分布较为集中，乡村聚落规模差异程度小。

运用 SPSS11.5 对秦安县上述 6 个乡镇 515 个自然村的人口规模进行一维频数分布分析，结果表明，乡村聚落的平均人口规模为 512.7 人，50% 的乡村聚落人口规模小于 379 人，80% 的乡村聚落人口规模小于 729 人。

图 4-5 反映的是秦安县聚落规模结构的总体分形特征。事实上，由于县域自然条件及社会经济特征存在区内差异，县域不同区域的聚落规模结构分形可能表现出不同的特点。由于一个乡镇单元的乡村聚落既构成一个完整的乡村聚落系统，又能在一定程度上反映聚落规模结构分形的区内差异，因此可将分形研究区域

第四章 陇中黄土丘陵区乡村聚落的空间分布与空间结构

缩小到乡镇范围。选取莲花、西川、云山、王甫、魏店、刘坪6个乡镇,分别计算其聚落规模结构分形的分维值(表4-5和图4-6)。结果显示,刘坪乡聚落规模结构的分维值最小且小于1,表明聚落规模分布较为分散。其余5个乡镇聚落规模结构的分维值均大于1,表现出聚落规模分布较为集中的共同特点,但分维值的差异也反映出聚落规模分布集中程度的不同。

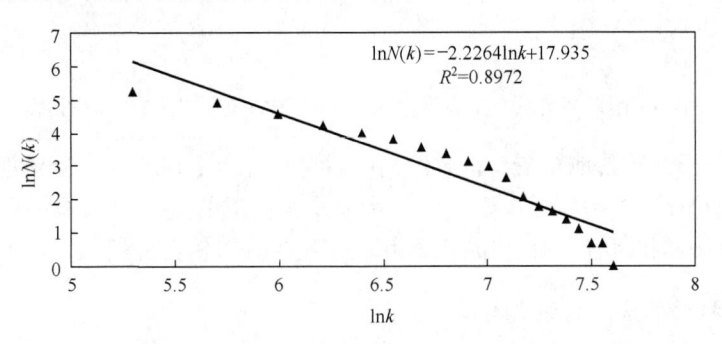

图4-5 秦安县乡村聚落规模分布双对数坐标图

表4-5 葫芦河流域6个乡镇规模结构的分维值及相关指数

聚落	莲花	西川	云山	王甫	魏店	刘坪	县域
分维值 D	1.4923	1.8497	1.2874	2.3045	1.9164	0.1611	2.2264
R^2	0.9437	0.8669	0.9256	0.8304	0.775	0.9982	0.8972
A	12.866	14.997	9.3653	14.882	13.097	0.8211	17.935

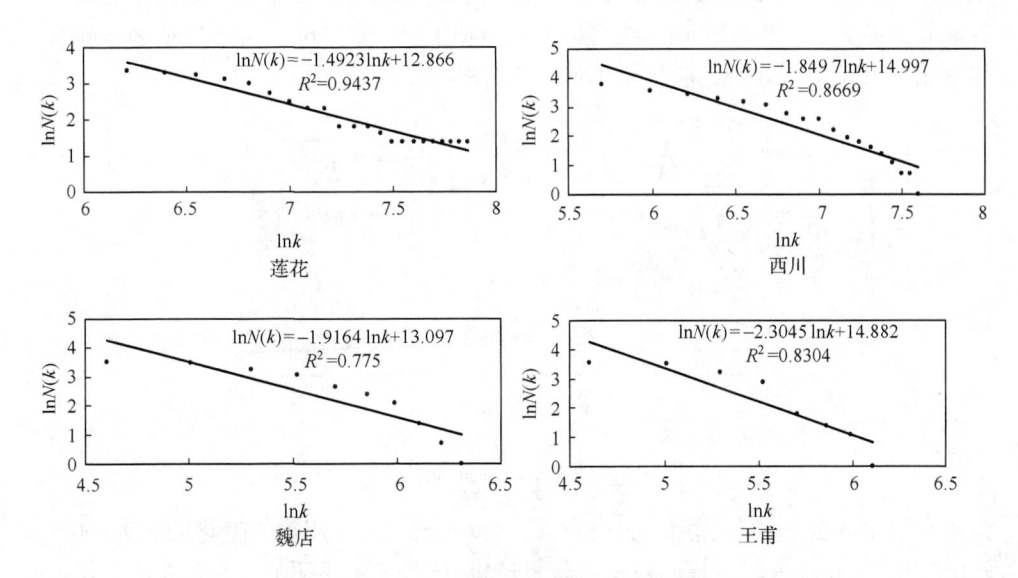

图4-6 葫芦河流域6个乡镇聚落分布的规模-位序双对数坐标图

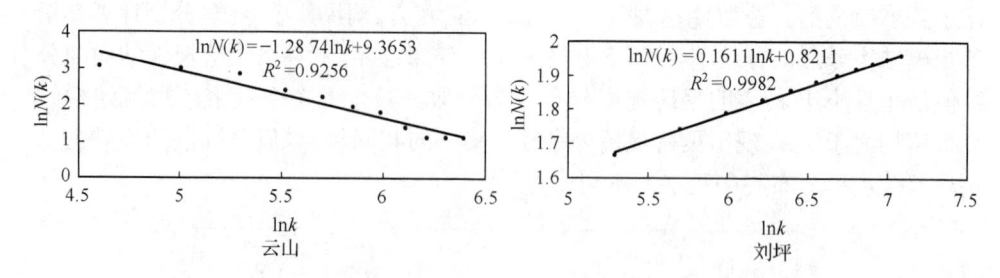

$\ln N(k)=-1.2874\ln k+9.3653$
$R^2=0.9256$
云山

$\ln N(k)=0.1611\ln k+0.8211$
$R^2=0.9982$
刘坪

图4-6　葫芦河流域6个乡镇聚落分布的规模-位序双对数坐标图(续)

对比分析秦安县地貌图与行政区划图,可以看出,上述6个乡镇聚落规模分布集中程度的不同,主要原因在于其地形特征及其构成的差异。如刘坪乡黄土梁峁沟壑、低山丘陵和河谷均有分布,因而其聚落规模分布较为分散。

3. 乡村聚落系统的组成与结构

乡村聚落的组成与结构是乡村聚落系统研究的重要内容。为了分析葫芦河流域聚落系统的整体组成与结构特点,研究运用了概率累积曲线方法。概率累积曲线是以人口数为横坐标,以聚落累积个数为纵坐标的一种统计图,由于它往往由几条线段组成,并且相邻线段间表示了体系组成与等级结构中的某种突变性质,因此对于分析乡村聚落系统的组成结构与聚落分类有重要作用(陈干和贾玉连,2001)。

秦安县地处黄土丘陵区葫芦河流域,境内乡村聚落数量众多。由于县域自然地理条件空间差异较大,聚落形态和规模在河谷川道地区和黄土丘陵山区之间存在着较大差异。从概率累积曲线可以看出,纯山区乡镇与包含河谷川道的乡镇在聚落组成及结构上表现出明显不同的特点(图4-7和图4-8)。

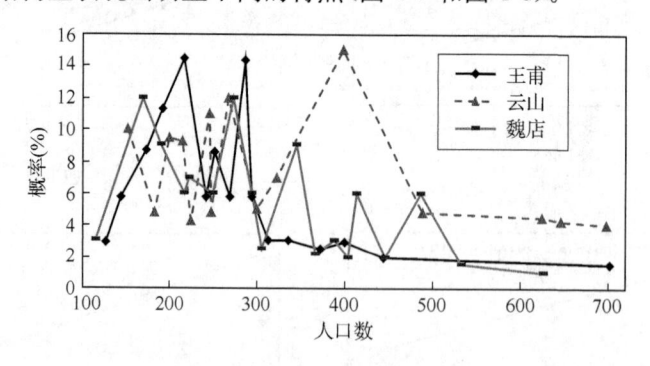

图4-7　葫芦河流域3个山区乡聚落概率累积曲线

在纯山区乡镇(如王甫乡、云山乡、魏店乡),聚落人口规模的变化区间为100～700人,150～400人口规模的聚落占较大比重,优势聚落不明显。在包含河谷川道的乡镇(如西川镇、莲花镇),尽管曲线存在多峰态,聚落规模主要为300～1500人,

第四章 陇中黄土丘陵区乡村聚落的空间分布与空间结构

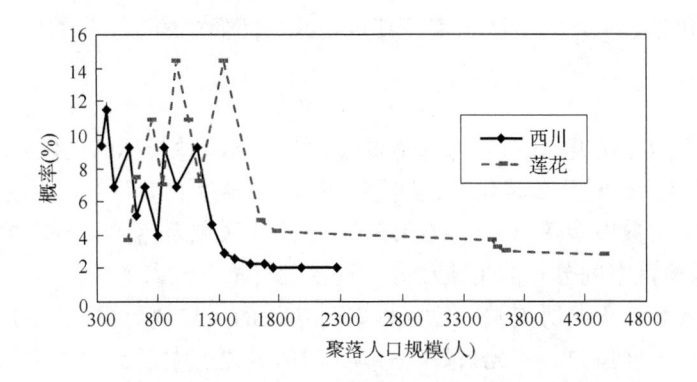

图 4-8 葫芦河流域两个包含河谷的乡镇的聚落概率累积曲线

但曲线呈明显的右偏态,曲线尾部较长,表示在此类乡镇的河谷川道中有大规模聚落存在。相对于小规模聚落而言,大聚落数量较少且规模分布较为分散。

4. 乡村聚落的碎化指数与均匀度指数

集聚—碎化理论作为一种定量研究方法,对于各个层次的区域集聚—碎化程度的测度都是有效的(李王鸣和谢良葵,1997),因而适用于乡村聚落空间集聚分散程度的测度。其测算有两种不同的方法,一是通过对单元绝对个数指标或人均指数指标的比较来进行分析。这种方法比较直观,然而却带有很大的随意性。二是通过对不同单元某一个或多个指标在区域中所占份额(百分比)的平方和得到碎化程度指标。这种方法能够相对准确地计算出某个区域集聚碎化的程度,但对于单元增减的反应却不太灵敏。现代集聚—碎化理论则是将两者的优点融合在一起,它不仅能反映单元个数的变化,而且也能反映不同单元在区域中比重的变化。可以通过碎化指数和均匀度指数两个指标反映出来,其具体算法如下。

(1) 碎化指数

假设区域中每一个单元(聚落)的某一指标为 $X_i(i=1,2,\cdots n)$,则可定义

$$Y_i = X_i / \sum_{i=1}^{n} X_i \tag{4-6}$$

$$I = \sum_{i=1}^{n} \sqrt{Y_i} \tag{4-7}$$

上述公式中,I 即碎化指数;Y_i 代表每一聚落指标占区域总指标的比例。可见,I 的范围从 $1-\sqrt{n}$(理论为无限值)。当 Y_i 等于 1 时,I 值最小,区域高度集中;当所有 Y_i 都相等时,I 值最大,区域绝对均匀。

(2) 均匀度指数

碎化指数包含了单元(聚落)个数因素,对于区域碎化程度的比较是非常显著的,然而这一指数无法明确体现区域内部单元(聚落)分布的均衡程度。均匀度指

数即基于碎化指数从单元个数角度对其进行改进而形成的。

$$J = \sum_{i=1}^{n} \sqrt{Y_i} / \sqrt{n} \tag{4-8}$$

式(4-8)中，J 为均匀度指数；Y_i 为每个聚落指标占区域总指标的比例。J 的值越接近1，表明聚落的空间分布越均匀；J 值越小，表明聚落的空间集聚程度就越高。J 值消除了碎化指数中聚落单元个数的影响，纯粹从区域聚落单元分布的均衡性考虑，对于衡量聚落空间分布的集聚和分散程度具有重要的参考价值。

根据秦安统计年鉴所提供的各乡村聚落单元的人口统计数据，经过计算得到碎化指数和均匀度指数。碎化指数 $I=13.5616$，其值远大于1，表明秦安县人口与聚落分布的碎化程度较高。均匀度指数 $J=0.9496$，J 值几近于1，表明人口与聚落的空间分布几乎近于均匀。

5. 聚落密度

黄土丘陵区葫芦河流域聚落密度较高，平均聚落密度为 1.02 个/km²，即每平方公里至少分布有一个聚落，乡村聚落的空间分布总体上呈现出"分散、均衡"的特征。但由于区域内部自然条件的空间差异，聚落密度也存在着空间差异。在河谷川道地区，因自然条件较好，平地较多、水源丰富、交通运输方便，因而人口相对密集，聚落密度较高(平均每平方公里分布有两个以上的聚落)，聚落规模也较大(聚落户数大多在100户以上，聚落人口规模也大多高于500人)；而在黄土丘陵山区，因自然条件较差，地形崎岖，地表破碎，平地较少，人畜饮水及交通不便，人口和聚落密度相对较低(平均每平方公里分布的聚落不足1个)，聚落规模也较小(表4-6)。

表 4-6　秦安县乡村聚落密度及其区内差异

聚落类型		面积 (km²)	行政村数	自然村 (个)	户数 (万户)	人口 (万人)	村均户数	聚落密度(个/km²)	
								自然村	行政村
县域总体		1601.6	515	1627	12.70	59.99	78.0	1.02	0.32
河谷川道	秦川	11	15.20	40	0.44	1.89	109.7	2.63	0.72
	阳兀川	9	11.30	27	0.31	1.58	115.9	2.39	0.80
丘陵山区	王甫	35	148.17	115	0.54	2.95	47.0	0.78	0.24
	王窑	25	85.14	97	0.49	2.32	50.4	1.14	0.29
	好地	20	83.25	54	0.41	2.01	75	0.65	0.24

6. 乡村聚落系统的空间结构形态

运用 MapGIS6.5 和 ArcGIS9.3，从秦安县和甘谷县提取部分乡村聚落斑块，

第四章 陇中黄土丘陵区乡村聚落的空间分布与空间结构

分析陇中黄土丘陵区乡村聚落系统的空间结构形态。从秦安县乡村聚落斑块的空间分布(图4-9)可以看出,秦安县乡村聚落系统具有"整体分散,相对集中"的空间结构特征。由于县域自然条件的明显差异,秦安县乡村聚落系统在空间结构形态上又表现为不同的具体类型。在相对较大的河谷川道地区(葫芦河及其一级支流),聚落多表现为沿河谷分布的串珠状集聚型空间结构(图4-10);在小型河谷(一般为葫芦河的二、三级支流)相对密集的区域,聚落表现为沿河谷分布的树枝状发散型空间结构(图4-11);而在广大黄土丘陵山区,聚落总体上表现为分散型空间结构(图4-12)。

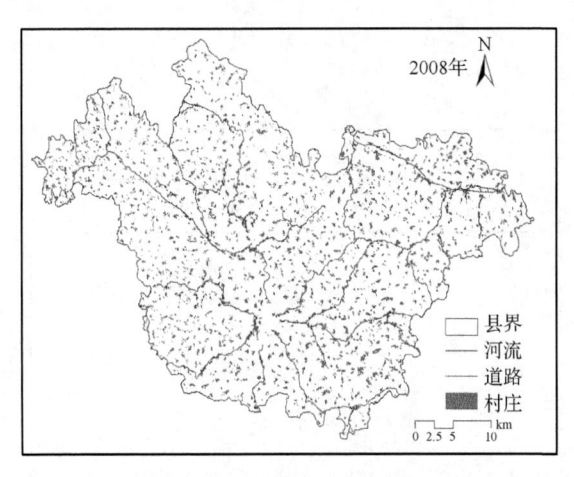

图4-9 秦安县星罗棋布的聚落斑块

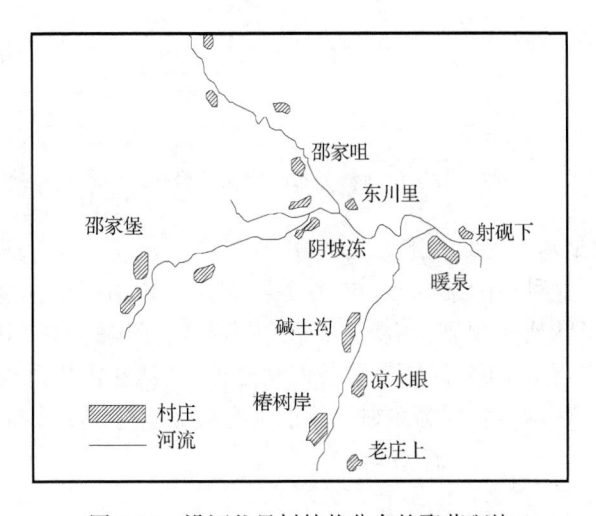

图4-10 沿河谷呈树枝状分布的聚落斑块

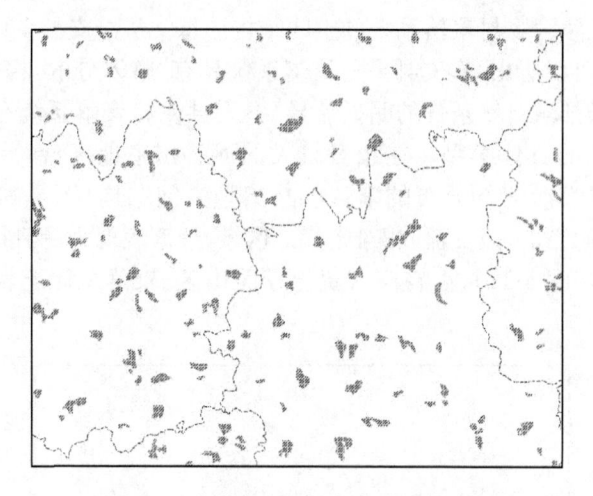

图 4-11 分散分布的丘陵山区聚落斑块

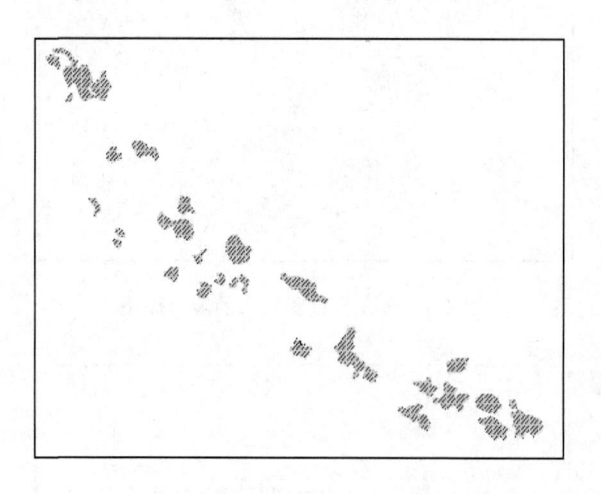

图 4-12 沿河谷分布的串珠状聚落斑块

甘谷县乡村聚落空间结构形态大致分为四类：①分散分布，表现为乡村聚落分散型的空间结构，这种空间结构形态在甘谷县黄土丘陵山区最为普遍。②团状分布，表现为村庄形状比较规则，主要分布在地形比较开阔的河谷川区。③带状分布，表现为乡村聚落沿道路、河谷等呈条带状延伸，在河流沿岸及道路沿线表现最为突出。④树枝状分布，表现为乡村聚落沿小型河谷呈树枝状分布，乡村聚落相对密集(图 4-13)。

|第四章| 陇中黄土丘陵区乡村聚落的空间分布与空间结构

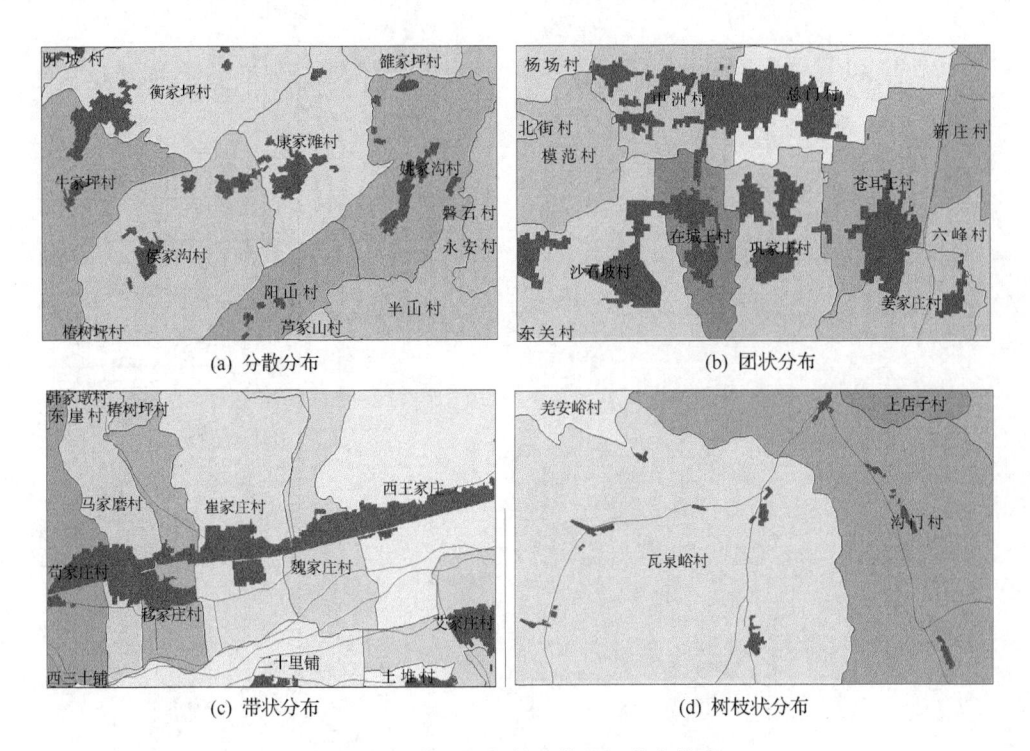

(a) 分散分布

(b) 团状分布

(c) 带状分布

(d) 树枝状分布

图 4-13 甘谷县乡村聚落空间分布模式

三、乡村聚落的空间分布特征

1. 聚落空间分布极为分散

陇中黄土丘陵区乡村聚落数量众多，聚落空间分布极为分散。运用 ArcGIS 9.3 提取通渭、秦安、甘谷三县及麦积区的乡村聚落斑块，生成聚落斑块分布图（图 4-14）。由图 4-14 可以看出，陇中黄土丘陵区通渭、秦安、甘谷三县及麦积区乡村聚落的空间分布极为分散，县（区）域范围内聚落斑块星罗棋布。需要特别说明的是，由于黄土丘陵区乡村聚落斑块面积较小，一个自然村往往包括数个在空间上邻近的小型聚落斑块，因而统计数据显示的自然村数量与运用 GIS 手段提取的乡村聚落斑块在数量上有较大差异。以秦安县为例，2008 年全县自然村统计数据为 1627 个，而由 ArcGIS 9.3 提取的聚落斑块数量达 3661 个。除聚落空间分布极为分散之外，陇中黄土丘陵区乡村聚落的密度也较高。运用 GIS 手段提取并计算各县区的聚落斑块密度，2008 年通渭、秦安、甘谷三县聚落斑块的密度分别为 3.6 个/km^2、2.29 个/km^2 和 1.68 个/km^2，其中通渭、秦安二县平均每平方公里分布有两个以上的聚落斑块，甘谷县平均每平方公里分布的聚落斑块数量也接近两个。

(a) 通渭县　　(b) 秦安县

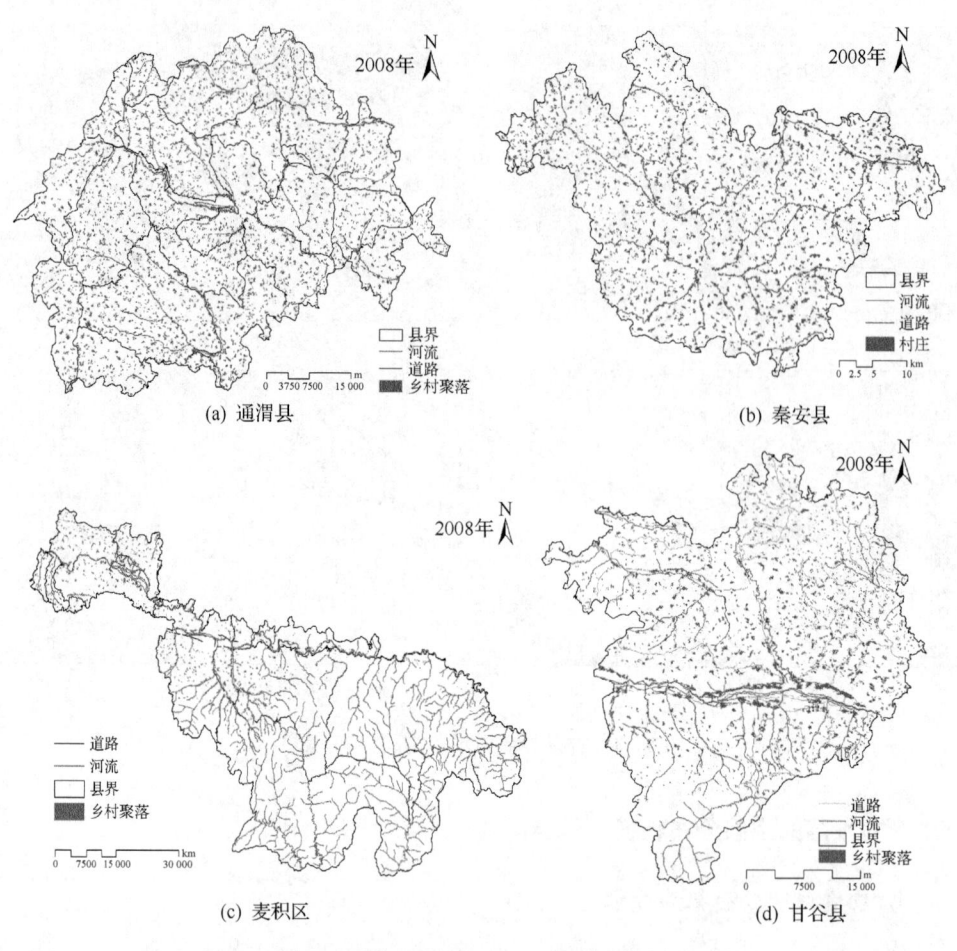

(c) 麦积区　　(d) 甘谷县

图4-14　陇中黄土丘陵区乡村聚落空间分布格局

2. 聚落空间分布差异明显

为了进一步分析陇中黄土丘陵区乡村聚落分布的空间差异特征，运用ArcGIS9.3中的Feature To Point模块，提取通渭县、秦安县、麦积区和甘谷县2008年乡村聚落斑块的中心点，采用Kernel方法生成乡村聚落密度图(图4-15)。从图4-15可以看出，乡村聚落斑块在空间分布上存在明显的高密度区，这种分布格局与县域自然地理条件(海拔、坡度、河流)密切相关。河谷地区因自然条件较好，地形相对宽阔，交通运输方便，水源丰富，因而聚落相对密集，聚落规模也较大(聚落户数大多在100户以上，聚落人口规模也大多高于500人)；丘陵山区因海拔相对较高，地形崎岖，地表破碎，自然条件较差，人畜饮水及交通不便，人口和聚落密度相对较低，聚落规模也较小。

第四章 陇中黄土丘陵区乡村聚落的空间分布与空间结构

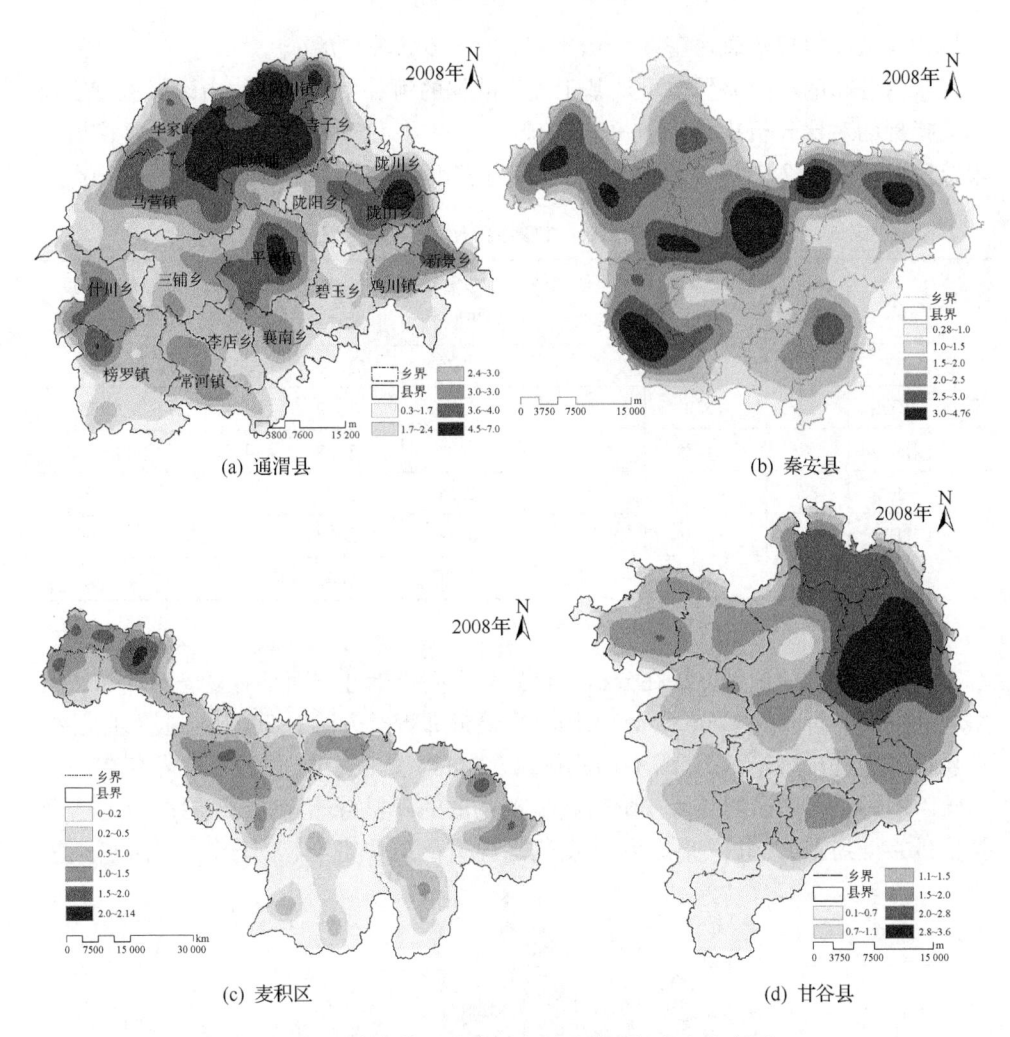

(a) 通渭县

(b) 秦安县

(c) 麦积区

(d) 甘谷县

图 4-15 陇中黄土丘陵区乡村聚落空间分布密度图

以通渭县为例,2008 年县域乡村聚落斑块平均密度为 3.6 个/km²,但最密集区域聚落斑块密度高达 7.1 个/km²,而最疏区域仅为 0.3 个/km²,呈"南疏北密、东疏西密、距县城距离近的密"的空间分布格局。通渭县东北部为乡村聚落的高密度分布区,其中,县城所在的平襄镇、县域北部的义岗川镇、寺子乡、北城铺乡、华家岭乡和东北部的陇山乡、陇川乡等乡镇的局部区域形成了 3 个密度 4.5~7.1 个/km² 的乡村聚落斑块密集核心区,聚落斑块密度以密集核心区为中心向外呈阶梯状递减趋势;马营镇、陇阳乡以及县域西部的什川乡和东部的新景乡等乡镇的局部区域形成了密度为 3.6~4.5 个/km² 的次一级乡村聚落斑块密集区;县域中部的第三铺乡、南部的常河镇、李店乡、榜罗镇、襄南乡和东南部的碧玉乡、鸡川镇聚落斑块密度相对较低,为 1.7~3.6 个/km²,属于通渭县乡村聚落较为稀疏的区域;

县域边缘区乡村聚落斑块密度为 0.3~1.7 个/km²，较为稀疏。

聚落分布的空间差异也可从基于统计数据的河谷川区与丘陵山区聚落密度及相关指标的对比分析中得到进一步验证（表 4-7）。以秦安县为例，县域河谷川区聚落密度均高于 2 个/km²，而丘陵山区聚落密度大多不足 1 个/km²。

表 4-7 秦安县乡村聚落密度及其区内差异

聚落类型		面积 (km²)	行政村数 (个)	自然村 (个)	户数 (万户)	人口 (万人)	村均户数	聚落密度 (个/km²)
县域总体		1601.6	515	1627	12.70	61.60	78.0	1.02
河谷川区	秦川	11	15.2	40	0.44	1.89	109.7	2.63
	阳兀川	9	11.3	27	0.31	1.58	115.9	2.39
丘陵山区	王甫	35	148.17	115	0.54	2.95	47.0	0.78
	王窑	25	85.14	97	0.49	2.32	50.4	1.14
	好地	20	83.25	54	0.41	2.01	75	0.65

资料来源：《秦安县统计年鉴》，秦安县统计局，2010

热点（或冷点）识别方法在分析乡村聚落空间集聚性方面具有显著的优势。运用地理空间分析软件 CrimeStat，采用层次最近邻聚类方法对 2008 年通渭县、甘谷县乡村聚落进行热点识别（图 4-16、图 4-17），可以看出通渭、甘谷县域内存在许多不同阶的热点。如通渭县域一阶热点呈现离散的随机分布特点，经层次最近邻聚类分析共得到 1011 个一阶热点，热点范围内聚落斑块密度相对较高；二阶热点呈

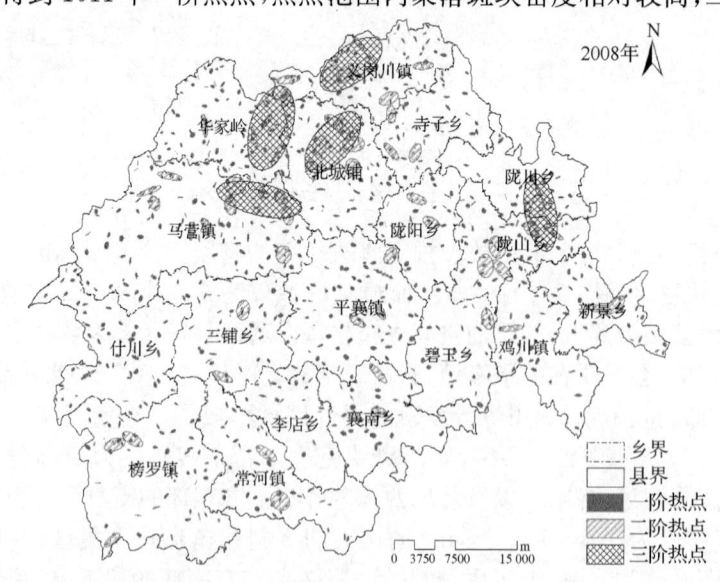

图 4-16 2008 年通渭县乡村聚落层次最近邻聚类

| 第四章 | 陇中黄土丘陵区乡村聚落的空间分布与空间结构

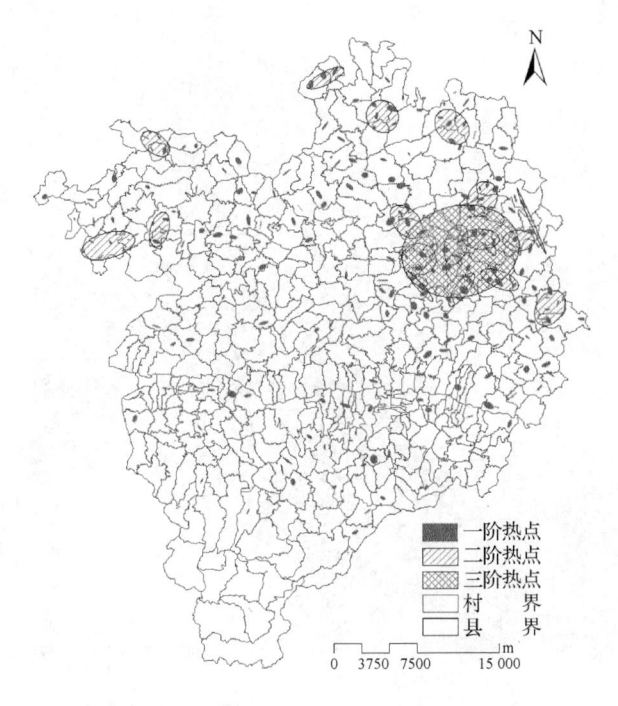

图 4-17 甘谷县乡村聚落层次最近邻聚类

现相对集中分布的特点，热点范围内聚落斑块密度较高。通过对一阶热点区进行聚类，得到 59 个二阶热点区，主要分布在县域北部的义岗川镇、寺子乡、北城铺乡以及西部的马营镇和东部的陇山乡；三阶热点呈现集聚分布的特点，热点范围内聚落斑块密度最高。通过二阶热点区聚类，得到 5 个三阶热点区，均由 4 个以上的二阶热点区聚类而成，除一个分布在东部的陇山乡和陇川乡交界处外，其余 4 个均分布在县域北部的义岗川镇、北城铺乡以及华家岭乡和马营镇的东北侧。由热点探测可知，通渭县乡村聚落空间分布表现出随机分布和聚集分布相结合的特点。

需要特别说明的是，虽然陇中黄土丘陵区乡村聚落呈现出"丘陵山区相对稀疏，河谷川区较为密集"的总体空间分布格局与特征，但就聚落斑块密度而言，在一些地形特别破碎的高海拔区域，虽然人口密度较低，但由于聚落斑块较小（以小聚落和独院聚落为主），因而聚落斑块密度较高，如通渭县的什川乡、华家岭乡等；而在一些地势相对平坦的低海拔区域，虽然人口密度较高，但由于聚落斑块面积较大，聚落斑块密度反而较低，如通渭县南部的榜罗镇、常河镇、李店乡、襄南乡、碧玉乡和鸡川镇等（图 4-18，表 4-8）。这种情形反映出地形因素对区域聚落斑块密度具有显著的影响。

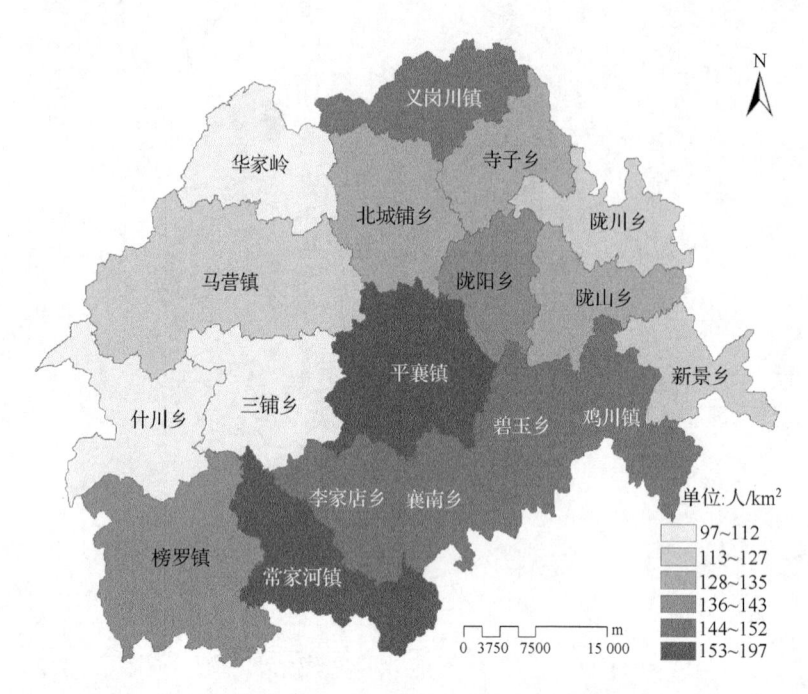

图 4-18 2008 年通渭县各乡镇人口密度图

表 4-8 通渭县各乡镇乡村聚落斑块数及人口

乡镇	乡村聚落斑块数(个)	平均斑块面积(m^2)	人口(人)	乡镇	乡村聚落斑块数(个)	平均斑块面积(m^2)	人口(人)
李家店乡	259	21 707.21	15 861	陇山乡	474	12 880.48	16 259
碧玉乡	298	21 907.70	19 216	常家河镇	554	20 711.08	35 653
陇阳乡	307	17 188.94	15 407	什川乡	620	14 307.05	19 454
陇川乡	325	17 778.85	14 905	华家岭	640	11 364.53	17 285
襄南乡	360	21 281.23	22 151	榜罗镇	722	20 386.08	39 512
鸡川镇	363	17 792.28	19 140	北城铺乡	727	10 638.32	22 997
新景乡	378	13 877.86	13 130	义岗川镇	744	8284.30	20 969
寺子乡	422	14 692.69	16 118	平襄镇	793	15 960.46	40 480
三铺乡	469	16 506.61	16 637	马营镇	1162	14 778.60	40 626

3. 海拔和坡度对聚落空间分布具有显著的影响

聚落斑块在不同高程和坡度上的分布状况是表征其空间分布特征的重要指标和内容。为了进一步分析乡村聚落在不同高程与坡度上的分布状况，本研究在对 DEM 数据和坡度数据进行分级的基础上，运用 ArcGIS 9.3 分别将通渭县、秦安

| 第四章 | 陇中黄土丘陵区乡村聚落的空间分布与空间结构

县、麦积区和甘谷县2008年乡村聚落斑块与其高程图和坡度图进行叠加并计算不同高程与坡度上的聚落斑块数量。由计算可知,四县区不同高程与坡度上分布的聚落斑块数量存在明显的差异,聚落斑块随高程和坡度变化均呈现出明显的正态分布。如在秦安县,海拔1400~1700m的范围内分布了县域57.39%的乡村聚落,坡度5°~15°的区域分布了县域55.97%的乡村聚落(图4-19,表4-9,图4-20)。

(a) 高程　　　　　　　　　　　　　　　(b) 坡度

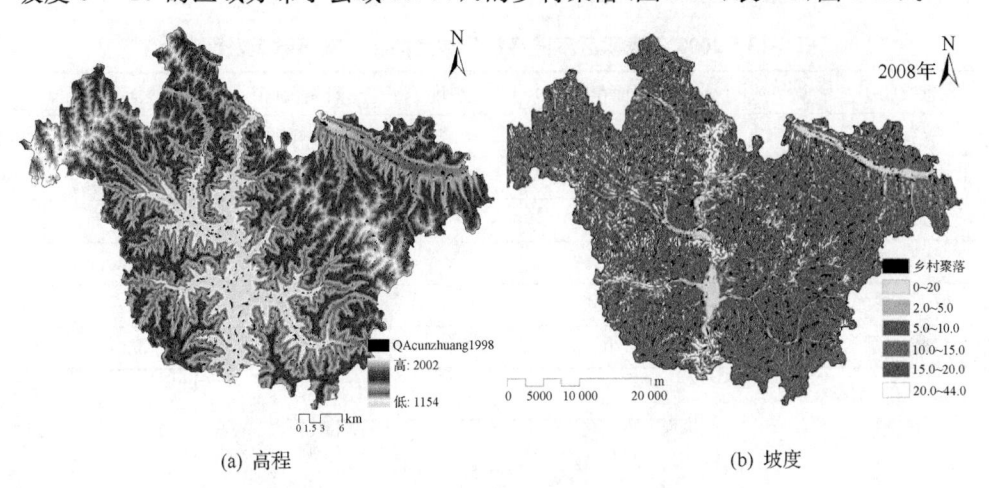

图4-19　秦安县聚落斑块在不同高程与坡度上的分布

表4-9　秦安县不同高程与坡度上聚落斑块的数量分布(2008年)

海拔 (m)	聚落斑块 数量(个)	%	坡度	聚落斑块 数量(个)	%
<1250	122	3.33	<2°	188	5.14
1250~1400	298	8.14	2°~5°	410	11.2
1400~1550	752	20.54	5°~10°	864	23.6
1550~1700	1349	36.85	10°~15°	1185	32.37
1700~1850	958	26.17	15°~20°	819	22.37
>1850m	182	4.97	>20°	195	5.33

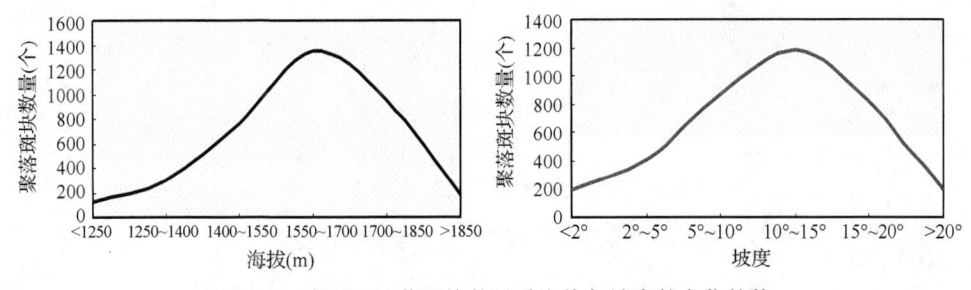

图4-20　秦安县聚落斑块数量随海拔与坡度的变化趋势

麦积区乡村聚落主要分布在北部黄土丘陵区，海拔和坡度对聚落空间分布的影响十分显著，聚落斑块主要分布在海拔1000～1500m和坡度5°～15°的范围。在海拔1000～1500m范围内分布的聚落斑块，其数量占斑块总数的67.58%，面积占斑块总面积的75.64%；在坡度5°～15°范围内分布的聚落斑块，其数量占斑块总数的49.07%，面积占斑块总面积的53.03%。(表4-10，图4-21，图4-22)。

表4-10　2008年麦积区不同海拔与坡度的乡村聚落数量及面积

海拔(m)	斑块数(个)	斑块面积(hm²)	坡度	斑块数(个)	斑块面积(hm²)
<1000	179	272.35	<2°	451	722.59
1000～1250	732	2568.16	2°～5°	971	780.73
1250～1500	825	1975.60	5°～10°	1634	1562.33
1500～1750	525	1119.98	10°～15°	1701	1623.06
1750～2000	43	70.31	15°～20°	1249	737.77
>2000	1	0.43	>20°	791	580.96

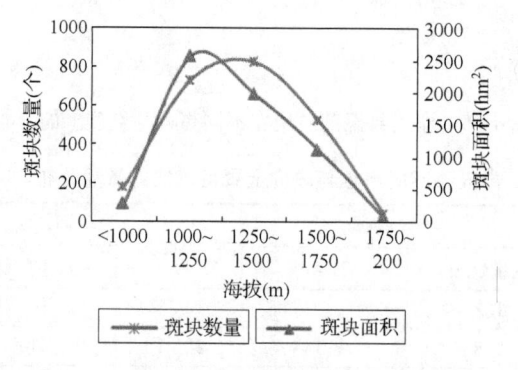

图4-21　麦积区聚落斑块随海拔的变化趋势

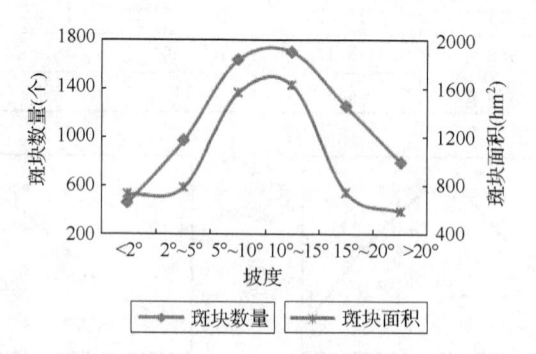

图4-22　麦积区聚落斑块随坡度的变化趋势

四、乡村聚落的空间分布模式

数据探测与空间统计可以很好地表达地理变量的空间变异性与空间相关性。研究基于半变异函数、Voronoi 地图和最近邻距离分析方法,以通渭县为例,探讨陇中黄土丘陵区乡村聚落的空间分布模式。

1. 研究方法

（1）半变异函数

半变异函数是描述区域化变量随机性和结构性特有的基本手段,对半变异函数的图形描述可得到一个数据点与其相邻数据点的空间相关关系图。设区域化变量 $Z(x)$ 在空间位置 x_i 和 $x_i+h(i=1,2,\cdots,N(h))$ 上的观测值 $Z(x_i)$ 和 $Z(x_i+h)$ 的方差的一半称为区域化变量 $Z(x)$ 的半变异函数,记为 $\gamma(h)$,可由式(4-9)进行估计

$$\gamma(h) = \frac{1}{2N(h)} \sum_{i=1}^{N(h)} [Z(x_i) - Z(x_i+h)]^2 \qquad (4-9)$$

式(4-9)中,$N(h)$ 是分割距离为 h 的样本量。半变异函数是在假设 $Z(x)$ 为区域化变量且满足平稳条件和本假设的前提下定义的。数学上可以证明,半变异函数大时,空间相关性减弱。

（2）景观形状指数

景观形状指数(landscape shape index,LSI)是通过分析乡村聚落斑块的形状与相同面积的正方形或圆形之间的偏离程度来表征其形态复杂程度的一种方法,计算方法为

$$\text{LSI} = \frac{0.25P}{\sqrt{A}} \qquad (4-10)$$

式(4-10)中,A 为聚落的斑块面积;P 为聚落的斑块周长;LSI 代表斑块形状与正方形或圆形相差的程度。

（3）Voronoi 地图分析

Voronoi 地图是由在样点周围形成的一系列多边形组成的,应用 Voronoi 图的变异系数(C_V)可对乡村聚落空间分布形态进行探讨。Voronoi 图的定义如下。

设平面上的一个离散发生点集 $S = \{p_1, p_2, \cdots, p_n\}$,则任意点 p_i 的 Voronoi 图定义为

$$T_i = x : d(x, p_i) < d(x, p_j)$$
$$P_i, P_j \in S, p_i \neq p_j \qquad (4-11)$$

式(4-11)中,d 为欧氏距离;x 表示集合 T_i 中的元素。不同点集的 Voronoi 图有均匀分布点集、随机分布点集和集群分布点集。C_V(coefficient of variation)值是

Voronoi多边形面积的标准差与平均值的比值，它可衡量现象在空间上的相对变化程度，其计算公式为

$$C_V = 标准值/平均值 \times 100\% \tag{4-12}$$

当某个点集为均匀分布时，其Voronoi多边形面积的可变性小，C_V值低；当为集群分布时，在集群内（"类"内）的Voronoi多边形面积较小，而在集群间（"类"间）的Voronoi多边形面积较大，C_V值高。

(4) 最近邻距离分析

最近邻距离分析的核心思想是将各点之间的最小距离与某种理论模式中的最近邻点之间的距离相比较，进而得出点空间分布的某些特征。R统计量（标准最近邻距离指数）为最常用的衡量指标之一，计算公式如下

$$R = \frac{\tilde{r}_a}{\tilde{r}_e} = \frac{(\sum_i d_i)/n}{\sqrt{n/A}/2} = \frac{2\sqrt{p}}{n}\sum_i d_i \tag{4-13}$$

式中，$\tilde{r}_a$为各点平均最近邻距离；$\tilde{r}_e$为随机分布条件下的平均最近邻距离的期望值；d_i为第i点与其最近邻点之间的距离；A为区域的面积；n为点的总数；p为点的分布密度；$R=1$为随机分布，$R=0$为完全集聚分布，$R=2.1491$为均匀分布。

R统计量仅关注某点与其最近邻点之间的关系，即一阶最近邻点，而没有考虑与二阶以上高阶最近邻点的关系。实际上，可以将R统计量推广为高阶最近邻指数

$$R^k = \frac{\tilde{r}_a^K}{\tilde{r}_e^K} = \frac{(\sum_i d_i^k)/n}{\frac{K(2K)!}{(2^K K!)^2}\sqrt{n/A}} \tag{4-14}$$

但是上述R统计量的计算过程中存在一种边界效应，有些情况下在研究点边界以外会存在一点，而此点才真正是研究点的最近邻点。对于边界效应的校正可以采用以下方法，如果某点与最近邻点的距离大于该点与研究区域边界的距离，则将后者当做最近邻距离，其实质是假设在研究区域的边界上始终有点。显然，实际的R值大于这一校正值，而又小于未校正的R值。

2. 乡村聚落的空间分布模式分析

(1) 基于半变异函数的空间分布模式分析

计算通渭县各乡村聚落的景观形状指数LSI，并将其作为计算变差函数的空间变量赋予每个乡村聚落空间单元的几何中心点，应用地统计软件GS+（Gamma Design Software GSPlus），对乡村聚落数据采用线性模型、指数模型、球状模型、高斯模型进行拟合，从中选取拟合度较高的模型，拟合结果如表4-11所示。其中，球状模型和指数模型拟合度高，反映乡村聚落为聚集分布特征，而线性模型拟合度高

则反映乡村聚落为随机分布特征。

表 4-11　通渭县乡村聚落形态分布格局的变差拟合模型参数

拟合模型	变程(a)	基台值($C+C_0$)	块金值(C_0)	块金系数($C/(C_0+C)$)	决定系数(R^2)
线性模型	36 787.271	0.142	0.128	0.093	0.938
球状模型	2010.000	0.136	0.005	0.963	0.115
指数模型	1590.000	0.135	0.012	0.910	0.117
高斯模型	1610.807	0.135	0.020	0.855	0.115

从表 4-11 可以看出，拟合度最高的模型为线性模型(图 4-23)，回归系数高达 0.938，拟合效果较好，说明通渭县乡村聚落空间分布具有明显的连续性和稳定性，且其分布的随机性较强。由线性模型拟合得出的基台值、块金值和块金系数看出，通渭县乡村聚落形态存在明显的空间差异，其基台值($C+C_0$)和块金值 C_0 分别仅为 0.142 和 0.128，块金值与基台值之比(块金系数)也只有 0.093，表明通渭县乡村聚落形态的空间分异既受结构性因子影响又受随机因素的影响，但由空间相关引起的结构化分异机理对其影响更为显著。进一步分析空间变程 a 发现，通渭县乡村聚落景观形状指数的空间变程高达 36 787.271m，可见其形态分布的结构化空间梯度引起空间关联效应的作用范围较大，其形态分布又呈现出一定的集中性特征。总体来看，半变异函数分析表明通渭县乡村聚落呈现随机-集中的空间分布特征。

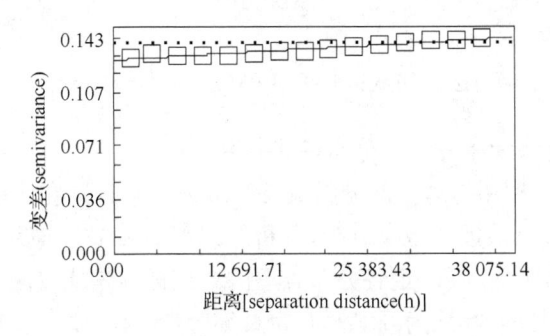

图 4-23　通渭县乡村聚落形态变差函数图

(2) 基于 Voronoi 地图的分布模式分析

不同乡村聚落点集的 Voronoi 图有集群型、随机型和均匀型 3 种。Duyckaerts 提出了 3 个建议值：当点集为随机分布时，C_V 值为 57%（包括 33%～64% 的值）；当点集为集群分布时，C_V 值为 92%（包括大于 64% 的值）；当点集为均匀分布时，C_V 值为 29%（包括小于 33% 的值）。本研究以提取的 2008 年乡村聚落斑块的中心点为发生元，采用聚类方法计算多边形值，共形成 9617 个 Voronoi 多边形，得出通渭县乡村聚落 Voronoi 图(图 4-24)。每一多边形只包含一个乡村聚落斑块，多边形面积的大小代表其与相邻多边形距离的远近。根据式(4-11),基于 Voronoi 图分析结果计算得到 C_V 值为 86.36%,说明基于 Voronoi 图的通渭县乡村聚落空间分布表现为集群分布的特征。

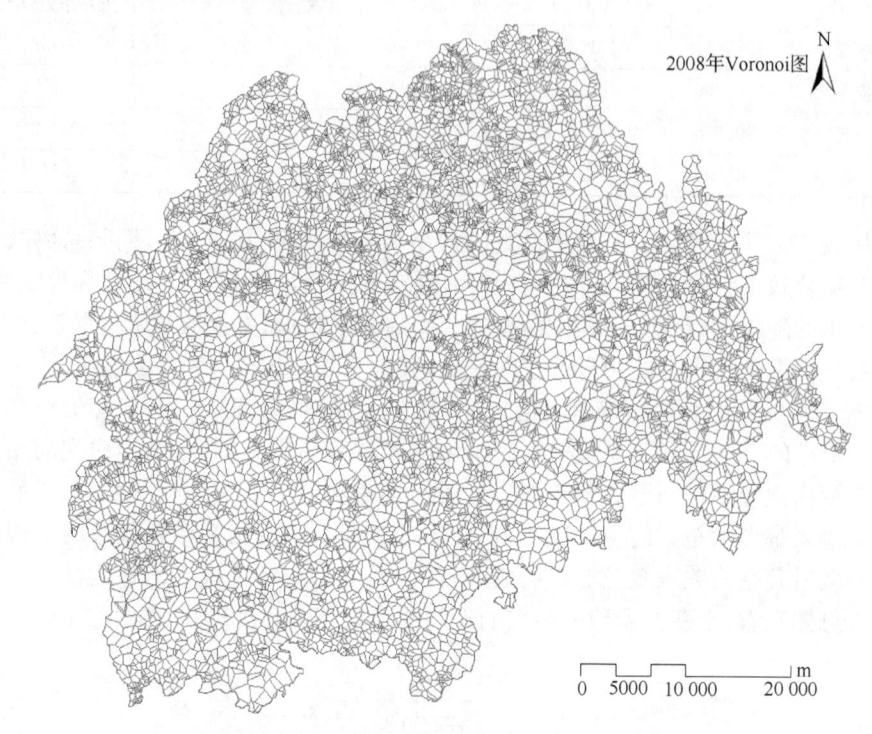

图 4-24　通渭县乡村聚落 Voronoi 多边形集合

(3) 基于最近邻距离分析的分布模式研究

基于式(4-13),利用地理空间分析软件 CrimeStat,分别在无校正、矩形校正和圆形校正条件下进行最近邻距离分析,分析结果如表 4-12。应用最近邻点距离方法衡量点集分布类型时,要确定各分布类型的界定标准是比较困难的,不同学者界定标准不一致。相关研究认为:$R \leqslant 0.5$ 为聚集分布,$R \geqslant 1.5$ 为均匀分布;当 R 介于 0.5~1.5 之间时,则按照等距细分为 3 类,即 $0.5 < R \leqslant 0.8$ 为聚集-随机分布,$0.8 < R < 1.2$ 为随机分布,$1.2 \leqslant R < 1.5$ 为随机-离散分布。

表 4-12　2008 年通渭县乡村聚落分布的最近邻距离分析

校正类型	年份样本数	平均最近距离(m)	期望平均最近距离(m)	R 统计量	Z 检验值
无校正	9617	198.8748	354.8360	0.5607	−82.4593
矩形校正	9617	198.9176	354.836	0.5606	−82.4366
圆形校正	9617	198.8492	354.8360	0.5604	−82.4728

第四章 陇中黄土丘陵区乡村聚落的空间分布与空间结构

结合上述界定标准和表4-12中的分析结果,可以看出基于最近邻距离的通渭县乡村聚落呈现聚集-随机分布特征,而且Z检验值高度显著。此外,矩形校正和圆形校正的R统计量要小于无校正条件下的R统计量,即校正后的聚集程度高,尤其是圆形校正。运用式(4-14)对通渭县乡村聚落分布做高阶最近邻距离指数(100阶),结果如图4-25。随着阶数的增加,R统计量亦随之增加,表明通渭县乡村聚落空间分布的集聚程度不断降低。在2~20阶值内,R统计量下降较快,下降36.67%,表明其集聚程度降幅最大,在20阶以后R统计量趋于稳定,集聚程度降幅减缓,93阶时R统计量为0.80,为聚集-随机分布和随机分布的分界线。

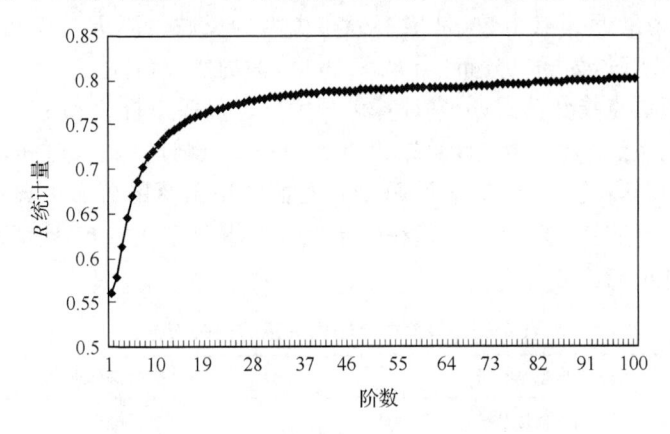

图4-25 通渭县乡村聚落高阶最近邻距离分析

第二节 乡村聚落的群体空间结构

乡村聚落群体的空间结构即某一聚落群体中各聚落的相对位置关系。在现实中,由于各个聚落优先与最便利的具有若干中心职能的村庄发生联系,长此以往,使聚落居民的社会交流、经济活动、教育文化、风俗习惯囿于一定的范围,形成固定的地域联系模式,从而在一定空间形成相对稳定的聚落群体结构。聚落群体在一定地域空间往往表现为由若干聚落组成的聚落簇群,聚落之间具有较近的空间距离,聚落之间的相互联系主要反映在群体中各聚落功能的差异及功能组合上。

一、群体聚落的空间距离与最近邻点指数

1. 群体聚落的空间距离

运用ArcGIS9.0,从秦安县土地利用现状图(2000)提取以胥家堡、金城、三棵树和王家沟为中心的四个聚落群体中的各居民点,并测算中心聚落(村委会所在村)与群体中其他聚落之间的距离。结果表明,聚落群体中中心聚落与其他聚落的

距离变化区间为 0.38~1.88km，平均距离为 0.986km，与中心聚落空间距离小于 1km 和大于 1km 的聚落各占一半（表 4-13）。

2. 最近邻点指数

最近邻点指数的计算公式为

$$R = 2D\sqrt{\frac{N}{A}} \qquad (4-15)$$

式(4-15)中，D 为各点与其最近邻点之间距离的平均值；N 为总点数；A 是给定区域的面积；R 为最近邻点指数，是聚落分布类型的反映。当 $R \leqslant 15$ 时，为密集分布；$15 < R < 115$ 时，为随机分布，当 $R > 115$ 时，为均匀分布。

根据最近邻点指数公式，分别计算以胥家堡、金城、三棵树和王家沟为中心的各聚落群体的最近邻点指数（计算结果见表 4-13）。由计算结果可知，4 个聚落群体的最近邻点指数均小于 15，表明每个聚落群体中聚落的分布为典型的密集分布。以上分析表明，在黄土丘陵区，在一定区域内聚落密集分布，空间距离靠近是形成聚落群体的先决条件。

表 4-13 聚落群体空间关系的相关指标

聚落群体	聚落群体 Ⅰ					聚落群体 Ⅱ					
中心聚落	胥家堡					三棵树					
聚落名称	李家	马咀	下山	窑坡上	杨家峡	杨家咀	路家坡	黄家湾	逯家堡	王家沟	下棱杆	上棱杆
d(km)	1.03	0.88	1.30	0.75	1.00	1.08	0.70	0.75	1.25	0.75	1.28	1.88
平均距离(km)	0.992					1.099					
最近邻点指数	1.82					2.82					
聚落群体	聚落群体 Ⅲ					聚落群体 Ⅳ					
中心聚落	王家沟					金城					
聚落名称	高头山	何家沟	王新			辛家坪	焦家庄	宋家河	牌楼	庞家庄	王家坡	高殿堡
d(km)	1.08	0.88	0.95			0.75	0.38	0.75	1.50	0.50	1.25	1.00
平均距离(km)	0.967					0.876					
最近邻点指数	2.23					2.82					

注：d 为聚落群体中各聚落与中心聚落的距离。

| 第四章 | 陇中黄土丘陵区乡村聚落的空间分布与空间结构

二、乡村聚落群体的空间结构形态

秦安县乡村聚落群体的空间结构形态较为复杂，缺乏明显的空间结构特征与空间组织规律，一般表现为在一个大村庄周围分布有若干小村庄，大村庄通常是该聚落群体的行政、文化和教育中心，村委会、学校（大多为小学，中学一般布局在乡镇政府所在地）和文化娱乐场所一般布局在大村庄，也有少量的商业服务设施。根据实地调研结果分析，秦安县乡村聚落群体中的大村庄还不是严格意义上的中心村，大多为一个行政村单元中规模较大的自然村。所谓的乡村聚落群体，也就是行政管理体系中的最小行政单元——行政村，维系聚落群体存在的主要纽带为行政隶属关系和教育职能。在一些地方，由于行政村划分的随意性较强，没有充分考虑聚落之间空间联系的方便，因而出现由空间联系上的疏密而导致的现实聚落群范围与行政村范围并非完全一致的现象（图 4-26）。

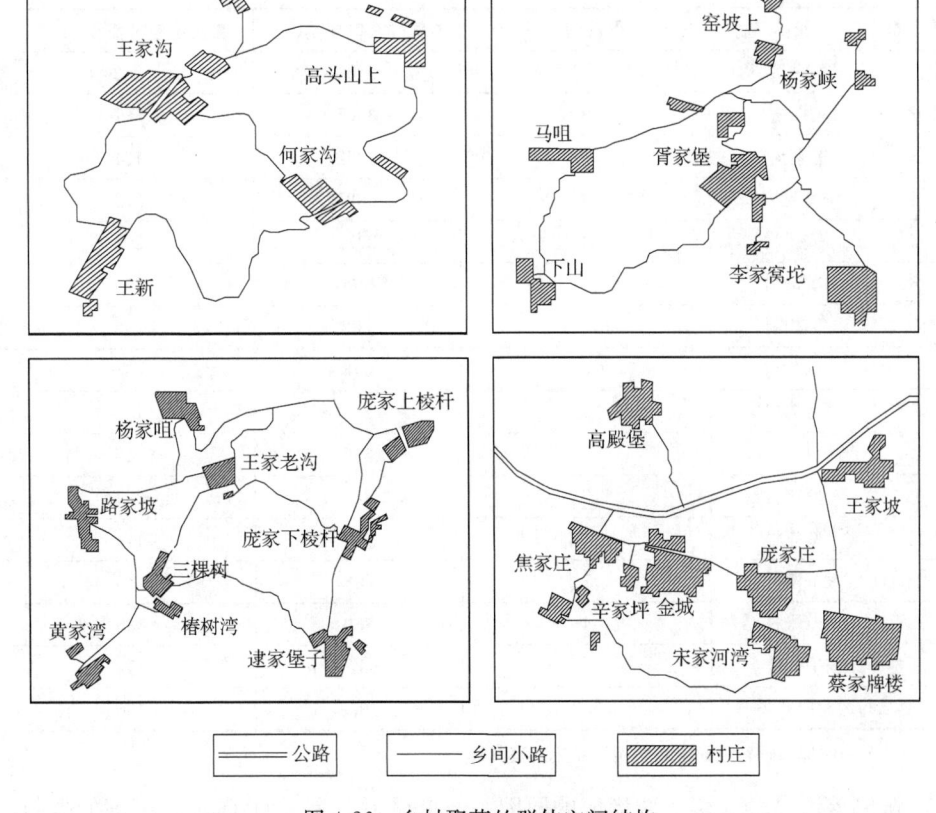

图 4-26 乡村聚落的群体空间结构

整体来看，秦安县乡村聚落的分布由于受到地形和传统农业经济的深刻影响，聚落的群体空间结构并不突出和典型。同时,由于基础设施落后,交通条件较差,大村庄中心功能弱小,尽管有一些聚落在空间上相互靠近,形成空间意义上的聚落群体,但群体中各聚落之间的联系十分微弱。相对于社会文化联系而言,其经济联系因聚落群体经济特征的雷同而表现得更为薄弱。

三、乡村聚落群体的规模

乡村聚落群体的规模是聚落群体的重要特征,可以从聚落群体的人口规模和用地规模得到反映。根据《秦安县统计年鉴》(2010)提供的统计数据和实地调研的数据进行初步分析(表4-14),可以看出秦安县乡村聚落群体的平均规模较小,较大的聚落群同样出现在河谷川道区(如位于显清河河谷的金城聚落群),多数聚落群仅包含3～5个聚落且与行政村相吻合,平均人口规模为1000人左右,平均耕地面积约为130hm²。

表4-14 秦安县聚落群人口规模与耕地规模

聚落群	中心聚落名称	聚落群聚落的数量(个)	聚落群人口规模(人)	聚落群耕地面积(hm²)
1	胥家堡*	6	2361	302
2	三棵树*	8	3265	371
3	王家沟*	4	1362	134
4	金城*	8	5827	272
5	安伏村	4	2770	209
6	剪湾村	3	1400	176
7	阳山村	3	1824	263
8	刘岔村	5	948	233
9	曹湾村	3	848	154
10	冯沟村	4	559	147
11	罗店村	3	1009	224
12	新庄村	4	1357	145
13	下湾村	7	898	146
14	徐张村	4	859	186
抽样调查平均值		4.7	1806	212
县域行政村平均值		3.2	1099	136

注：*为实地调研确定的空间上相互靠近的聚落群

限制该区域较大聚落群形成的原因主要有以下3个方面:①地形因素的限制。黄土丘陵沟壑区崎岖破碎的地形,不但使单个聚落难以在空间上连续扩展,形成具有较强集聚和辐射功能的聚落群中心,而且也由于聚落间空间联系的阻力(地形阻隔,交通不便)较大,限制了大规模聚落群的形成。②经济因素的制约。由于广大黄土丘陵山区的经济发展仍处于自给自足的传统农业经济阶段,农业生产是主要的经济活动,生产的主要目的是保证基本生存所需。经济发展的强封闭性和低市场化,使得聚落之间的联系缺乏强大的经济动因,聚落之间乃至农户之间各产所需,疏于联系。③基础设施因素的制约。在黄土丘陵沟壑区,除地形因素的限制之外,交通运输条件的落后也严重制约着聚落之间的联系,加之各聚落群缺乏医疗卫生、文化信息等公共产品的供给,因而限制了群体聚落间人流、物流、资金流和信息流的形成,进而限制了大规模聚落群的形成。

四、聚落群内部空间联系的理论模型

前已述及,聚落群内部的空间联系受到聚落间空间距离的远近、交通运输条件的优劣、经济互补性的强弱、中心聚落公共产品供给的能力和丰度以及聚落间传统的社会文化联系等因素的影响,其空间联系强度可表示为

$$F = K \frac{PTES}{D} \quad (4\text{-}16)$$

式(4-16)中,F 表示聚落群内部各聚落间空间联系的强度;P 为公共产品因子,表示聚落群中心聚落公共产品的供给能力和丰度;T 为交通因子,表示聚落间的空间通达性,涉及道路等级、交通安全性、便捷度与舒适度;E 为经济因子,表示聚落间经济互补性的强弱;S 为社会文化因子,表示聚落间社会文化联系的广度与深度,涉及宗族和婚姻关系的疏密、宗教信仰和风俗习惯的异同等;D 为距离因子,表示聚落间空间距离的远近;K 为参数,可综合聚落群所在区域的地形复杂性来确定。

第三节 聚落内部空间结构

乡村聚落的内部空间结构即聚落空间中各类空间之间的内在联系机制、空间形态间理性的组织方式以及各构成要素的空间位置关系,是聚落各构成要素在聚落空间的布局特征。

一、聚落规模与空间形态

1. 聚落规模

(1) 聚落人口规模

在聚落人口规模研究中,论文采用统计数据(秦安统计年鉴,2004)和调查数据(王甫、安伏等六乡镇),运用统计分析软件 SPSS11.5 对葫芦河流域聚落的人口规模进行了一维频数分布分析(图 4-27)。

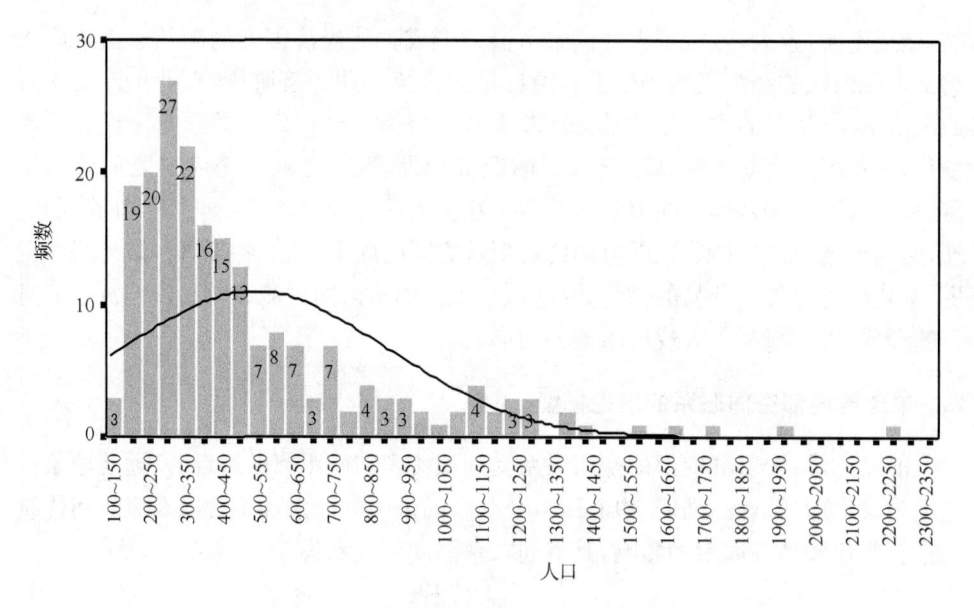

图 4-27 葫芦河流域聚落人口规模分布频数

分析结果表明,葫芦河流域乡村聚落人口规模分布具有以下基本特征:①聚落人口规模较小。30%的聚落人口规模不足 300 人,50%的聚落人口规模不足 400人,人口规模小于 800 人的聚落占聚落总数的比重达到 80%,聚落平均人口规模为 513 人,最小的聚落人口规模仅为 116 人。②聚落人口规模差异较大。人口规模最大值与最小值之差达 2156 人,两者相差近 20 倍。③优势聚落不明显。人口规模超过 1000 人的聚落占聚落总数的比例仅为 11.3%。分析结果见表 4-15。

表 4-15 秦安县聚落规模分布特征指标

	数据类别	平均数	中位数	标准差	方差	全距	最大值	最小值
特征值	聚落人口规模(人)	513	379	368.5	135 793	2156	2272	116
	聚落用地面积(亩)	62	42.9	58.4	3410.2	737.9	739	1.1
百分比	分析范围(%)	20	30	40	50	60	70	80
	聚落人口规模(人)	246	290	335	379	456	572	729
	聚落用地面积(亩)	24.1	29.7	35.3	42.9	53.5	68.7	90.8

(2) 聚落用地规模

在聚落用地规模研究中,首先运用 MapGIS6.5 从《秦安县土地利用现状图》(2000)上提取秦安县域的聚落斑块并计算出各斑块的面积,共提取斑块 1897 个(剔除县城后为 1896 个),同样运用统计分析软件 SPSS11.5 对聚落用地规模进行了一维频数分布分析(图 4-28)。分析结果显示,秦安县乡村聚落以小规模聚落仍

第四章 陇中黄土丘陵区乡村聚落的空间分布与空间结构

占据主体,面积 25～35 亩的聚落数量最多;聚落用地规模差异较大,最大最小值相差 737.9 亩;面积较大的聚落数量少,聚落面积超过 200 亩的大型聚落仅占聚落总数的 2.8%(见表 4-15)。

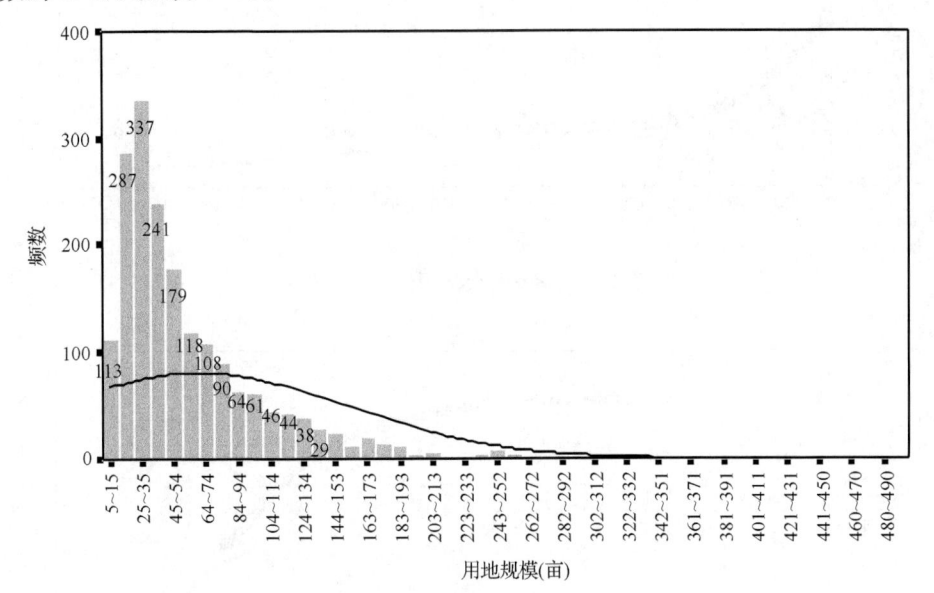

图 4-28 秦安县聚落用地规模分布频数

在此基础上,利用指数公式对聚落用地规模分布进行定量分析。指数公式为

$$N(a) = ca^{-B} \tag{4-17}$$

式(4-17)中,a 为聚落面积;N 为面积大于 a 的聚落个数;B 为聚落个数随聚落面积变化的指数。显然随着面积 a 的增大,聚落个数越少。B 越大,聚落个数随规模变化越快,说明聚落规模主要集中在规模较小的区间;B 越小,说明聚落规模分布较为均匀,规模较大的聚落数量较多。

对上式两边取自然对数,则有

$$\ln[N(a)] = \ln(c) - B\ln(a) \tag{4-18}$$

通过回归分析求得 $B=324.01$,$y=-324.01x+1809.4$,表明葫芦河流域聚落个数随规模变化十分迅速,聚落规模主要集中在规模较小的区间(图 4-29 和图 4-30)。

国内学者田光进等(2002)利用中国土地利用矢量图(从 2000 年的 TM 影像判读得到)提取全国农村居民点信息,分析了中国乡村聚落规模分布的基本特征,并得出"乡村聚落规模区域差异明显,北方大于南方,平原地区大于丘陵地区,经济发达地区大于经济欠发达地区"的结论。

表 4-16 比较了秦安县与全国部分省区乡村聚落用地规模的差异。可以看出,秦安县乡村聚落用地规模主要集中在 2～10hm² 之间,小于 2hm² 的聚落所占比例

|乡村聚落发展与演变——陇中黄土丘陵区乡村聚落发展研究|

$y=-324.01\text{Ln}(x)+1809.4$

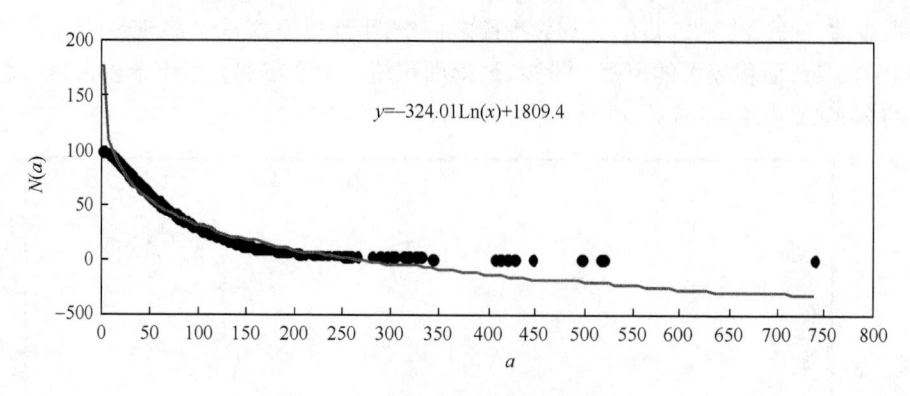

图 4-29　秦安县聚落用地规模分布

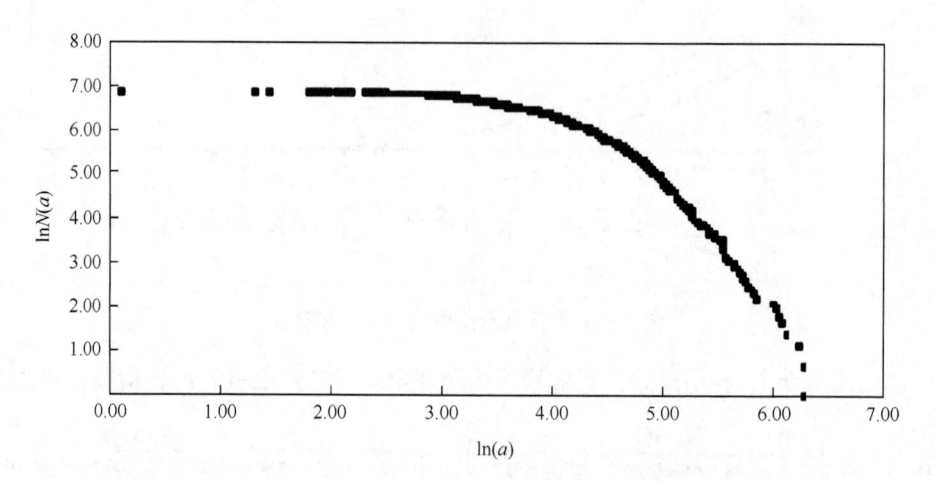

图 4-30　2004 年秦安县聚落用地规模指数分布

表 4-16　秦安县聚落用地规模与全国部分省区的比较　　　　（单位：%）

规模 (hm²)	$2 \leqslant a < 10$	$10 \leqslant a < 20$	$20 \leqslant a < 30$	$30 \leqslant a < 40$	$40 \leqslant a < 50$	$50 \leqslant a < 60$	$a > 60$	变化指数 B
河　北	21.51	30.15	17.62	10.37	6.93	4.07	9.88	1.53
黑龙江	32.95	34.72	14.93	7.17	3.66	2.12	4.45	1.30
山　东	35.91	32.67	14.31	7.01	3.87	2.19	4.03	1.36
广　东	51.96	27.43	9.27	3.95	2.28	1.27	3.85	1.24
陕　西	60.69	25.59	7.13	2.95	1.35	0.83	1.47	1.62
四　川	72.43	17.79	4.50	2.01	1.06	0.63	1.57	1.49
湖　南	84.76	11.52	2.26	0.68	0.35	0.14	0.29	2.05
甘　肃	65.43	24.50	5.91	1.99	0.96	0.42	0.79	1.9
秦安县	62.70	5.80	0.60	0.10	0.10	0.00	0.00	324.01

省区资料来源：田光进，刘纪远等．基于遥感与 GIS 的中国农村居民点规模分布特征．遥感学报．2002.4

|第四章| 陇中黄土丘陵区乡村聚落的空间分布与空间结构

也达到 30.7%,而大于 20hm² 的聚落所占比例仅为 0.8%,无大于 50hm² 的聚落,聚落规模更明显偏集于较小的区间。分析结果既反映出由于比较区域大小不同(省域与县域)而形成的差异,也反映出秦安县地形和经济因素对聚落用地规模的影响。

需要说明的是,统计数据显示秦安县共有 1627 个自然村(截至 2004 年底),但从秦安县土地利用现状图(2000)上提取的乡村聚落斑块有 1896 个,根据实地调研和该区域聚落分布的实际情况分析,主要原因在于部分自然村包含了相互靠近的数个小型聚落斑块。

2. 聚落空间形态

聚落空间形态即聚落斑块在一定地理空间所呈现出的几何形态。现实中的聚落空间形态十分复杂,可通过聚落斑块形状指数来反映。斑块形状指数是通过计算某一斑块形状与相同面积的圆或正方形之间的偏离程度来测量其形状的复杂程度(邬建国,2000;刘灿然和陈灵芝,2000;汪爱华和张树清,2003)。斑块的形状越复杂,LSI 的值就越大。常见的形状指数 LSI 有两种形式

$$\text{LSI}_R = P/2\sqrt{\pi A} \tag{4-19}$$

$$\text{LSI}_S = P/4\sqrt{A} \tag{4-20}$$

式(4-19)为以圆为参照几何形状的形状指数计算公式;式 4-20 为以正方形为参照几何形状的形状指数计算公式。式(4-19)和式(4-20)中,LSI 为聚落斑块形状指数;P 为斑块周长;A 为斑块面积。

研究运用 MapGIS6.5 提取秦安县域的聚落斑块,并计算出各斑块的面积和周长。根据 1896 个(剔除县城)聚落斑块的面积和周长计算得到的聚落斑块形状指数如表 4-17 所示。为了便于比较不同规模聚落斑块的形状复杂程度的差异,表 4-17 对斑块形状指数按聚落面积的大小进行了区间划分。可以看出,斑块形状指数在不同面积的聚落之间存在着较大差异,并表现出以下基本特征:①聚落斑块具有"面积越大,斑块的形状越复杂"的总体趋势。②存在小面积聚落斑块形状复杂程度高于大面积聚落斑块的情形,表明聚落形态的复杂程度并非完全取决于聚落斑块面积的大小,地形因素对聚落形态的复杂性具有重要影响。③LSI_R 远大于 LSI_S,表明葫芦河流域的乡村聚落形态更接近于正方形,符合该区域聚落几何形态的实际情形。

表 4-17　秦安县聚落斑块形状指数　　　　　　　　（单位：%）

规模 (hm²)	斑块数量	斑块形状指数区间 LSI$_R$	斑块形状指数区间 LSI$_S$	斑块形状指数平均值 LSI$_R$	斑块形状指数平均值 LSI$_S$
a<2	578	0.032~0.988	0.009~0.279	0.520	0.147
2≤a<10	1191	0.666~5.992	0.188~1.671	1.884	0.532
10≤a<20	111	3.454~16.503	0.974~4.655	6.609	1.864
20≤a<30	12	8.702~23.900	2.455~6.742	14.439	4.073
30≤a<40	3	17.131~22.104	4.833~6.235	19.291	5.442
40≤a<50	1	28.355	7.999	28.355	7.999

二、聚落空间结构

1. 聚落空间结构要素

从宏观角度分析，聚落空间由自然生态、人工物质和精神文化三类空间组成（业祖润，2001）。自然生态空间要素包括地形、地貌、水文、土地、矿产及生物等自然资源，是人生存之源；人工物质空间要素由耕地、宅地、道路、广场等多种因素共同组成，构成聚落人口生产、生活和居住的多功能活动空间。传统聚落在构建物质空间的同时，极为重视精神空间的塑造，多以自然山水景象、血缘情感、人文精神、乡土文化构建出充满自然生机和文化情感的精神空间（图 4-31）。可以看出，聚落的三类空间要素之间存在着密切的关系，人工物质空间既是对自然生态空间的适应，也是精神文化空间的体现，因而是聚落空间的核心。

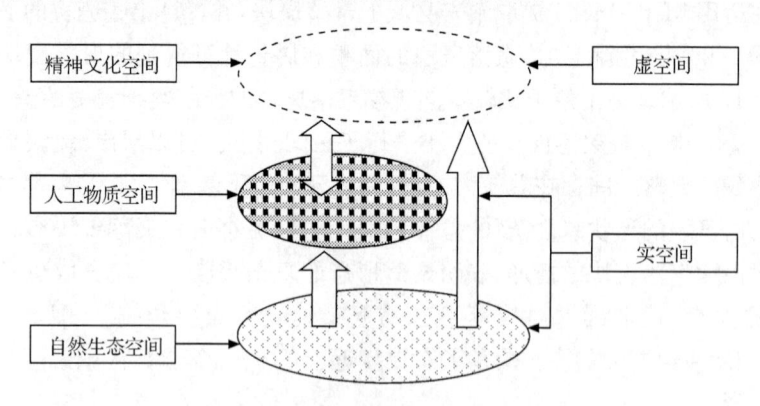

图 4-31　聚落空间构成及其相互关系

一般而言，聚落物质空间主要由巷道、公共场所及聚落地标所控制，并决定着聚落的物质空间形态与结构。在农业社会中，聚落发展往往是一个自发的过程。

|第四章| 陇中黄土丘陵区乡村聚落的空间分布与空间结构

由于聚落成员对自然环境、生活方式、风水信仰和文化观念等基本达成共识（金涛等，2002），因此聚落十分注重聚落总体格局和整体关系的构建。在一定的自然条件和传统的宗族制度下，聚落的空间组织常渗透着传统文化的内涵和深刻的哲理寓意。聚落物质空间要素具有以下基本特征：

（1）街巷道路

与城市聚落相同，街巷道路同样是构成乡村聚落内部交通网络和聚落空间骨架的基本要素。但相对于城市聚落而言，乡村聚落的街巷道路要短小狭窄得多。在黄土丘陵区，乡（镇）政府驻地聚落和位于河谷川道的大型聚落大多分布有起空间组织作用的街道和传统商业建筑形式的开敞民居，但绝大多数乡村聚落无街巷分布，聚落内部交通条件较差，迂回曲折、狭窄陡峻的土路往往是聚落内部交通的唯一通道。

（2）广场空地

广场是聚落人口的集散点和公共活动场所，常常辅以牌坊、门楼等公共性建筑和店铺等商业建筑，构成聚落空间的景观节点。广场往往布局在道路的拐点、交叉点、端点或桥头、村口等交通便利的地方，大多是从交通功能出发自然形成的，一般为不规则平面，面积不大。

（3）住宅建筑

住宅是乡村聚落人工物质空间的主体构成要素。传统聚落住宅在择地选址中，往往遵循风水古训和特殊信仰，在建筑材料选择上就地取材、因材制宜，在房屋型式的选择上注重地域特色，综合反映着聚落所在区域的自然、社会和文化背景。

2. 广义聚落空间的土地利用结构——"村域"空间结构

广义聚落空间的土地利用结构与聚落的经济活动类型密切相关。在秦安县丘陵山区，传统农业仍占据乡村聚落经济活动的主体，由于劳动效率存在着明显的距离衰减，因此往往形成以聚落为中心的环形土地利用带。在聚落发展初期，以聚落为中心，由内向外依次为园地、高产耕地、中低产耕地，再向外为位于耕作半径之外的林地、牧地、荒地等非耕地（尹怀庭和陈宗兴，1995）。这种环形土地利用结构类似于杜能农业区位论中的"杜能圈"。随着聚落的扩散和聚落密度的逐渐增大，原来位于耕作半径之外的林地、牧地和荒地逐渐消失，直至全部转化为耕地，中低产耕地也全部转化为高产耕地。秦安县现状聚落密度已达到较高程度，因此林地、牧地和荒地等非耕地所占比重较低，耕地遍野是该区域最为突出的乡村景观。"村域"空间结构及其演变过程如图 4-32 所示。

（1）广义聚落空间土地利用结构的相关指标

1）数据来源：县域、各乡镇及村域尺度的土地、耕地、园地、林地、农村道路和农村居民点等用地类型的面积数据来源于"秦安县统计年鉴"（秦安县统计局，

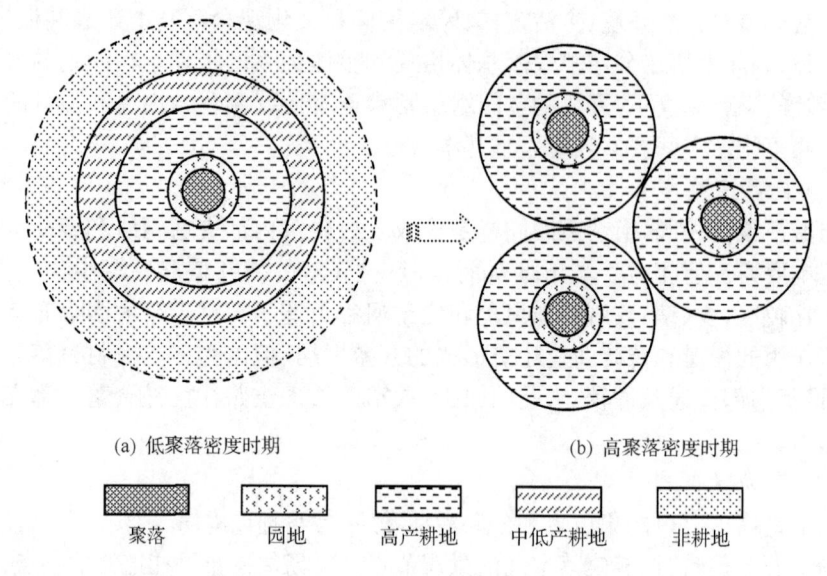

图 4-32 广义聚落空间的土地利用结构——环形土地利用带

2000~2005)、"秦安县乡镇土地利用现状数据分类面积表"(秦安县土地管理局，2005)和抽样调查数据；河谷川道与丘陵山区的土地面积、1897个乡村聚落的斑块面积数据利用ArcGIS9.0与MapGIS6.5从"秦安县地貌图""秦安县土地利用现状图(2000)"上提取并测算得到；河谷川道与丘陵山区聚落的土地利用结构数据通过GIS与统计数据相结合的方法获取，即首先运用GIS方法区分出河谷川道聚落与丘陵山区聚落，再利用统计资料计算出河谷川道聚落与丘陵山区聚落的土地利用结构数据。

2) 相关指标：广义聚落空间土地利用结构的相关指标主要包括耕地、园地、林地、农村道路、农村居民点等用地类型占村域总面积的比例及耕聚比等指标，可利用以上数据计算得出，不同空间尺度的土地利用结构相关指标见表4-18与表4-19。

表 4-18 广义聚落空间的土地利用结构及其区域差异

指标	项目	县域	丘陵山区	河谷川道
总体指标	土地总面积(hm^2)	1601.6	1300.5	301.1
	耕地总面积(hm^2)	70 057.3	67 006.1	3051.2
	斑块总面积(hm^2)	8091.3	5906.7	2184.6
	斑块数量(个)	1897	1461	436
	耕聚比	8.66	11.34	1.40
	聚落用地比例	5.05	4.54	7.25

第四章 陇中黄土丘陵区乡村聚落的空间分布与空间结构

续表

指标	项目		县域	丘陵山区	河谷川道
平均指标	平均村域面积(hm²)		84.4	89.0	69.1
	耕地	平均耕地面积(hm²)	145.44	160.17	84.50
		占村域总面积比例(%)	55.84	58.18	44.95
	园地	平均园地面积(hm²)	19.34	13.19	41.95
		占村域总面积比例(%)	9.12	5.21	23.59
	林地	平均林地面积(hm²)	22.70	26.32	8.20
		占村域总面积比例(%)	5.66	5.98	4.26
	农村道路	平均农村道路面积(hm²)	4.05	4.62	1.78
		占村域总面积比例(%)	0.76	0.75	0.78
	农村居民点*	平均农村居民点面积(hm²)	13.79	14.01	12.46
		占村域总面积比例(%)	5.78	5.43	6.92
	聚落斑块*	平均聚落斑块面积(hm²)	4.27	4.04	5.01
		占村域总面积比例(%)	5.06	4.54	7.25
	其他用地*	平均其他用地面积(hm²)	61.72	67.74	36.76
		占村域总面积比例(%)	22.85	23.51	19.50

注：*农村居民点面积数据来源于"秦安县乡镇土地现状数据分类面积表"(秦安县土地管理局，2005年)；*聚落斑块面积运用 MapGIS6.5 从"秦安县土地利用现状图"上提取并测算得到；*其他用地主要包括荒草地、盐碱地、裸土地、裸岩石砾地、河流水面等

表4-19 秦安县部分村庄的土地利用结构　　　　　　　　(单位：hm²，%)

类型	村名	土地面积	耕地面积	耕地比例	园地面积	园地比例	林地面积	林地比例	农村道路面积	农村道路比例	农村居民点面积	农村居民点比例
丘陵山区	王川	264.5	166.4	62.9	24.1	9.1	21.5	8.1	0.9	0.3	10.2	3.8
	马河	176.8	112.9	63.9	7.8	4.4	12.3	7	2.3	1.3	11.2	6.4
	傅山	325.6	227.8	70	11.2	3.4	9.6	3	3.8	1.2	15.3	4.7
	姚沟	233.7	168.2	72	4.9	2.1	1.1	0.5	3.2	1.4	12.1	5.2
	郭湾	162	105	64.9	8.1	5	12.1	7.5	1.4	0.9	9.2	5.7
	包全	113.8	73.1	64.2	3.1	2.7	4.8	4.2	1.6	1.4	6.4	5.6
	赵梁	305.1	206.4	67.7	2.4	0.8	12	3.9	3	1	13.7	4.5
	总门	180.8	115.3	63.8	7.1	3.9	200.1	7.4	37.9	1.4	11.1	6.1
	尹川	458.8	291.8	63.6	35.7	7.8	414.3	6	93.2	1.4	31	6.8
	黄湾	322	214.5	66.5	13.1	4.1	16	5	3.3	1	13.2	4.1
	崔河	264	167.1	63.3	6.9	2.6	19.2	7.3	1.4	0.5	9.3	3.5

续表

类型	村名	土地面积	耕地面积	耕地比例	园地面积	园地比例	林地面积	林地比例	农村道路面积	农村道路比例	农村居民点面积	农村居民点比例
丘陵山区	何湾	415.3	253.6	61.1	19.2	4.6	15.1	3.6	3.9	0.9	24.5	5.9
	牌楼	91.6	59.1	64.5	10.5	11.4	0	0	1.5	1.6	8.9	9.7
	雏堡	273.8	172.7	63.1	26.7	9.7	5.9	2.1	2.1	0.8	15.6	5.7
	小庄	141.3	91.2	64.5	2.2	1.6	6.7	4.8	0.3	0.2	10.2	7.2
	刘沟	147.4	97.2	65.9	7.3	5	5.5	3.7	0.8	0.6	5.5	3.7
	西峰	128.1	80.3	62.7	6.8	5.3	7.8	6.1	1.1	0.9	5.9	4.6
	洛泉	382.9	231	60.3	16	4.2	5.8	1.5	1.5	0.4	22	5.8
河谷川道	大湾	163.7	65.5	40	44.3	27.1	6	3.6	0.9	0.5	13.8	8.4
	关新	102.4	42.9	41.9	24	23.4	14.2	13.8	1.1	1	6.6	6.4
	雏川	210.3	94.6	45	49.5	23.5	0	0	0.8	0.4	14.4	6.8
	折桥	98.2	23.6	24	55.2	56.3	1.7	1.7	0.1	0.1	8.6	8.8
	张坡	145.9	56.7	38.9	41.3	28.3	0.7	0.5	0.5	0.3	10.9	7.5
	曹洼	79.5	35.4	44.5	20.1	25.3	3.3	4.1	0.4	0.5	4	5.1
	吴川	292.1	110.7	37.9	63.2	21.8	4.7	1.6	2	0.7	13.2	4.5
	周峡	113.6	48.3	42.5	25.8	22.7	10.1	8.9	1.8	1.6	2.9	2.5
	郑桥	136.2	25.2	18.6	66.2	48.6	0.4	0.3	0.9	0.7	7.3	5.3
	下高	295	121.5	41.2	94.3	32	17.1	5.8	2	0.7	17.6	6
	赵河	164.6	72.7	44.1	43.6	26.5	0.1	0.1	0.4	0.3	11.3	6.8
	元川	254.6	115.9	45.5	62.4	24.5	12.1	4.8	1.3	0.5	19.3	7.6

  从计算结果可以看出:河谷川道聚落的平均村域面积、平均耕地面积、平均林地面积、平均农村道路面积及其他用地平均面积小于丘陵山区聚落,但聚落用地比例与平均园地面积却大于丘陵山区聚落;县域平均耕聚比为8.66,丘陵山区耕聚比远高于河谷川道,两者相差达8.1倍。表明河谷川道与丘陵山区的村域土地利用结构存在着较大差异(图4-33)。需要说明的是,在村庄平均面积的计算分析过程中,根据"农村居民点面积"(统计数据)计算的结果与以"聚落斑块面积"(测量数据)计算的结果出现了较大差异,其原因主要在于:统计数据的"农村居民点"单元在许多地方已包含了若干个聚落斑块(通常为面积较小且相互靠近的若干聚落斑块同属一个自然村),由测量得到的聚落斑块数量(1897个)比农村居民点统计数量(1627个)多出270个。总体而言,由统计数据与测量数据计算的村庄用地占村域总面积比例十分接近,因而在广义聚落空间土地利用结构的分析中,统计数据与测量数据的分析结果都是可靠的。

|第四章| 陇中黄土丘陵区乡村聚落的空间分布与空间结构

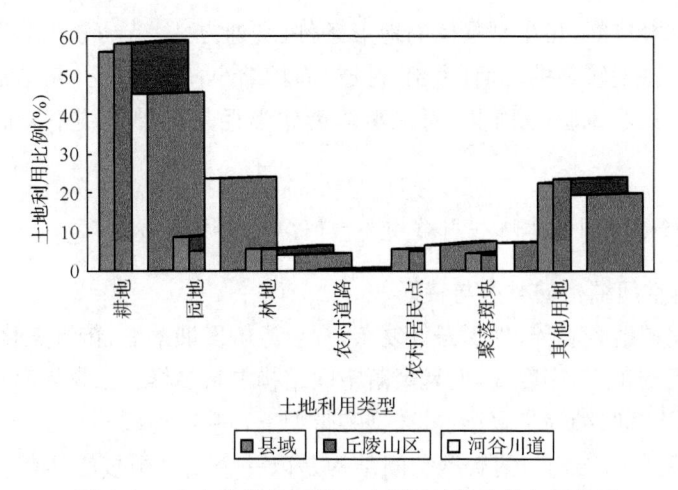

图 4-33 广义聚落空间的土地利用结构及其空间差异

(2) 劳作半径

国内部分学者在假设村域空间形态为圆形或方形的前期下,计算了"村域"空间的聚落理论劳作半径(牛叔文等,2006)。葫芦河流域聚落密度较高,基本已达到村村(村域)相连,在假设村域空间形态为圆形或方形的前期下,分别计算乡村聚落的理论劳作半径。计算得到的葫芦河流域乡村聚落的理论劳作半径如表 4-20 所示。由计算结果可知:"村域"为圆形时的理论劳作半径介于"村域"为正方形时的最大与最小劳作半径之间;丘陵山区的理论劳作半径大于河谷川道。

表 4-20 秦安县乡村聚落的理论劳作半径及其区域差异

类型	平均村域面积(hm^2)	理论劳作半径(m)		
		"村域"为圆形 $r=\sqrt{s/\pi}$	"村域"为正方形 $r_{min}=\sqrt{s}/2$	$r_{max}=\frac{\sqrt{2}}{2}\sqrt{s}$
县域	84.4	518.32	459.35	649.51
丘陵山区	89.0	532.26	471.70	666.98
河谷川道	69.1	468.99	415.63	587.70

以上分析只是在一定理论假设的前提下进行的。事实上,广义聚落空间的土地利用圈层结构在地形等因素的影响下变得十分复杂,乡村聚落的"村域"也往往是由山脊、沟谷、道路或人为划定的直线、曲线、折线等围合而成的不规则形态,"村域"远较圆形或方形复杂得多。在多数情况下,村与村之间为复杂的"镶嵌"结构。同时,聚落实际耕作距离也因"村域"形态的复杂性和丘陵山区的"上坡下沟"而远远大于理论劳作半径。

需要指出的是,在聚落密度较低的时期,由于耕地充足,聚落的劳作半径具有

| 103 |

较为广阔的选择空间,可根据具体的地形条件、交通方式、劳动效率等因素做出选择。而在聚落密度较高的时期,由于"村域"面积缩小,耕地缺乏,聚落的劳动范围往往被限制在狭小的区域内,因而聚落的劳作半径是一种限制距离而不是选择距离。

3. 狭义聚落空间的土地利用结构——"村庄"空间结构

(1) 聚落空间结构的类型与特征

葫芦河流域地表破碎,地形条件复杂,社会经济发展落后,传统文化影响深刻,乡村聚落不但分布广、密度高,而且聚落空间结构复杂多样。依据聚落空间结构特征的不同,可将其归纳为集聚型、散居型和带型三种基本类型。

1) 集聚型空间结构。集聚型空间结构是以一个或多个核心体(公共建筑、公共活动空间或宅院群等)为中心集中布局的内向型聚落空间结构类型。根据聚落中核心体数量的多少,可进一步分为单核心状、双核心状与多核心状。单核心状聚落呈组团状,多呈方形或多边形几何形态。该类型又可分为紧凑集聚和松散集聚两种,前者多出现在地形相对平坦的宽阔河谷地带(多为乡镇政府驻地),聚落巷道纵横,农宅多以巷道为骨架布局,紧凑密集,边界明显,空间格局相对规整,如郭嘉镇寺咀村三组(图 4-34);后者主要分布于黄土丘陵山区,农宅错落分布且间距较大,结构松散,巷道较少且不明显,聚落边界较为模糊,如安伏乡窦沟村柯岔地组(图 4-35)。通常情况下,紧凑集聚型聚落规模较大,聚落内部土地利用功能分异比较明显。而松散集聚型聚落规模较小,聚落内部土地利用功能分异不明显。双

图 4-34 单核心紧凑集聚型——郭嘉镇寺咀村三组

|第四章| 陇中黄土丘陵区乡村聚落的空间分布与空间结构

图 4-35 单核心散集聚型——窦沟村柯岔地组

核心与多核心聚落是聚落在扩展过程中由于地形、道路、河流的分割而形成的。特别是随着现代农村交通运输条件的不断改善,新交通线(主要为公路)交通区位的吸引力不断增强,对聚落空间结构演变的作用日益突出,吸引部分农宅向公路两侧迁移,形成沿公路两侧布局的双核心聚落。双核心与多核心聚落在河谷川道地区和丘陵山区均有分布(图 4-36)。

2) 散居型空间结构。散居型聚落多分布于黄土丘陵山区,农宅或十余户,或三、五户,或独户零散分布,形成分散的聚落空间结构。散居型聚落一般无公共建筑和公共活动空间等核心体,联系户间的道路狭窄曲折,物质空间结构简单,要素单一,且从外观上不易判别聚落的范围与轮廓。散居型聚落形成的主要原因是地形的复杂多变与聚落腹地内耕地的不足。由于耕地分散,不仅极端缺乏可供聚落集中布局的相对平坦的土地,而且每户为了最大限度地接近自己的耕地而分散建设住宅。如刘坪乡周家湾村(图 4-37)。

3) 带型空间结构。带型聚落大多分布在河谷川道地区,多沿河流、顺沟谷、依公路形成,聚落住宅及其他建筑物靠近河流,接近公路,用水方便,交通便捷。在河谷宽阔地带形成的规模较大的带型聚落,往往有街巷分布且空间格局相对规整。但在河谷狭窄地带,由于受地形限制,农宅往往呈线性排列,聚落内无街道且土地利用功能分异不明显。带型聚落沿葫芦河及其支流、天靖公路分布相当广泛(图 4-38)。

(a) 安伏乡大坪村

(b) 安伏乡安家川村

(c) 安伏乡龚家村

(d) 郭嘉镇新阳村

(e) 叶堡乡金城村

(f) 叶堡乡高殿堡村

图 4-36 双核心与多核心聚落空间结构

|第四章| 陇中黄土丘陵区乡村聚落的空间分布与空间结构

图 4-37 散居型聚落空间结构——周家湾村

图 4-38 带型聚落空间结构——金城村

(2) 聚落空间结构模式

狭义聚落空间由宅地、公共建筑、街巷道路和广场空地等基本要素共同组成，是聚落人口居住和生活的多功能活动空间，通常表现为一个具有中心、方向和领域（对应于几何元素的点、线、面）的空间模式。由于自然条件、经济特征和文化传统的差异，不同地域的聚落空间结构表现出较大的差异。根据葫芦河流域聚落空间结构的基本类型，可将其归纳为河谷街区模式与山区阶梯扇形模式（图 4-39 和表 4-21）。

乡村聚落发展与演变——陇中黄土丘陵区乡村聚落发展研究

(a) 河谷街区模式　　　　　　　　(b) 山区阶梯扇型模式

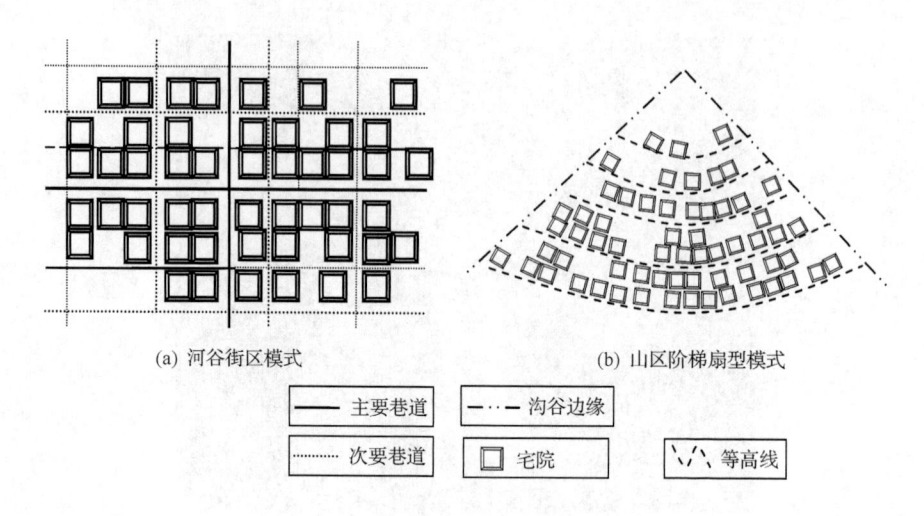

—— 主要巷道　　-·-·- 沟谷边缘
······ 次要巷道　　□ 宅院　　〰 等高线

图 4-39　秦安县聚落空间结构模式

表 4-21　秦安县聚落空间结构的模式特征

模　式	分布区域	空间布局特征
河谷街区模式	河谷川道	①农宅以街巷道路为骨架呈棋盘式布局,密度较高,聚落边界明显;②聚落主要巷道既是聚落内部交通的主要通道,也对聚落空间格局的形成和发展起着控制作用;③街区模式在乡(镇)政府驻地和沿河流、公路布局的带状聚落中较为普遍
山区阶梯扇型模式	丘陵山区	①农宅布局在山坡不同高度的狭窄带状台地上,高低错落,整体呈阶梯层状分布;②每层布局的农宅数量由带状平地的宽度决定,通常为1~3排;③农宅层间距离大小不等,但同层住宅均处在同一高度上,沿同一等高线布局;④聚落空间结构的紧密松散程度受地形条件和社会经济特征的影响,并形成类型复杂、结构多变的聚落空间结构形态

(3) 土地利用结构

狭义聚落空间的土地利用结构即聚落建筑、院落、户间道路、户间空地(包括"晒谷场")等用地的比例关系。根据实地调研情况,葫芦河流域农户宅基地面积为0.25~0.3亩,农宅中建筑面积与庭院面积的比例在村间、户间存在较大差异,比例变化范围为1/3~1/1;户间道路面积占村庄面积的比例在不同村落之间也存在较大差异,变化范围为8.8%~19.3%。根据调查数据和"秦安县乡镇土地利用现状分类数据"(秦安县土地管理局,2005),可计算得出各调查村庄的土地利用结构(表4-22和图4-40)。

第四章 | 陇中黄土丘陵区乡村聚落的空间分布与空间结构

表 4-22 秦安县狭义聚落空间(村庄)土地利用结构

| 乡镇 | 自然村 | 户数(户) | 农宅密度(户/亩) | 户均聚落用地 |||||||| 合计(亩) |
| | | | | 农宅建筑 || 庭院 || 户间道路 || 户间空地 || |
				面积(m²)	占聚落(%)	面积(m²)	占聚落(%)	面积(m²)	占聚落(%)	面积(m²)	占聚落(%)	
叶堡	窦沟	149	0.81	219.0	26.7	357.7	43.6	83.7	10.2	160.0	19.5	1.23
	程崖	68	0.60	139.2	12.5	419.9	37.7	150.4	13.5	404.3	36.3	1.67
	程沟	159	0.67	167.0	16.8	387.6	39	141.1	14.2	298.1	30.0	1.49
	侯滩	105	0.39	339.4	29.8	601.7	35.1	330.8	19.3	270.8	15.8	2.57
王甫	马庄	44	0.54	162.0	13.2	446.7	36.4	185.3	15.1	433.2	35.3	1.84
	梁岘	99	0.69	136.4	14.2	398.6	41.5	113.3	11.8	312.2	32.5	1.44
刘坪	墩湾	44	0.94	126.6	17.9	302.6	42.8	86.3	12.2	191.6	27.1	1.06
	寺坪	98	1.03	121.6	18.8	287.9	44.5	57.6	8.9	179.9	27.8	0.97
安伏	大坪	100	1.01	122.8	18.6	284.6	43.1	116.9	17.7	136.0	20.6	0.99
	龚川	209	1.18	200.7	35.4	273.8	48.3	49.9	8.8	42.5	7.5	0.85
郭嘉	寺咀	66	0.90	231.7	31.3	339.1	45.8	93.3	12.6	76.3	10.3	1.11
	朱沟	79	0.68	176.3	18.1	391.5	40.2	150.0	15.4	256.1	26.3	1.46
平均		101.7	0.72	0.72	21.1	374.3	41.5	129.9	13.3	230.1	24.1	1.39

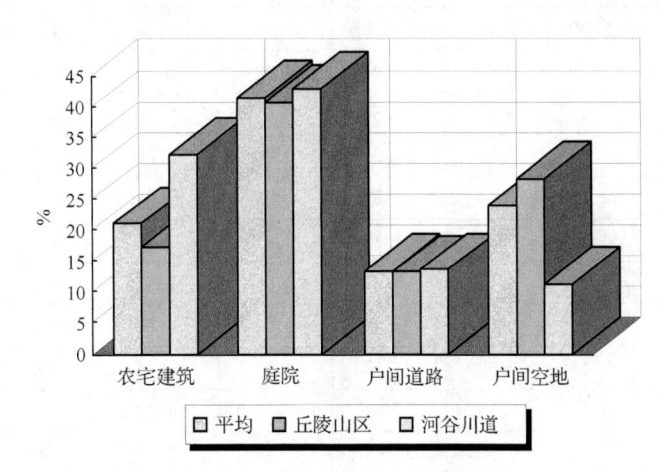

图 4-40 秦安县村庄土地利用结构

从计算结果分析,狭义聚落空间的土地利用结构具有以下基本特征:①不同村落的农宅密度存在较大差异,农宅密度较高的村落大多分布在河谷川道地区。②在村庄土地利用构成中,农户宅院面积所占比例最高。大部分村庄农户庭院面积占村庄总面积的比例在40%以上。在部分河谷川道村落,所占比例高达45%以

| 109 |

上(如寺咀村、龚家川村)。③山区村庄的户间空地所占比例高于农宅建筑,部分村庄户间空地所占比例达30%以上(如程崖、程沟、马庄、梁岘)。而在河谷川道村庄,户间空地所占比例远低于农宅建筑。④从平均指标分析,户均户间道路面积仅为129.9m²,占聚落用地的比例仅为13.3%,在土地利用结构中所占比例最低。但河谷川道聚落户间道路所占比例却高于户间空地。

以上分析表明,秦安县乡村聚落内部的土地利用不合理现象十分突出。既存在着土地资源的巨大浪费,也存在着道路等公共基础设施的严重不足,同时也反映出狭义聚落空间的土地利用结构存在着明显的区域内部差异。需要指出,以上分析仅考虑了村庄住宅建筑,事实上,村庄建筑还包括生产建筑和公共建筑,但所占比重较小。统计资料(秦安统计年鉴,2004)显示,2004年秦安县乡村聚落建筑总面积为712.69hm²。在建筑面积构成中,居住建筑面积所占比例最高,全县平均为87.93%,部分乡镇达90%以上。但生产建筑与公共建筑所占比例均不足10%,其中公共建筑面积所占比例最低(表4-23和图4-41)。村庄建筑构成也明显反映了葫芦河流域乡村聚落经济结构的单一、公共服务与基础设施的不足。

表4-23 葫芦河流域乡村聚落建筑构成(2004年)

乡镇	聚落数量	聚落平均建筑面积(hm²)					
		合计	居住建筑	占比例(%)	生产建筑	占比例(%)	公共建筑	占比例(%)
莲花镇	88	0.52	0.43	82.69	0.05	9.62	0.04	7.69
西川镇	22	2.00	1.72	86.00	0.21	10.50	0.07	3.50
陇城镇	67	0.70	0.63	90.00	0.04	5.71	0.03	4.29
郭嘉镇	111	0.45	0.43	95.56	0.01	2.22	0.01	2.22
刘坪乡	46	0.60	0.50	83.33	0.00	0.00	0.09	15.00
五营乡	96	0.71	0.60	84.51	0.09	12.68	0.01	1.41
中山乡	106	0.34	0.32	94.12	0.01	2.94	0.01	2.94
叶堡乡	104	0.42	0.34	80.95	0.04	9.52	0.04	9.52
安伏乡	49	0.68	0.63	92.65	0.02	2.94	0.03	4.41
魏店乡	108	0.41	0.35	85.37	0.04	9.76	0.02	4.88
王甫乡	115	0.33	0.30	90.91	0.01	3.03	0.02	6.06
千户乡	44	0.57	0.54	94.74	0.01	1.75	0.02	3.51
王窑乡	97	0.23	0.22	95.65	0.01	4.35	0.01	4.35
云山乡	62	0.56	0.50	89.29	0.03	5.36	0.03	5.36
王尹乡	89	0.45	0.37	82.22	0.06	13.33	0.02	4.44
兴丰乡	90	0.37	0.30	81.08	0.05	13.51	0.02	5.41
全县平均		0.58	0.51	87.93	0.04	7.33	0.03	5.06

|第四章| 陇中黄土丘陵区乡村聚落的空间分布与空间结构

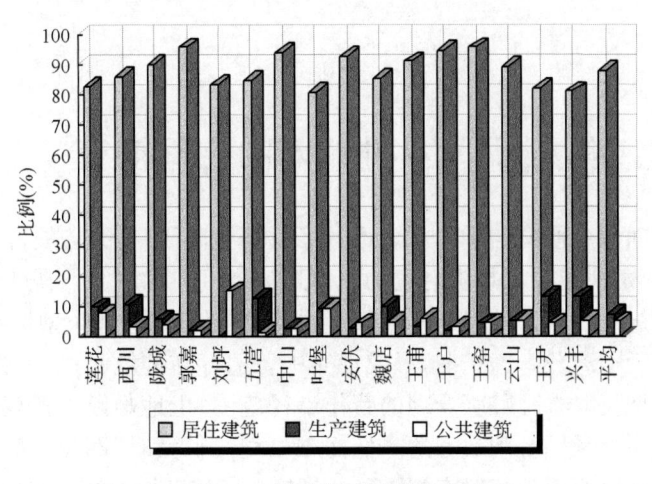

图 4-41 秦安县聚落建筑构成

第五章 乡村聚落的空间演变

聚落的空间演变既有与单个聚落斑块面积增加相对应的斑块外延式扩张现象，也有与聚落斑块数量增加相对应的聚落斑块空间扩散现象。陇中黄土丘陵区地形破碎，一方面，当聚落的空间扩展仅受到地形条件限制（如小型沟谷的隔离）时则发生聚落的近距离跳跃性扩散，形成现实中普遍存在的散村；另一方面，随着聚落人口的不断增长，村庄腹地（合理的劳作半径范围）土地难以维持聚落人口基本生存需求且劳作半径因劳动效率的降低而难以继续扩大时，部分家庭就会逐渐离开原居村落而迁移至土地相对充裕、劳作半径较小和劳动效率较高的区位，聚落产生远距离跳跃性扩散并逐渐形成新的村庄。

第一节 乡村聚落的空间扩展

一、聚落面积的变化

随着聚落人口数量的增长，聚落户数和建筑面积不断增加，聚落空间不断扩展。研究运用 ArcGIS9.0，通过对 1975 年、1985 年、2000 年"秦安县地形图"（1∶1万）的叠加，分析计算了秦安县清水河（葫芦河一级支流）流域 35 个乡村聚落的空间扩展情况（见图 5-1 与表 5-1）。计算结果表明，1985～2000 年聚落的平均扩展速度 V_2 高于 1975～1985 年聚落的平均扩展速度 V_1。1975～1985 年期间，有 9 个

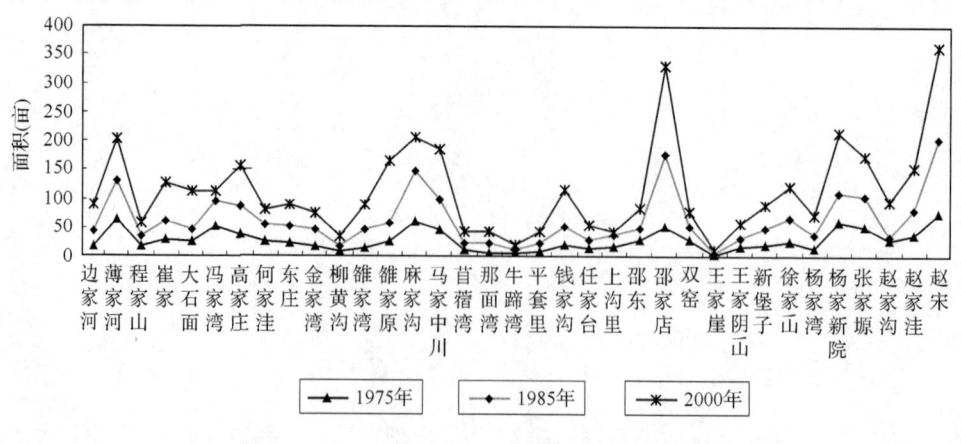

图 5-1 1975～2000 年秦安县部分村庄面积的变化

第五章 乡村聚落的空间演变

村庄面积缩小,其余26个村庄面积扩大,平均扩展速度为1.18亩/(年·村);1985～2000年期间,有4个村庄面积缩小,其余31个村庄面积扩大,平均扩展速度为1.25亩/(年·村)。整体来看,在1975年至2000年的25年间,除4个村庄的面积有所减小之外,其余31个村庄均在不同程度地扩展,平均扩展速度为1.04亩/(年·村),村庄面积的变化仍以扩展占据绝对优势。

表 5-1 1975～2000年秦安县部分村庄面积的变化

村庄名称	聚落面积(亩)			扩展速度(亩/年)		
	1975年	1985年	2000年	V_1	V_2	V_3
边家河	17.73	26.66	44.04	0.89	1.09	1.01
薄家河	63.53	67.95	71.47	0.44	0.22	0.31
程家山	16.01	18.40	22.37	0.24	0.25	0.24
崔家	28.91	33.33	66.39	0.44	2.07	1.44
大石面杨家	25.84	20.09	66.11	−0.57	2.88	1.55
冯家湾	50.79	45.42	18.20	−0.54	−1.70	−1.25
高家庄	36.95	50.36	70.58	1.34	1.26	1.29
何家洼	24.89	31.15	25.13	0.63	−0.38	0.01
何家洼东庄	24.55	26.40	40.23	0.18	0.86	0.60
金家湾	18.25	28.52	29.39	1.03	0.05	0.43
柳黄沟	9.25	8.59	16.37	−0.07	0.49	0.27
雒家湾	15.68	30.00	42.89	1.43	0.81	1.05
雒家塬	27.03	32.28	105.71	0.52	4.59	3.03
麻家沟	60.98	88.24	55.51	2.73	−2.05	−0.21
马家中川	46.96	51.73	87.97	0.48	2.27	1.58
苜蓿湾	11.13	13.41	17.99	0.23	0.29	0.26
那面湾	7.12	15.16	20.19	0.80	0.31	0.50
牛蹄湾	5.71	4.60	10.32	−0.11	0.36	0.18
平套里	8.29	14.29	21.03	0.60	0.42	0.49
钱家沟	19.14	33.77	63.45	1.46	1.85	1.70
任家台	14.54	14.94	25.21	0.04	0.64	0.41
上沟里	16.36	20.77	6.92	0.44	−0.87	−0.36
邵东	27.93	22.27	34.99	−0.57	0.79	0.27
邵家店	51.21	124.34	154.16	7.31	1.86	3.96

续表

村庄名称	聚落面积(亩)			扩展速度(亩/年)		
	1975年	1985年	2000年	V_1	V_2	V_3
双窑	29.04	22.46	27.19	−0.66	0.30	−0.07
王家崖	2.10	4.79	5.49	0.27	0.04	0.13
王家阴山	17.01	14.04	27.72	−0.30	0.86	0.41
新堡子	20.96	29.62	40.31	0.87	0.67	0.74
徐家山	26.02	40.03	55.30	1.40	0.95	1.13
杨家湾	14.21	23.08	36.37	0.89	0.83	0.85
杨家新院	62.18	47.05	106.12	−1.51	3.69	1.69
张家塬	50.79	53.64	70.48	0.28	1.05	0.76
赵家沟	27.98	7.11	60.16	−2.09	3.32	1.24
赵家洼	37.14	45.10	71.67	0.80	1.66	1.33
赵宋	76.25	126.50	160.44	5.02	2.12	3.24
平均	28.36	35.32	50.80	0.70	0.97	0.86

注：V_1为1975～1985年期间平均每年的变化速度；V_2为1985～2000年期间平均每年的变化速度；V_3为1975～2000年期间平均每年的变化速度

由计算结果也可以看出，部分村庄面积的缩小主要出现在1975～1985年期间，其中大部分村庄在1985～2000年期间又出现了面积的扩大；村庄面积变化"先缩小后扩大"与"先扩大后缩小"两种趋势同时存在，其中仅有一个村庄呈现出面积连续缩小的趋势（冯家湾）。根据实地调研的情况，人口迁移（包括省内迁移和跨省区迁移）是导致村庄面积缩小的主要原因，而人口增长是导致村庄面积扩大的根本原因。

近十余年来，伴随城镇化战略的实施，陇中黄土丘陵区乡村聚落快速扩展的势头有所减缓，但仍表现出明显的空间扩展趋势，主要表现为以原有聚落为基础向周边的扩展，小聚落逐渐扩大。借助ArcGIS9.3软件，基于甘谷县、秦安县1998年和2008年乡村聚落分布矢量图，选取聚落斑块总面积（CA）、平均斑块面积（MPS）、最小斑块面积（MINP）、最大斑块面积（MAXP）等景观指数进行统计对比分析（表5-2）。研究表明，在1998～2008年，甘谷县乡村聚落占土地总面积的比例由3.69%上升到5.45%，聚落斑块总面积（CA）增加了47.76%。两个时期斑块面积大小悬殊，且后期较前期不论是最小斑块面积（MINP）还是最大斑块面积（MAXP）均有所增大，分别增加59.94%和24.54%，表明这段时间以来甘谷县乡村聚落面积扩展较快。将甘谷县乡村聚落按面积大小分为独院聚落、小聚落、中等聚落和大聚落4个等级（表5-3）。可以看出1998～2008年，4个等级的聚落面积都呈增加趋势,其中中等聚落和大聚落斑块数量分别增加282个和78个,反映出聚落面积不断扩大的趋势。秦安县乡村聚落面积的变化情形与甘谷县基本一致。1998~2008年,秦安县聚落斑块总面积增加了23.57 km², 聚落用地面积占县域总面积的比例由1998年的4.9%增加到2008年的6.4%,2008年最大与最小斑块面积均比1998年有较大幅度的增加,聚落空间扩展的特征也十分明显。

表5-2 甘谷县与秦安县乡村聚落景观指数变化

聚落景观指数	甘谷县			秦安县		
	1998年	2008年	差值	1998年	2008年	差值
斑块总面积(CA)/hm²	5802.45	8573.70	2771.25	7882.22	10 239.44	2357.22
平均斑块面积(MPS)/hm²	4.6793	3.2220	−1.4573	3.8263	2.7969	−1.0294
最小斑块面积(MINP)/m²	283.36	453.22	169.86	8.82	351.93	343.11
最大斑块面积(MAXP)/hm²	55.7069	55.7069	55.7069	55.7069	55.7069	55.7069

表5-3 甘谷县乡村聚落分级统计表

分级	范围	1998年		2008年	
		斑块数量(NP)/个	斑块总面积(CA)/m²	斑块数量(NP)/个	斑块总面积(CA)/m²
独院聚落	≤1000	2	1054.36	21	15 048.08
小聚落	1000~10 000	70	495 898.62	1113	5 829 628.22
中等聚落	10 000~100 000	1049	38 389 135.86	1331	44 969 159.38
大聚落	≥100 000	118	19 138 429.59	196	34 923 213.77

二、聚落建筑面积的增长

乡村聚落空间的扩展与乡村建筑面积的增长相辅相成。根据《秦安统计年鉴》计算分析,秦安县1993~2004年乡村建筑面积平均每年增长12.4万 m², 其中主要是生活居住用房面积的增长,生产用房和公共设施用房增长较慢(图5-2、表5-4)。乡村建筑面积的增长,必然导致聚落空间的扩展与空间结构的变化。实地调研发现,由于缺乏规划,村民建房具有明显的随意性和盲目性,造成房屋布局凌乱,村内闲置废沟、洼地、边角地增加。分布在公路沿线的村庄,由于村民建房抢占公路两侧,往往形成街路一体的空间布局,导致交通阻塞和事故频发。

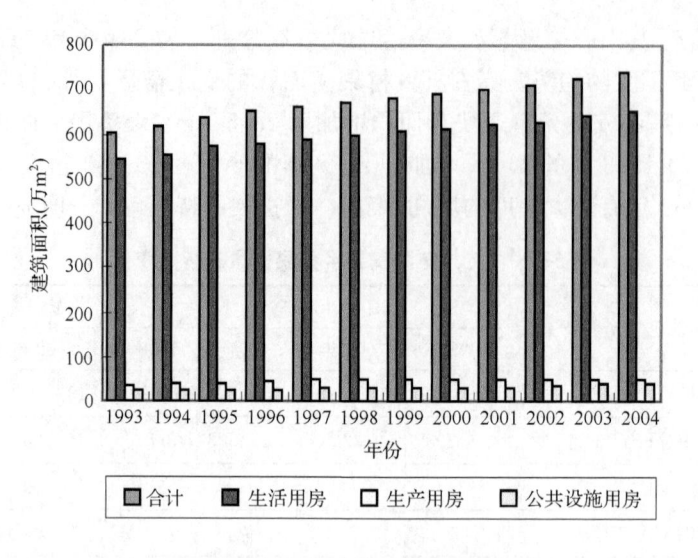

图 5-2 秦安县村镇建筑面积的增长与构成

表 5-4 秦安县乡村聚落建筑面积的增长与构成

年份	村镇房屋建筑面积(万 m²)				
	合计	类型			
		当年新建	生活用房	生产用房	公共设施用房
1993	602.7	16.8	542.6	36.7	23.5
1994	616.8	15.6	554.6	37.4	24.8
1995	637.1	20.9	573.3	38.6	25.3
1996	652.3	15.2	580.1	45.2	27.1
1997	663.7	11.3	589.2	47.1	27.3
1998	672.9	9.7	596.7	47.1	29.1
1999	682.4	9.2	605.2	47.1	30.1
2000	690.9	8.4	612.7	47.5	30.8
2001	701.6	10.7	620.9	48.7	32.0
2002	712.7	11.1	629.3	47.5	35.9
2003	725.5	12.9	639.7	48.4	37.4
2004	739.0	13.5	653.2	48.4	37.4
年均增长	12.4	—	10.1	1.1	1.3

三、乡村聚落的空间扩展特征

从秦安县35个村庄1975~2000年扩展情形可以看出,陇中黄土丘陵区乡村聚落空间扩展的情形是十分复杂的。总体来看,村庄的扩展主要表现在1985年以后。在黄土丘陵山区,农村聚落的扩展主要趋向于山前平地或地形相对宽阔平坦之处,扩展初期主要表现为内部填充式扩展,扩展后期主要表现为向聚落外围不同方向的外延式扩展;在河谷川道地区,聚落扩展主要沿河流与公路在河谷阶地上展开。在扩展初期,聚落逐渐向河流或公路靠拢。在扩展后期,聚落则沿河流或公路不断延展,相邻聚落相向扩展,村庄最终连为一体(如赵宋与邵家店)(表5-5和图5-3)。由扩展模式可以发现,人们在选择居住点的时候更加注重开阔的空间、方便的交通条件和良好的水源条件。1985年以后村庄的快速扩展,与改革开放以后农村经济的迅速发展、农村居民生活条件的改善及思想观念的转变具有密切的关系。

表5-5 秦安县部分乡村聚落的空间扩展特征

村庄名称	扩展特征
边家沟	位于主河流北面,有小溪流沿村庄边缘穿过,南部有公路穿过。早期分布为阶梯式分布,后期的扩展主要表现为填充式扩展,新建筑主要位于公路两旁和溪流之边
大石面杨家	早期为点状分布,后期开始内部填充,并在周边有不同程度的扩展,土地利用方式由早期的农田转变小果园与建筑
麻家沟	位于主河流南面,小溪流出山口。早先分布在出山口内部,后期向外移动,居民点的增加主要在公路两侧以及小溪流旁边。内部农宅多有废弃
马家中川	自然条件和麻家沟类似,位于山谷之间的出山口,但由于没有溪流,扩展模式不同。虽然同样表现为向山外移动,但内部废弃较少,且外部扩展更倾向于聚族扩展,即组团式聚居
雒家原	位于主河流北面、山坡底部的平缓位置。早期为小村庄,后期内部填充,并在外围各个方向有不同程度的扩展。主要方向为东面,这与东面的道路以及所修建的水库有密切的关系
赵宋和邵家店(五营乡)	位于清水河河谷川道,有公路经过,包括赵宋和邵家店两个村庄。东部为邵家店,为大地湾遗址所在地;西部为赵宋。扩展模式主要表现为相向扩展,两个村庄早期在空间上相互独立,后逐渐连为一体
杨家湾	沿山坡阶地分布,交通不便,扩展模式不明显。居民房屋增加很少,但房屋周边被逐渐开发占用,所以面积仍有所增大
赵家洼	位于主河流北面。居民点早期仅分布在山坡前缘,1975~1985年变化较小,1985~2000年之间迅速向南部的公路靠近

|乡村聚落发展与演变——陇中黄土丘陵区乡村聚落发展研究|

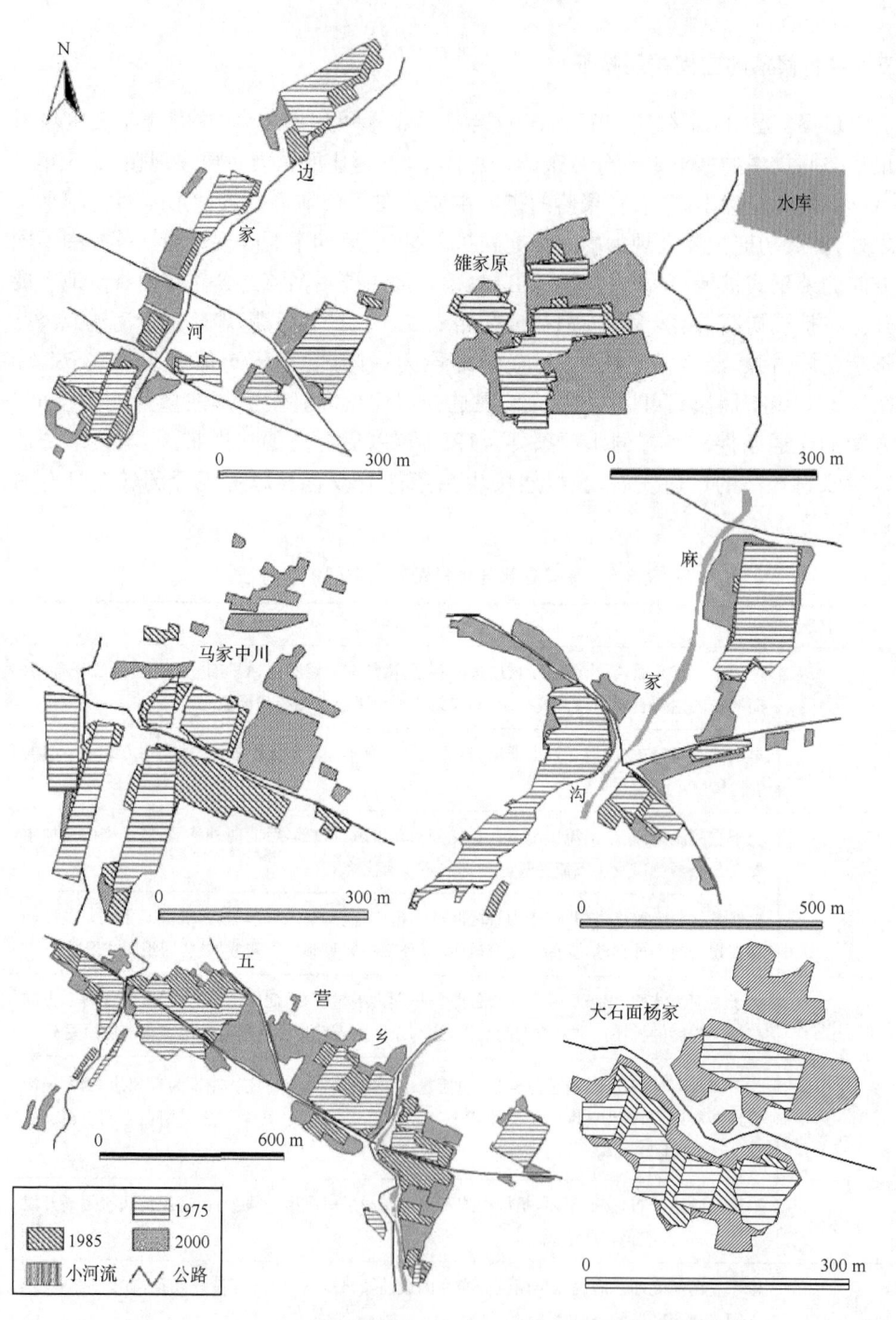

图 5-3 秦安县部分乡村聚落的空间扩展过程

第五章 乡村聚落的空间演变

第二节 乡村聚落的空间扩散

一、乡村聚落空间扩散的情景分析

乡村聚落的空间演变是一个漫长的历史过程,人口增长是其空间演变的基本驱动因素,而地形条件和劳作半径是决定聚落扩展与扩散、聚落规模与形态、扩散类型与频率的基本限制因素。首先,乡村聚落的空间扩散与乡村人口的增长密切相关,乡村人口的增长速度及人口规模,直接决定着乡村聚落空间扩散的频率、速度及聚落规模。在漫长的历史时期,乡村人口数量小,人口增长缓慢。相应地,乡村聚落的规模、扩散速度及聚落密度也较低。随着乡村人口数量的不断增长,乡村聚落的规模和密度不断增大,乡村聚落的空间扩散速度也随着人口增速的不断提高而加快。以秦安县为例,明清时期县域人口迅速增长,乡村户数和乡村聚落数量也随之增加。明嘉靖十四年(1535年),秦安县总人口仅为1.85万人,有一百五十余个村庄,至清道光十八年(1838年),全县总人口增长为12.88万人,村庄已发展到314个,乡村聚落在规模扩张的同时,聚落数量也快速增长。新中国成立后,秦安县人口持续增长,全县总人口由1949年的28万人(其中乡村人口26.38万人)增长到2009年的61.6万人(其中乡村人口57.5万人),自然村数量由1949年的673个增长到2009年的1627个,在新中国成立以来的六十余年的时间里,秦安县乡村人口数量增长2.18倍,自然村数量增长2.4倍;其次,乡村聚落的空间扩散受到地形条件和劳作半径的显著影响。在平原地区或地形相对平坦的区域,聚落的空间扩展基本不受地形条件的限制,聚落早期的空间演变主要表现为聚落向周边连续的空间扩展,聚落规模普遍较大。受劳作半径的限制,聚落后期的空间演变主要表现为空间扩散。而在地形破碎的陇中黄土丘陵区,聚落的空间扩展受到地形条件和劳作半径的严重限制,聚落空间扩散频繁,聚落规模较小;第三,乡村聚落的空间演变与乡村社会经济特征及其发展变化密切相关。在传统农业社会,传统农业种植业是乡村地区基本的甚至是唯一的经济活动方式,而农业生产所必须依赖的耕地资源在空间分布上的分散性,决定了乡村聚落在空间分布上的分散性。陇中黄土丘陵区开发历史悠久,在漫长的历史发展过程中,陇中黄土丘陵区乡村地区长期处在传统农业社会,乡村聚落也经历了漫长的空间扩散过程。新中国成立后特别是改革开放以来,伴随我国农村土地制度的重大变革和农村社会经济的巨大变化,陇中黄土丘陵区乡村聚落表现出显著的空间演变过程。20世纪80年代至90年代中期,在家庭联产承包责任制的实施及由此带来的农民生产积极性的空前提高、便于耕作的需要、收入水平的提高和改善居住条件的愿望等因素的驱动下,农村兴起建房热潮,引起乡村聚落的快速扩展和扩散;近十余年来,伴随中国城镇化战略的实施和农村剩余劳动力转移规模的不断扩大,陇中黄土丘陵区乡村社会经济逐渐转型,乡村聚落空间扩散的势头逐渐趋缓,但同时也引起了"村庄空心化"等突出问题。

二、城市化背景下陇中黄土丘陵区乡村聚落的空间扩散

城市化是指社会生产力发展到一定阶段,人口和产业活动在空间上集聚、乡村地区转变为城镇地区、城镇数量增加的过程。近百年来,我国城市发展经历了反复曲折的道路。新中国成立以后,在城市空间布局和规划建设等方面取得了显著进步,但是自1950年代中期以后逐渐形成的城乡二元结构,使城市化长期处于停滞状态。改革开放以后特别是近十余年来,伴随中国城镇化战略的实施,城市化水平快速提高。从2002~2011年,中国城镇化率以平均每年1.35个百分点的速度发展,城镇人口平均每年增长2096万人。2011年,全国城镇人口比例达到51.27%,比2002年上升了12.18%。城镇人口为69 079万人,比2002年增加了18 867万人,城镇人口数量在历史上首次超过农村人口。从理论上分析,随着城镇人口的增加和乡村人口的减少,乡村聚落的空间扩展和扩散过程将经历一个由逐渐趋缓到停止的变化过程。在强化村庄规划建设和村庄土地整理的条件下,乡村聚落在数量和规模上将会逐渐缩小,部分聚落将逐渐消失。但在广大农村地区特别是经济社会发展仍比较落后的农村地区,由于村庄规划与村庄土地整理严重滞后,乡村聚落空间扩张与聚落空废化问题并存,土地资源浪费现象依然十分突出。陇中黄土丘陵区乡村人口数量庞大,社会经济发展落后,城镇化水平较低(如秦安县2011年城镇化水平仅为25.4%),加之农村转移剩余劳动力具有明显的"两栖性"和"不稳定性",近十余年来陇中黄土丘陵区乡村聚落的空间扩散过程虽然明显收敛,但仍表现出以下扩散特征。

1. 聚落密度不断增大

基于GIS手段,从1998年Landsat5TM遥感数据和2008年SPOT5卫星影像提取并生成秦安县、甘谷县乡村聚落分布矢量图(图5-4和图5-5),分别计算秦安、甘谷两县的乡村聚落斑块数(NP)、斑块总面积(CA)、平均斑块面积(MPS)、斑块密度(PD)、最小斑块面积(MINP)、最大斑块面积(MAXP)等聚落景观指数(表5-6和表5-7)。由表5-6和表5-7可知,在1998~2008年,秦安、甘谷两县乡村聚落数量增长显著,聚落密度不断增大,乡村聚落仍表现出明显的空间扩散趋势。

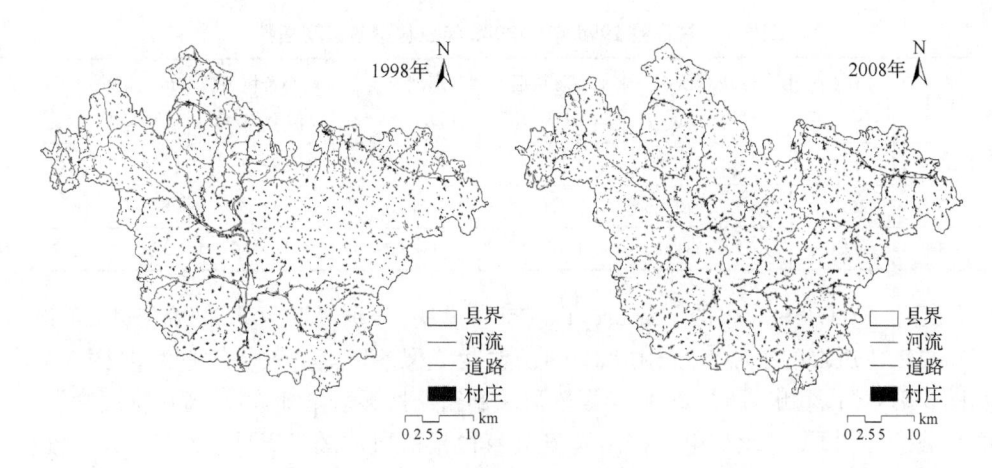

图 5-4　1998~2008 年秦安县乡村聚落的空间演变

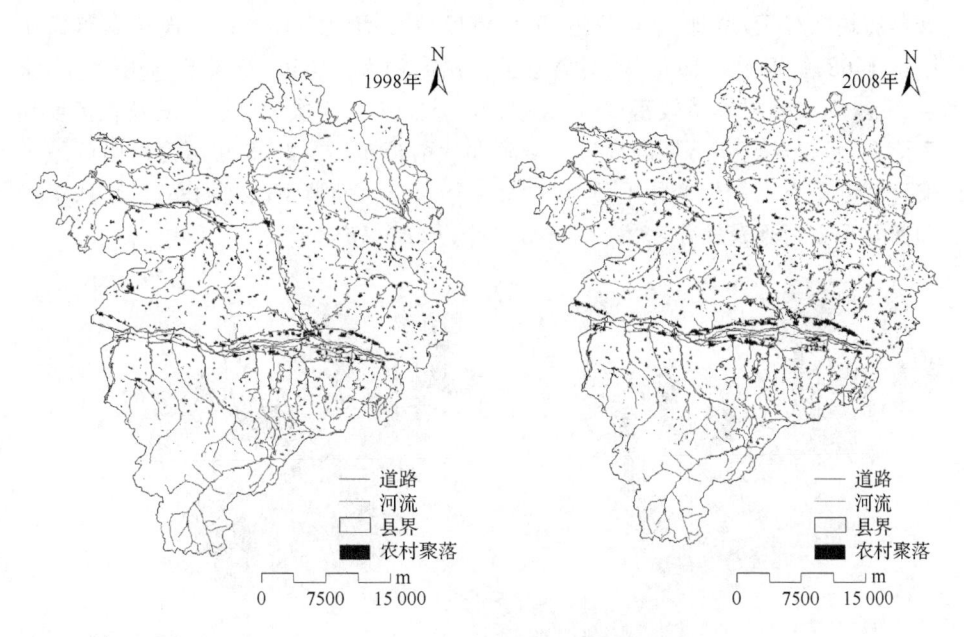

图 5-5　1998~2008 年甘谷县乡村聚落的空间演变

表 5-6　秦安县 1998 年和 2008 年乡村聚落景观指数比较

年份	斑块数(NP)/个	斑块总面积(CA)/m²	平均斑块面积(MPS)/m²	最小斑块面积(MINP)/m²	最大斑块面积(MAXP)/m²	斑块密度(PD)/个/km²
1998 年	2060	78 822 206.82	38 263.21	8.82	347 282.76	1.29
2008 年	3661	102 394 440.41	27 968.98	351.93	436 723.90	2.29
差值	1601	23 572 233.59	−10 294.23	343.11	89 441.14	1

表 5-7 甘谷县 1998 年和 2008 年乡村聚落景观指数

年份	斑块数(NP)/个	斑块总面积(CA)/m²	平均斑块面积(MPS)/m²	斑块密度(PD)/个/km²	最小斑块面积(MINP)/m²	最大斑块面积(MAXP)/m²
1998 年	1239	58 024 518.42	46 793.15	0.78	283.36	557 069.192
2008 年	2661	85 737 049.45	32 219.86	1.68	453.22	693 754.15
差值	1422	27 712 531.02	−14 573.29	0.90	169.86	136 684.96

运用 ArcGIS9.3 中的 Feature To Point 模块，分别提取两县 1998 年和 2008 年乡村聚落斑块的中心点，采用 Kernel 方法生成聚落斑块空间分布密度图（图 5-6 和图 5-7），可以看出，两县 2008 年聚落斑块高密度区显著增加，聚落斑块密度增大的趋势十分明显。1998～2008 年，秦安县乡村聚落斑块数（NP）增加 77.72%，斑块密度（PD）增加 77.52%，现状聚落斑块密度达 2.29 个/km²。同期内甘谷县乡村聚落斑块数（NP）增加 114.77%，斑块密度（PD）增加 115.39%，现状聚落斑块密度达 1.68 个/km²。1998 年，甘谷县渭河沿岸的大像山镇、新兴镇、金山乡、白家湾乡、武家河乡乡村聚落较密集（1.1～1.45 个/km²），其次为周边区域及礼辛乡和谢家湾乡，且呈从密集区域向周边区域阶梯状稀疏布局。2008 年渭河以南区域乡村聚落密度虽有增加但变化不显著（<1.5 个/km²），而渭河以北的安远镇、八里湾乡和西坪乡乡村聚落非常密集（2.8～3.6 个/km²），密度远大于 1998 年。

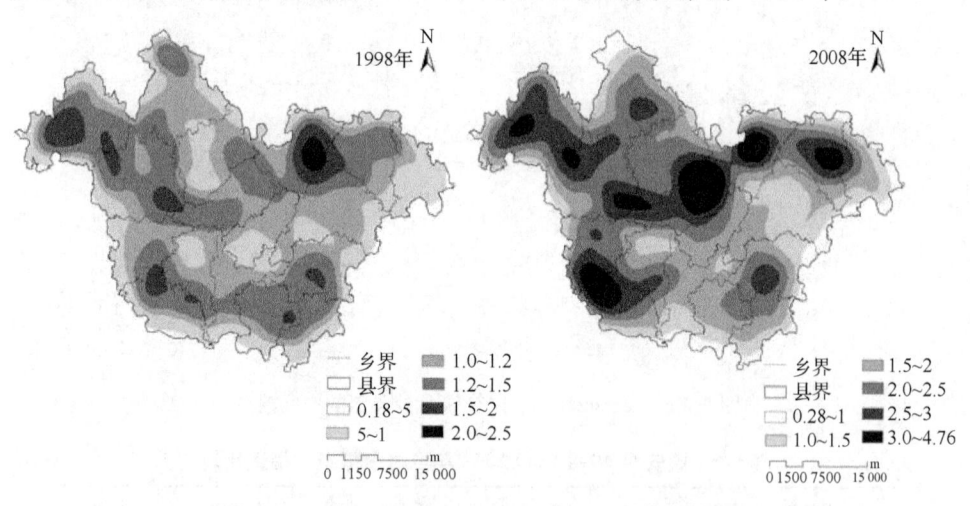

图 5-6 1998 年和 2008 年秦安县乡村聚落密度比较

2. 聚落空间扩散具有明显的海拔和坡度指向

聚落斑块数量随高程与坡度的变化是聚落空间分布特征的重要表现。为了分析不同时期聚落斑块在不同高程与坡度上分布数量的变化，在对秦安县、甘谷县和

|第五章| 乡村聚落的空间演变

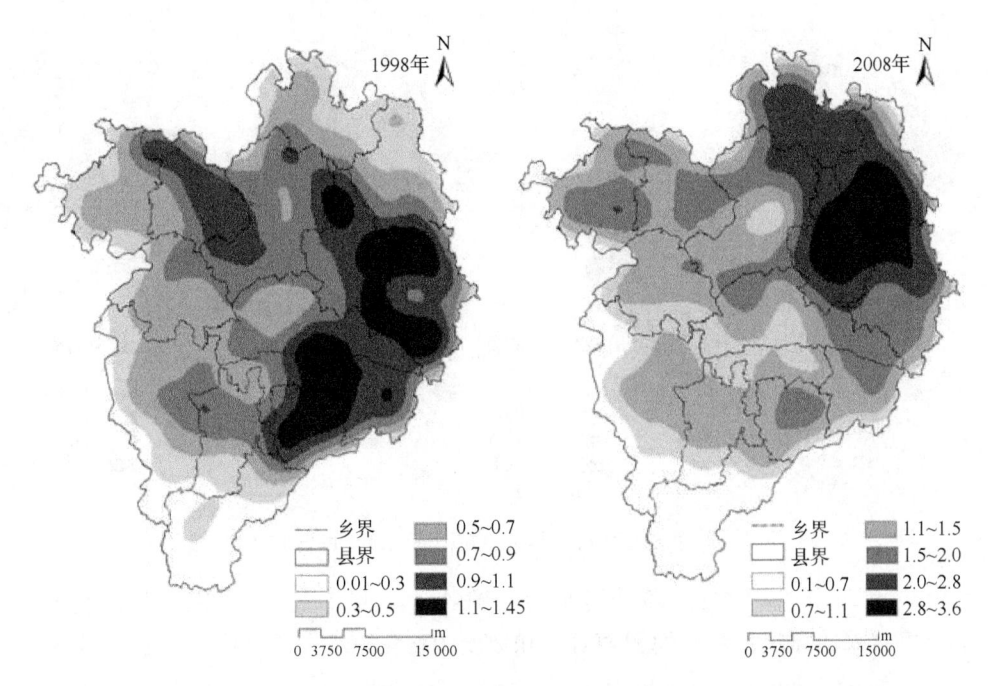

图5-7 1998年和2008年甘谷县乡村聚落分布密度图

麦积区 DEM 数据和坡度数据进行分级的基础上,运用 ArcGIS9.3 将高程图、坡度图分别与1998年和2008年的聚落斑块空间分布图进行叠加,计算上述三县区两个时期不同高程与坡度上的聚落斑块数量与面积,据此绘制聚落斑块数量与面积随海拔和坡度的变化趋势图。图5-8 和图5-9 为秦安县高程图、坡度图分别与

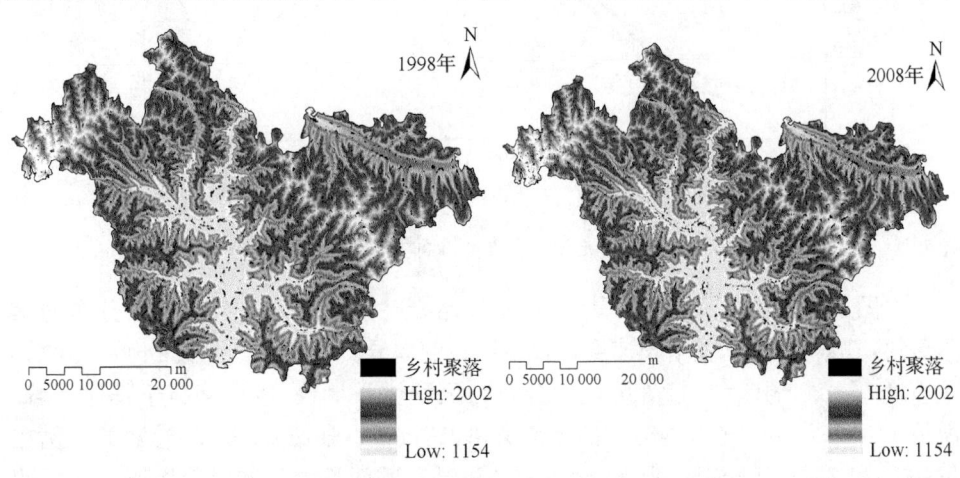

图5-8 秦安县乡村聚落斑块在不同高程上的分布变化

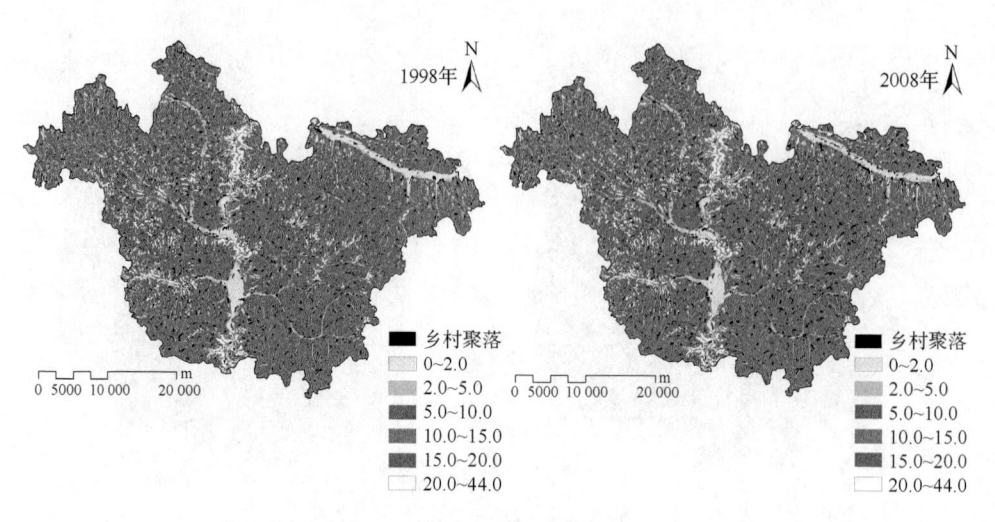

图 5-9 秦安县乡村聚落斑块在不同坡度上的分布变化

1998年和2008年县域聚落斑块空间分布图的叠加,图5-10和图5-11为据此绘制的秦安县聚落斑块数量与面积随海拔和坡度的变化趋势图。

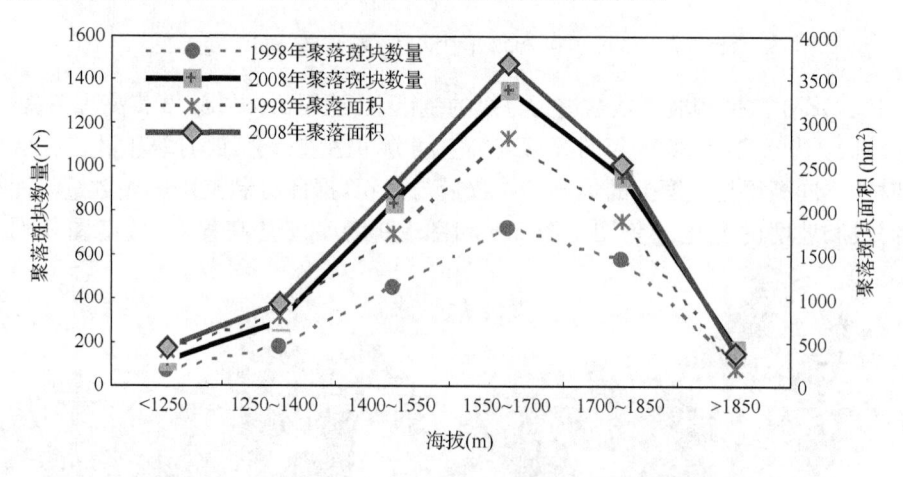

图 5-10 秦安县聚落斑块数量与面积随海拔的变化趋势

由图5-10和图5-11可以看出,秦安县两个时期不同高程与坡度上分布的聚落斑块,其数量、面积及增长速度均存在明显的差异。秦安县域海拔1400～1800m及坡度5°～20°的区域,聚落斑块的数量与面积增长最快,也显著高于其他区域。海拔1400～1800m范围内分布的聚落斑块,其数量占县域聚落斑块总数的比例在1998年和2008年分别达到83.58%和83.9%,其面积占县域聚落斑块总面积的比例在1998年和2008年分别达到81.93%和82.7%;坡度5°～20°范围内分布的聚落斑块,其面积占县域聚落斑块总面积的比例在1998年和2008年分别达到

第五章 乡村聚落的空间演变

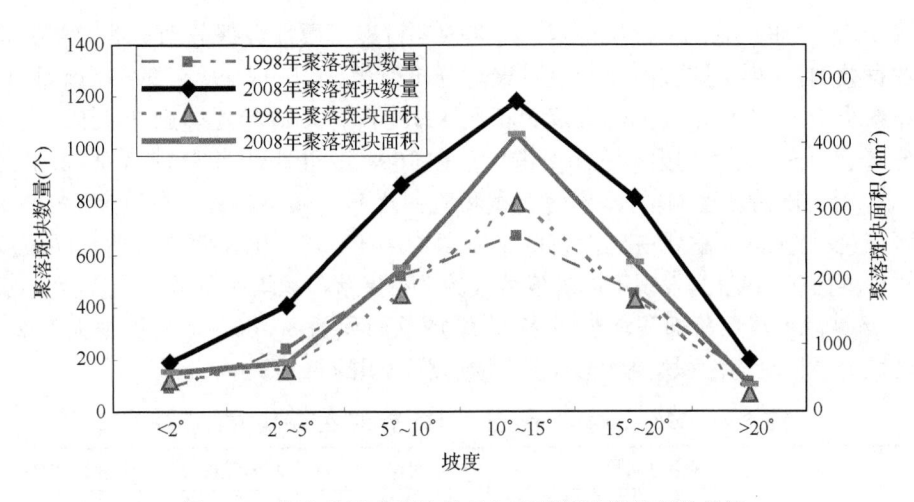

图 5-11 秦安县聚落斑块数量与面积随坡度的变化趋势

82.7%和 83.37%。

甘谷县属于典型的黄土丘陵沟壑区,县域最低海拔 1191m,最高海拔 2671m,海拔多在 1500m 以上。由表 5-8 可以看出,甘谷县乡村聚落主要分布在海拔 1750m 以下。1998 年和 2008 年,甘谷县分布在 1750m 以下的聚落占县域聚落总面积的比重分别达 76.24%和 76.11%,尤以 1500~1750m 之间乡村聚落分布面积最大。而在海拔 2000m 以上,乡村聚落布局较少,不到聚落总面积的 2%。从 1998~2008 年甘谷县乡村聚落面积的变化可以看出,不同海拔高程上乡村聚落均有所增加,但增加主要集中在海拔 1250~1750m 之间,增加面积占乡村聚落增加总面积的 73.25%。

表 5-8　1998~2008 年甘谷县乡村聚落面积在不同高程的分布

海拔 (m)	乡村聚落总面积		聚落面积比例		2008 年较 1998 年聚落面积变化	
	1998 年 (m²)	2008 年 (m²)	1998 年 (m²)	2008 年 (m²)	变化面积 (m²)	变化面积所占 比例(%)
<1250	2 532 716.96	32 48 372.32	4.37	3.79	715 655.37	2.58
1250~1500	17 280 760.52	25 598 405.85	29.81	29.86	8 317 645.33	29.96
1500~1750	24 386 900.22	36 406 250.12	42.07	42.46	12 019 349.90	43.29
1750~2000	13 162 757.60	19 230 833.68	22.71	22.43	6 068 076.08	21.86
2000~2250	488 005.02	1 014 306.50	0.84	1.18	526 301.48	1.90
>2250	120 744.59	237 577.97	0.21	0.28	116 833.37	0.42

甘谷县地形坡度对乡村聚落的空间分布也有较大影响。利用 ArcGIS9.3 软件,将 30m 分辨率的坡度数据分为 6 个等级,将分类结果转换成 shp 格式,利用

ArcGIS9.3中的overlay模块将两个时期的乡村聚落属性数据分别与坡度相关属性数据叠加,得到不同坡度上的乡村聚落分布面积(表5-9)。从表5-9可以看出,分布在小于15°坡度范围内的聚落面积在1998年和2008年均达到80%以上,其中分布于0°~5°之间的聚落面积所占比重在1998年和2008年分别达到36.35%和33.40%;随着坡度的增加,聚落面积和所占比例呈减小趋势。在坡度大于20°的区域,乡村聚落面积所占比例在两个时期均小于5%。比较两个时期不同坡度乡村聚落面积的变化,发现不同坡度分级的乡村聚落面积均有所增加,但坡度小于15°的区域内乡村聚落面积增加最多,占增加总面积的84.60%。而坡度大于20°的区域内乡村聚落面积增加较少,仅占增加总面积的6.68%。

表5-9 1998~2008年甘谷县乡村聚落面积在不同坡度的分布

坡度	乡村聚落总面积		聚落面积比例		2008年较1998年聚落面积变化	
	1998年(m²)	2008年(m²)	1998年(m²)	2008年(m²)	变化面积(m²)	变化面积所占比例(%)
<2°	10 587 996.38	14 636 595.10	18.26	17.07	4 048 598.72	14.58
2°~5°	10 486 117.85	13 997 930.27	18.09	16.33	3 511 812.42	12.65
5°~10°	14 154 950.47	20 979 207.47	24.42	24.47	6 824 257.00	24.58
10°~15°	13 813 642.45	20 838 283.77	23.83	24.31	7 024 641.32	25.30
15°~20°	6 789 535.42	11 289 416.27	11.71	13.17	4 499 880.84	16.21
>20°	2 139 642.31	3 994 313.65	3.69	4.66	1 854 671.34	6.68

上述分析表明,陇中黄土丘陵区乡村聚落的空间扩散具有明显的海拔和坡度指向,聚落斑块随高程和坡度变化均呈正态分布。主要原因在于:随着海拔和坡度的增加,农业生产条件和生活条件变差;而海拔较低和坡度较缓的区域,地形相对平缓,交通便利,用水方便,生产生活条件较好,因而乡村聚落分布较集中。

3. 聚落沿道路与河流集聚的趋向十分明显

道路与河流是聚落空间分布的重要影响因素。从秦安县聚落空间分布的状况分析,县域乡村聚落沿道路与河流集聚分布的趋向十分明显。运用ArcGIS9.3中的缓冲区分析功能,对秦安县河流水系以500m为间隔做缓冲分析,将结果图层与两个时期的乡村聚落分布图层进行叠加分析,得到不同河流缓冲区内的乡村聚落分布情况(表5-10和图5-12)。由表5-10和图5-12可以看出,随着距河流距离的增加,聚落斑块数量迅速减少。距河流500m以内的河谷阶地,是聚落斑块最为密集的区域,分布于其中的聚落斑块数量所占比例接近50%;距河流500~1000m的区域,聚落斑块也相对密集,聚落斑块数量所占比例接近20%。而距河流2000~2500m的区域内分布的聚落斑块,其数量所占比例已不足10%。此外,从1998年

第五章 乡村聚落的空间演变

和 2008 年各缓冲区聚落斑块数量的变化中可以看出,距河流 1000m 之内的区域聚落斑块数量增长最快,充分表现出聚落沿河流集聚的趋向。

表 5-10 1998~2008 年秦安县河流缓冲区乡村聚落面积与数量统计表

距河流距离 (m)	乡村聚落总面积(hm^2)		聚落斑块数量(个)		聚落斑块数量百分比(%)	
	1998 年	2008 年	1998 年	2008 年	1998 年	2008 年
0~500	2180.77	2770.47	661	1131	46.78	45.94
500~1000	1055.04	1434.93	265	482	18.75	19.58
1000~1500	790.76	1048.53	201	341	14.23	13.85
1500~2000	655.51	869.78	154	293	10.90	11.90
2000~2500	539.51	668.45	132	215	9.34	8.73

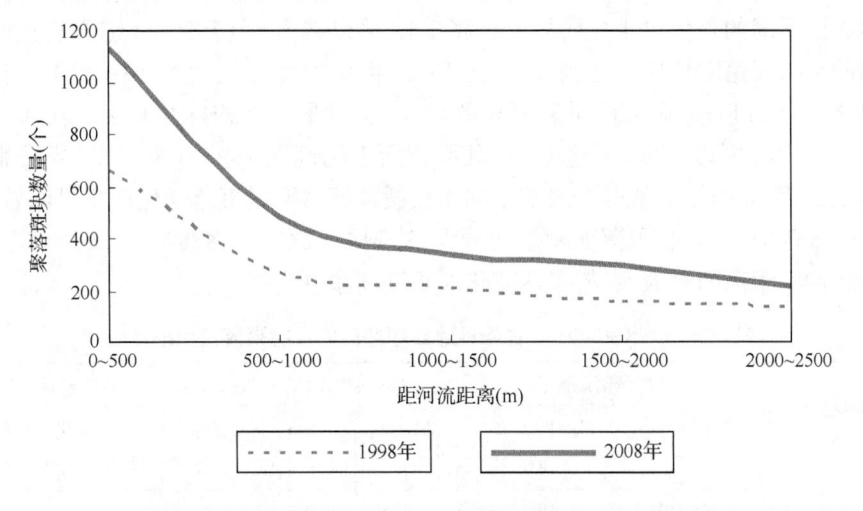

图 5-12 秦安县河流缓冲区内聚落斑块数量的变化趋势

麦积区河流与道路不同缓冲区内的聚落斑块数量与面积的差异也十分显著,随着距河流及道路距离的增大,聚落斑块数量与面积均呈现明显的下降趋势。由表 5-11 可知,在河流 500m 缓冲区内分布的聚落斑块数量占聚落斑块总数的比例高达 60%以上,聚落斑块面积所占比例也高达 50%以上,而在距河流 2000~2500m 范围内,聚落斑块数量与面积占总数的比重均不足 3%,特别是在距河流 2500m 之外的较大区域范围内,聚落斑块数量与面积占其总数的比例不足 10%。

表 5-11　2008 年麦积区不同河流与道路缓冲区的乡村聚落分布

缓冲区 (m)	河流 聚落面积 面积(hm²)	河流 聚落面积 比重(%)	河流 聚落斑块数 数量(个)	河流 聚落斑块数 比重(%)	道路 聚落面积 面积(hm²)	道路 聚落面积 比重(%)	道路 聚落斑块数 数量(个)	道路 聚落斑块数 比重(%)
0～500	3006.53	50.04	1280	64.65	1936.68	32.23	677	34.19
500～1000	1360.43	22.64	253	12.78	791.85	13.18	166	8.38
1000～1500	549.69	9.15	135	6.82	585.54	9.75	165	8.33
1500～2000	349.29	5.81	76	3.84	463.19	7.71	143	7.22
2000～2500	169.70	2.82	53	2.68	387.82	6.45	147	7.42
>2500	572.95	9.54	183	9.24	1843.50	30.68	682	34.44

与秦安县和麦积区类似，甘谷县聚落斑块数量与面积随着距河流及道路距离的增大而下降的趋势也十分明显。从表 5-12 可以看出，小于 500m 道路缓冲区范围内的乡村聚落面积所占比例最大，在 1998 年和 2008 年均达到 40% 以上。在距离道路 2500m 以内，随着距道路距离的增大，乡村聚落面积逐渐减少。在缓冲区 2000～2500m 之间分布的聚落斑块，其面积所占比例在 1998 年和 2008 年分别仅为 5.04% 和 5.83%。从两个时期不同道路缓冲区内乡村聚落变化面积可以看出，0～500m 区域范围内，聚落面积增加最大，达到 35.84%。在缓冲区 2500m 之内，随着缓冲区距离的增大，乡村聚落变化面积逐渐减少。

表 5-12　1998～2008 年甘谷县道路缓冲区内乡村聚落面积统计表

道路缓冲区 (m)	乡村聚落总面积 1998年(m²)	乡村聚落总面积 2008年(m²)	聚落面积比例 1998年(m²)	聚落面积比例 2008年(m²)	2008年较1998年聚落面积变化 变化面积(m²)	2008年较1998年聚落面积变化 变化面积所占比例(%)
0～500	25 145 703.71	35 094 738.15	43.37	40.93	9 949 034.44	35.84
500～1000	12 376 386.36	17 886 059.66	21.35	20.86	5 509 673.30	19.85
1000～1500	7 565 049.56	12 099 227.03	13.05	14.11	4 534 177.47	16.33
1500～2000	4 755 297.73	7 671 171.61	8.20	8.95	2 915 873.88	10.50
2000～2500	2 922 573.46	4 998 117.01	5.04	5.83	2 075 543.55	7.48
>2500	5 211 701.93	7 987 736.00	8.99	9.32	2 776 034.07	10.00

与道路缓冲区分析类似，甘谷县小于 500m 河流缓冲区内的聚落斑块面积所占比例最大，在 1998 年和 2008 年分别达 32.21% 和 29.96%；在距离河流 2500m 以内，随着距离的增大，聚落面积所占比例逐渐减少。1998～2008 年，甘谷县不同河流缓冲区内的乡村聚落都有所增加，在 0～2500m 缓冲区内，随着距河流距离的增大，乡村聚落增加面积呈递减趋势（表 5-13）。

第五章 乡村聚落的空间演变

表 5-13　1998～2008 年甘谷县河流缓冲区乡村聚落内乡村聚落面积统计表

河流缓冲区 (m)	乡村聚落总面积 1998年 (m²)	乡村聚落总面积 2008年 (m²)	聚落面积比例 1998年 (m²)	聚落面积比例 2008年 (m²)	2008年较1998年聚落面积变化 变化面积 (m²)	2008年较1998年聚落面积变化 变化面积所占比例(%)
0～500	18 675 107.49	25 684 815.63	32.21	29.96	7 009 708.14	25.25
500～1000	10 153 498.44	14 187 343.44	17.51	16.55	4 033 845.00	14.53
1000～1500	8 721 806.07	12 256 362.79	15.04	14.30	3 534 556.73	12.73
1500～2000	4 646 340.54	6 810 021.10	8.01	7.94	2 163 680.56	7.79
2000～2500	3 139 270.98	5 357 649.18	5.41	6.25	2 218 378.20	7.99
>2500	12 640 689.22	21 440 857.31	21.80	25.01	8 800 168.09	31.70

以上分析表明,道路与河流对乡村聚落的空间分布具有显著的影响。在道路与河流 0～2500m 缓冲区内,随着距道路与河流距离的增大,乡村聚落数量及面积呈明显减少的趋势。道路作为农民出行、运输等的主要途径,其便捷程度成为农村居民选址建房的重要依据,促使乡村聚落沿道路呈带状、组团状等方式布局。同时,生产、生活用水的安全性与便捷性,也使乡村聚落呈现出向河流集聚的显著特征。需要指出:①在黄土丘陵沟壑区,由于对聚落空间分布具有实质影响的主要道路基本沿河谷分布,因此,道路与河流对聚落分布的影响具有空间指向的一致性。②与河流缓冲区分析相比,道路缓冲区分析反映的聚落斑块数量与面积随距离增加而下降的趋势相对较小,主要原因在于黄土丘陵区社会经济发展水平较低,道路基础设施建设落后,相对于耕地的吸引力和用水的便捷性而言,道路对乡村聚落空间分布的影响相对较弱。③缓冲区 2500m 以外的区域范围较大,虽然距河流和道路的距离较远,但耕种土地的需要使得乡村聚落的分布十分广泛,但空间分布极为分散。

第三节　乡村聚落空间演变的模拟分析

一、乡村聚落的空间演变过程

陇中黄土丘陵区开发历史悠久,在漫长的传统农业社会发展历程中,乡村居民主要依赖土地为生,每个村落周围都有一定数量的土地,构成了村庄腹地。随着人口的增长,聚落空间的演变经历了不同阶段的两种情形:①连续扩展。在村域扩展不受地形条件限制且腹地土地足以供养聚落人口的情形下,聚落呈现出由内向外的连续扩展,聚落规模(包括人口规模和聚落居住用地规模)不断扩大,往往形成集村。②聚落的跳跃性扩散。当聚落空间扩展仅受到地形条件限制(如小型沟谷的隔离)时则发生聚落的近距离跳跃性扩散,形成现实中普遍存在的散村;当聚落人口规模增长到村庄腹地土地难以维持其基本生存需求且劳作半径难以继续扩大时,则发生聚落的远距离跳跃性扩散,逐渐形成新的村庄。聚落的空间演变过程与模式如图5-13所示。

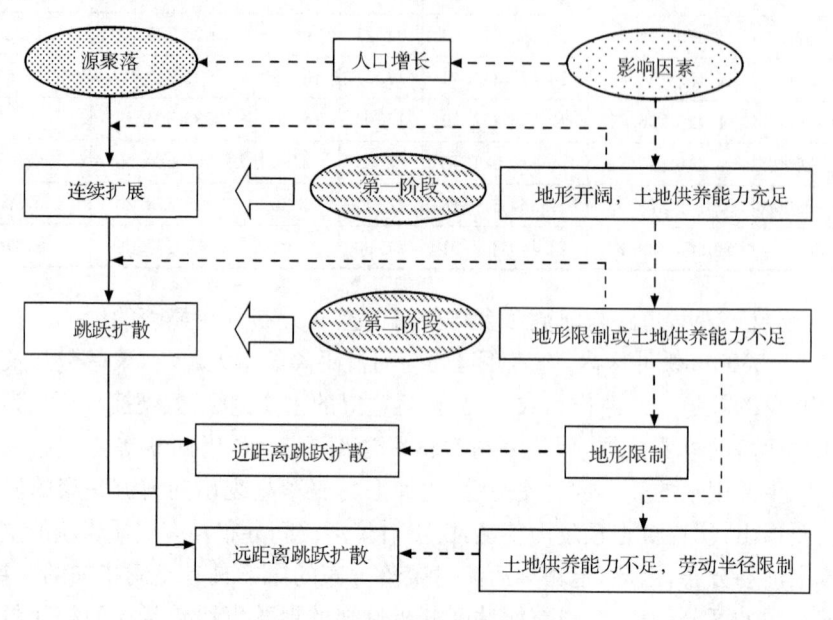

图5-13 乡村聚落的空间演变模式

由于散村空间距离十分靠近(多在数百米之内),往往在组织、管理和称谓上仍同属一个村庄。而新村庄的产生,则受到村庄腹地土地承载能力、地形因素、劳作半径等多种因素的胁迫,已远远超出了单一的地形因素的影响,其空间跨度往往都在1km以上,是自然条件、生产方式和人地关系等因素综合作用的产物。

陇中黄土丘陵区乡村聚落的空间演变及其内部差异的形成,与其自然条件的空间差异以及由此所决定的经济发展条件的空间差异密切相关。由于人地矛盾突出,地形崎岖、地表破碎,聚落的耕作半径较小(实地调查结果为0.6~0.8km),陇中黄土丘陵区大多数乡村聚落仍处于传统农业社会,产业结构单一,生产力进步缓慢,使得聚落的跳跃性扩散表现得更为频繁和典型,最终形成星罗棋布的聚落空间结构形态。关于人口规模与人口占据地区的开拓与扩展过程,美国地理学家赫德森(John C. Hudson)曾提出了赫德森模型(图5-14)。陇中黄土丘陵区乡村聚落的空间演变与空间结构体系的形成,进一步验证了赫德森模型所揭示的聚落演变的基本规律。

在现实中,聚落的扩展过程与扩散过程或交替进行,或同时发生。在流域开发初期或每次社会大动荡结束之后的生产恢复期,聚落数量少,往往形成以聚落为中

|第五章| 乡村聚落的空间演变

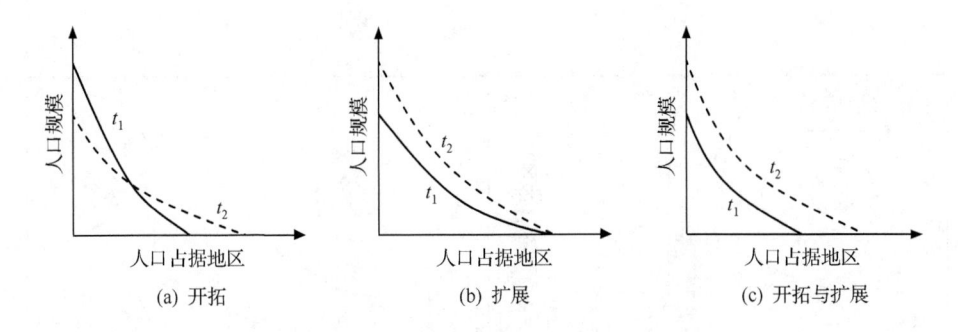

(a) 开拓　　　　　　(b) 扩展　　　　　　(c) 开拓与扩展

图 5-14　赫德森模型中聚落的开拓与扩展关系

心的环形土地利用带。在聚落周围,由内向外依次为园地、高产耕地、中低产耕地,再向外为位于耕作半径之外的林地、牧地、荒地等非耕地。随着聚落人口的不断增长,耕作半径之内的人均耕地数量不断减少。由于农业生产技术进步缓慢,人口对农产品需求量的增长远快于单位耕地面积产量的增加。因此,一方面人口增长使聚落扩张,建筑用地蚕食耕地,耕聚比不断下降;另一方面,为了减缓人口增长带来的经济压力,聚落除略微扩大耕作半径把少量非耕地变为耕地外,还通过强化对耕地的投入来增加农产品的产量。当人口继续增长,腹地内的土地不堪人口重负时,就会有部分人口迁出到聚落之间的非耕地上,新聚落就会产生。

　　随着聚落的不断衍生和扩散,聚落逐渐遍布整个区域,形成极其分散且密度不断增大的乡村聚落体系,最终形成阡陌相连,鸡犬相闻的乡村景观。与此同时,非耕地逐渐并终将全部转化为耕地(图 5-15 和图 5-16)。

　　拜鲁德(E. Bylund)在对瑞典中心聚落进行研究的基础上,提出了聚落扩散的空间模型(图 5-17)。在黄土丘陵区葫芦河流域,聚落的空间扩散主要表现为(b)、(c)、(d)三种模型。其中,(b)模型反映了黄土丘陵山区聚落空间扩散的基本特征;(c)、(d)二种模型则反映了聚落沿河谷、沿交通线路及向两侧扩散的情形。应当指出:尽管乡村居民占有土地的情形十分复杂,但由于耕作半径的限制,聚落所属土地总体上呈连续分布并保持在耕作半径之内。在开发初期,乡村地域的聚落密度较低,新衍生的聚落有条件在较大距离(如两个耕作半径之外)上出现,聚落规模也较大,并呈现出类似于源聚落的环形土地利用格局。当聚落密度增加到一定程度之后,新聚落只能占据聚落之间十分有限的空间,耕地(或可开垦的非耕地)数量很少,因而新衍生聚落的规模也较小。在众多乡村聚落中,处于有利交通区位的聚落便于手工业和商业的发展,根据其便捷程度和商业腹地大小的不同,逐渐发展成中心村、乡镇或大型集镇。

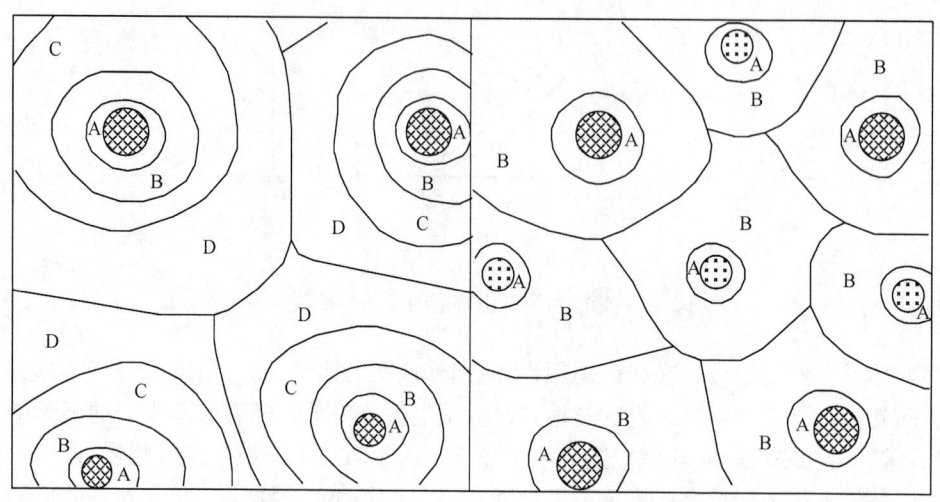

乡村聚落开发初期　　　　　　　　　新乡村聚落的产生

A. 园地　B. 高产土地　C. 中低产土地　D. 非耕地及荒地

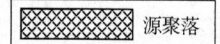

源聚落　　　　　　新聚落

图 5-15　乡村聚落系统形成发展示意图

资料来源：尹怀庭,陈宗兴.1995.陕西乡村聚落分布特征及其演变.人文地理,10(4)

图 5-16　耕地遍野的现实乡村景观(秦安县好地乡,2006 年)

| 第五章 乡村聚落的空间演变

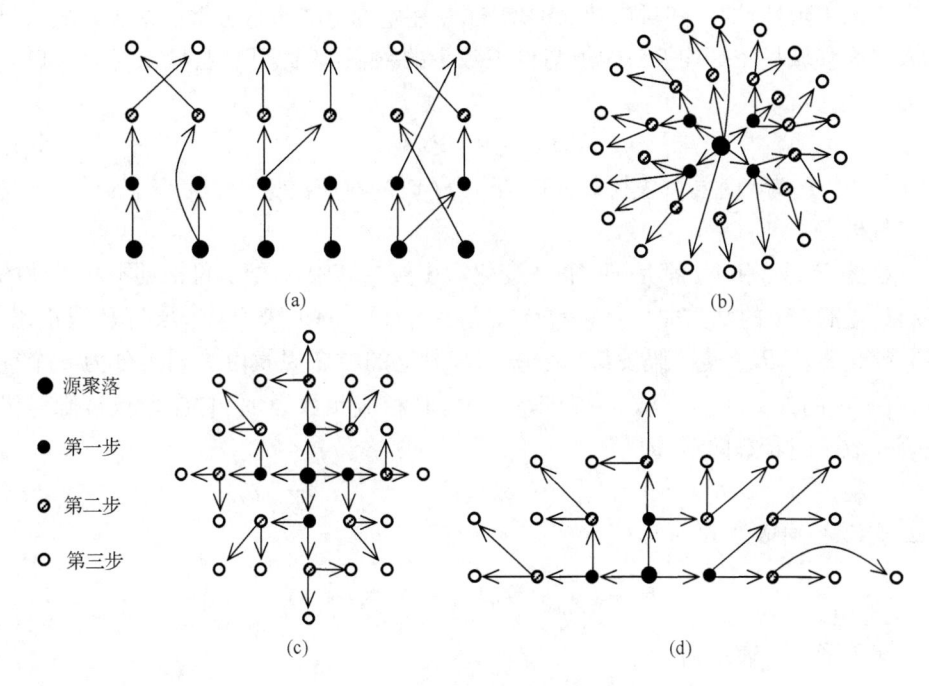

图 5-17 拜鲁德的聚落扩散模型

图例：● 源聚落　● 第一步　◐ 第二步　○ 第三步

二、乡村聚落空间演变的模拟分析

乡村聚落的演变表现在聚落数量增减、规模变化和空间演变三个方面且是一个统一的演变过程，这个过程受地形、水源、耕地等自然条件和人口增长、产业结构、制度文化以及工业化与城镇化等人文社会因素的综合作用。

1. 研究思路与方法

为了分析较长时间尺度的乡村聚落空间演变过程，选取自然背景特殊、社会经济落后、区域特征显著的陇中黄土丘陵区秦安县为实证研究对象，分析特定自然背景与人文社会背景条件下乡村聚落的空间演变过程、特征与规律。根据历史文献资料，秦安县人口与村庄数量在近 160 年发生了巨大变化，人口由 1838 年的 12.88 万人增长到 2009 年的 61.61 万人，村庄数量由 324 个增加到 1895 个。相关研究和实地调研均表明，一定区域范围内乡村聚落的变化表现在 3 个方面：①村落数量的增减，②村落规模的扩大和缩小，③空间分布格局的演变。秦安县为典型的传统农业地区，传统农业在县域经济结构中占较大比重，由于以农耕为主的人口必需占有一定数量的土地来维持生存且必须保持合理的劳作半径，同时受黄土丘陵沟壑区极为破碎的地形条件的制约，因此秦安县村庄数量的增长与空间扩散具有高度的一致性,即伴随村庄数量的增长,村庄空间分布日益分散。由于县域农村总人口为县域村庄平均人口规模与村庄数量的乘积,因此可将县域农村总人口表示为

$$P_t = V_{pt} \times V_{qt} \tag{5-1}$$

式(5-1)中,P_t 为 t 时县域农村总人口;V_{qt} 为 t 时的村庄数量;V_{pt} 为 t 时的村庄平均人口规模。

显然 P_t、V_{qt} 和 V_{pt} 都是随时间 t 变化的函数。其中,P_t、V_{qt} 可根据不同时期的资料建立起与 t 的函数关系:$P_t = f(t)$,$V_{nt} = f(t)$。一般来说,V_{nt} 虽与 P_t 成正比,但其变化要比 P_t 缓慢。假设某一个静态时段上的村庄规模由小到大分为 n 个等级,各等级的人口规模为 $v_p^i (i=1,2,\cdots,n)$,其相应频数为 v_q^i(村庄数量),则等级组合构成一组状态向量,即

$$V_p = (v_p^1, v_p^2, \cdots, v_p^n), V_q = (v_q^1, v_q^2, \cdots, v_q^n)$$

式(5-1)可表达为

$$P_t = \sum_{i=1}^{n} v_p^i \cdot v_q^i (i = 1, 2, \cdots, n)$$

矩阵形式可表示为

$$P_t = V_p \cdot V_q^T \tag{5-2}$$

由于在相同的地理背景和经济社会条件下县域各村庄的人口增长率相近,随着时间的推移,村庄规模等级不断增加,出现 $n+1$,$n+2\cdots$ 新的村庄等级,因此可循着时间的逆推反演村庄数量与规模的变化。

设 t_0 为起始年份,t_m 为逆推的某个年份,V_{qt_0}、V_{qt_m} 分别为 t_0 和 t_m 年份的村庄数量,ΔV_q 为两个年份间村庄数量的差,则有

$$\Delta V_q = V_{qt_0} - V_{qt_m} \tag{5-3}$$

因此,可用如下方程计算 t_m 年份最小等级的村庄数量 $v_{qt_m}^1$

$$v_{qt}^1 = \begin{cases} v_{qt}^j - a & \text{当 } \Delta V_q = \sum_{j=1}^{m} v_{qt_0}^j - a \\ v_{qt_0}^{j+1} & \text{当 } \Delta V_q = \sum_{j=1}^{m} v_{qt_0}^j \\ v_{qt_0}^{j+1} + a & \text{当 } \Delta V_q = \sum_{j=1}^{m} v_{qt_0}^j + a \end{cases} (j = 1, 2, \cdots, m, m < n) \tag{5-4}$$

式中,a 为 ΔV_q 与 $\sum_{j=1}^{m} v_{qt_0}^j$ 的差值。在求出 v_{qt}^1 后,可将(4)未予计算的状态向量 $v_{qt_m}^i$ 依次上推,计算出不同时期的村庄等级 $v_{qt_m}^2$, $v_{qt_m}^3$, $\cdots$, $v_{qt_m}^m$,并利用式(5-2)求出各等级上人口数量。

第五章 乡村聚落的空间演变

模拟分析的资料来自3个方面:①秦安县的历史人口和村庄的数量来自新编的《秦安县志》和《甘肃人口志》。②1949年以来的人口和村庄数据来自《甘肃年鉴》和秦安县统计局。③村庄空间分布的现状数据采用秦安县TM影像进行遥感分析获得。

2. 总人口和村庄数量的历史变化

秦安县人口数据在清末至民国年间断续不全,1949年以来各年份数据齐全。利用上述模型和资料,在Matlab7.4软件上编程计算,采用样条函数进行插值并拟合曲线(本研究以5年为间隔进行插值),建立起秦安县人口与村庄的变化过程。从插值及拟合曲线分析,秦安县村庄数量与人口数量的增长趋势基本一致(图5-18和图5-19)。1838年,秦安县有22 280户人家,每户5.8人,平均每村71户、412人。2004年,有127 000户人家,平均每村67户、316人。这似乎不支持村庄规模扩张的结论。事实上,村庄平均规模的缩小与村庄规模的扩张并不矛盾。最近五十多年来,由于村庄数量增长较快且新村庄规模较小,从而使村庄平均规模变小,掩盖了原有村庄规模的扩张。2004年,秦安县人口超过500人的村庄达470个,超过1000人的村庄达250个,超过2000人的村庄达27个。显然,这些大村庄是由原来的小村庄演变而来的。

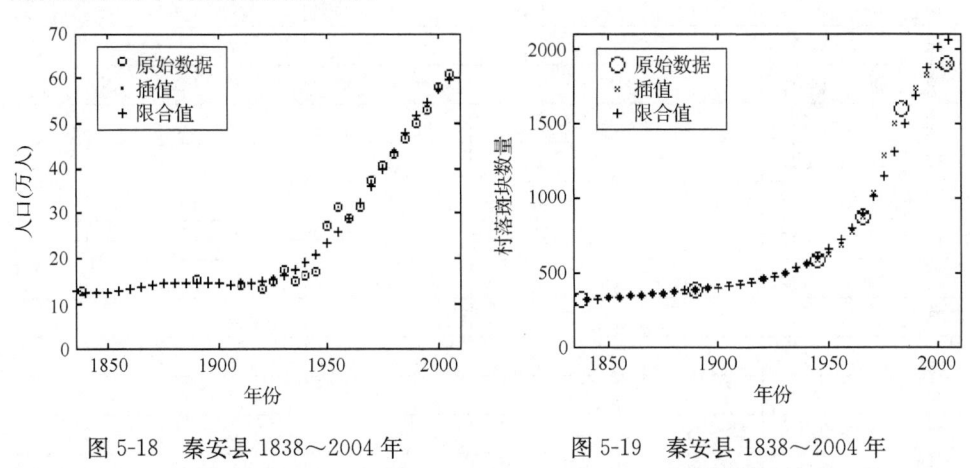

图 5-18 秦安县 1838～2004 年人口变化趋势

图 5-19 秦安县 1838～2004 年村落数量变化

3. 村庄空间分布格局的演变

(1) 不同时期村庄的数量及等级构成

秦安县现状村庄数量为1895个,最小的村庄仅有3户人家(秦安县统计年鉴,2004年),村庄面积相差悬殊。根据样条函数插值,选择曲线变化较为显著的1980年、1950年、1900年和1838年几个年份进行分析。基于2004年的村庄等级及数量,用式(5-4)及状态向量递推,可得到全县不同历史时期的村庄数量及等级构成(表5-14)。

表5-14 秦安县不同历史时期的村庄数量及等级构成

序号	等级(hm^2)	村庄数量(个)				
		2004年(实际)	1980年(模拟)	1950年(模拟)	1900年(模拟)	1838年(模拟)
1	$0<v_1\leqslant1$	115	183	115	16	28
2	$1<v_2\leqslant2$	464	404	122	90	74
3	$2<v_3\leqslant3$	404	238	90	74	54
4	$3<v_4\leqslant4$	238	167	74	54	40
5	$4<v_5\leqslant5$	167	122	54	40	28
6	$5<v_6\leqslant6$	122	90	40	28	26
7	$6<v_7\leqslant7$	90	74	28	26	18
8	$7<v_8\leqslant8$	74	54	26	18	7
9	$8<v_9\leqslant9$	54	40	18	7	5
10	$9<v_{10}\leqslant10$	40	28	7	5	6
11	$10<v_{11}\leqslant11$	28	26	5	6	11
12	$11<v_{12}\leqslant12$	26	18	6	11	5
13	$12<v_{13}\leqslant13$	18	7	11	5	2
14	$13<v_{14}\leqslant14$	7	5	5	2	3
15	$14<v_{15}\leqslant15$	5	6	2	3	7
16	$15<v_{16}\leqslant16$	6	11	3	7	5
17	$16<v_{17}\leqslant17$	11	5	7	5	3
18	$17<v_{18}\leqslant18$	5	2	5	3	1
19	$18<v_{19}\leqslant19$	2	3	3	1	1
20	$19<v_{20}\leqslant20$	3	7	1	1	0
21	$20<v_{21}\leqslant25$	7	5	1	0	0
22	$25<v_{22}\leqslant30$	5	3	0	0	0
23	$30<v_{23}\leqslant35$	3	1	0	0	0
24	$35<v_{24}\leqslant50$	1	1	0	0	0
25	$50<v_{25}\leqslant200$	1	0	0	0	0
村庄数量合计		1895	1500	623	402	324

(2) 村庄空间分布的演变

以秦安县现状村庄空间分布状态(图5-20)为基点,根据不同历史时期的村庄数量及等级(表5-14)反演相应时段的村庄空间分布,可得到不同历史时期秦安县村庄的空间分布状态(图5-21),同时反映出县域村庄空间分布的演变过程。由于历史时期的村庄形态难以考证,同时村庄形态受自然条件和人文社会等因素的影

第五章 乡村聚落的空间演变

响而处在不断变化的过程中,因此图 5-21 中用圆点表示村庄的地理位置,而点的大小则表示村庄的规模。

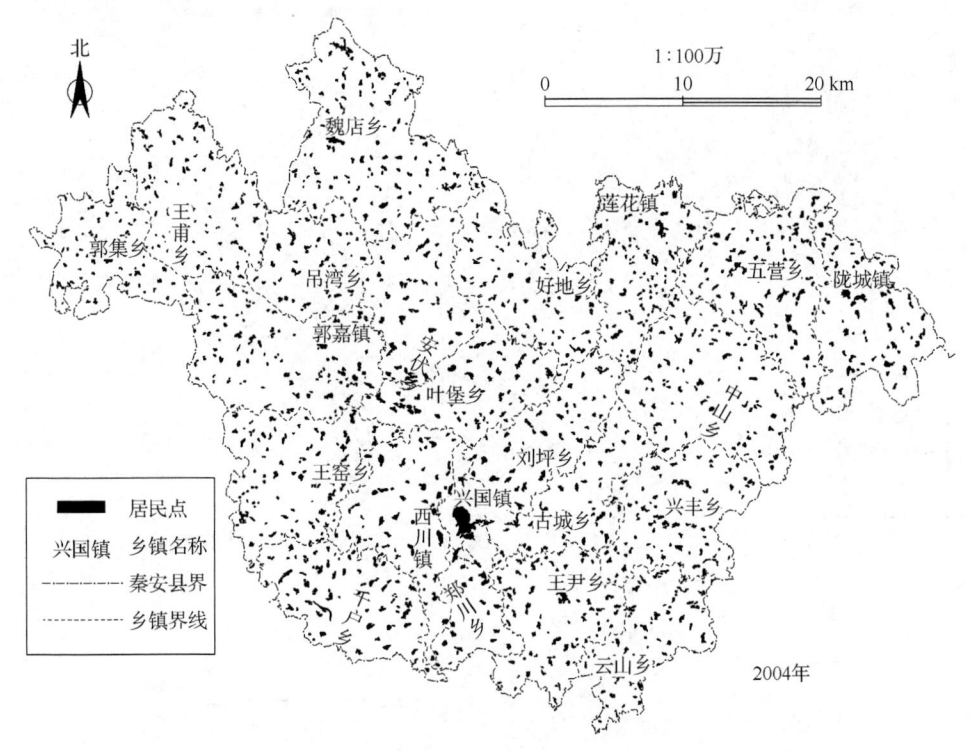

图 5-20 秦安县现状村落空间分布

分析结果显示,秦安县现状聚落斑块密度很高(1.18 个/km²),1980 年聚落斑块密度也高达 0.937 个/km²。1950 年聚落斑块较为稀疏,为 0.39 个/km²,而在 1838 年,聚落斑块显得十分稀疏,聚落斑块密度仅为 0.202 个/km²。根据在秦安县叶堡乡、五营乡的实地调查,1980 年和 1950 年的村庄数量和位置与模拟结果十分接近。

基于区域现状村庄数量、规模等级与空间分布格局,可通过建立动态模型反演区域历史时期的村庄数量、规模和空间分布状态。近 160 年来,陇中黄土丘陵沟壑区秦安县域的村庄经历了明显的规模扩张、等级增多和空间分布上由疏到密的演变过程。乡村聚落的时空演变过程极为复杂,虽然通过建立动态模型反演乡村聚落的时空演变过程难以达到十分精确,但对深入揭示乡村聚落演变的机制、特征与规律,深化乡村聚落演变过程研究具有重要的意义。

4. 村庄演变趋势分析

从统计资料和图 5-19 分析,近 10 年来秦安县村庄数量的增长趋于平缓,主要

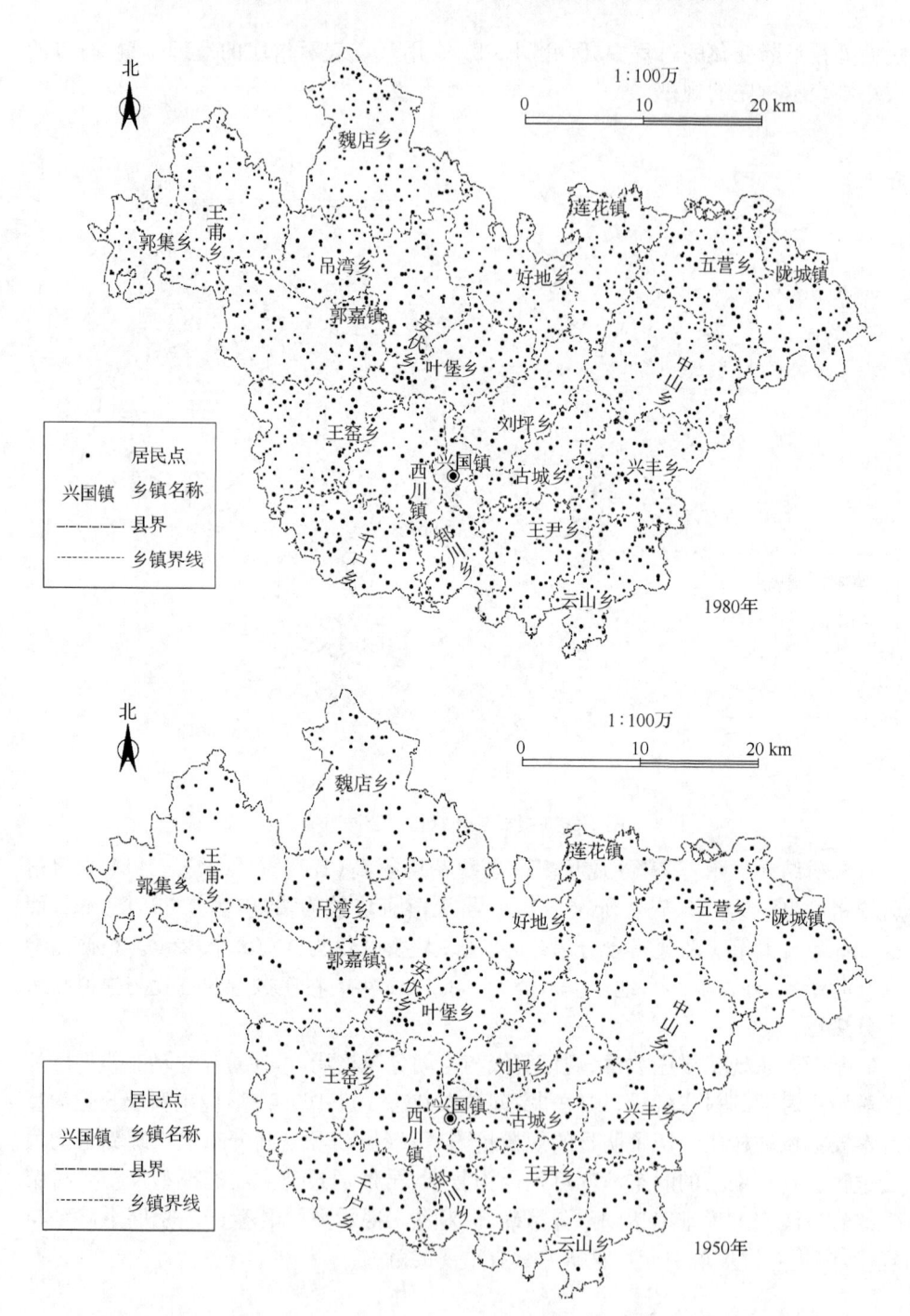

图 5-21 秦安县不同时期村落空间分布的演变

| 第五章 | 乡村聚落的空间演变

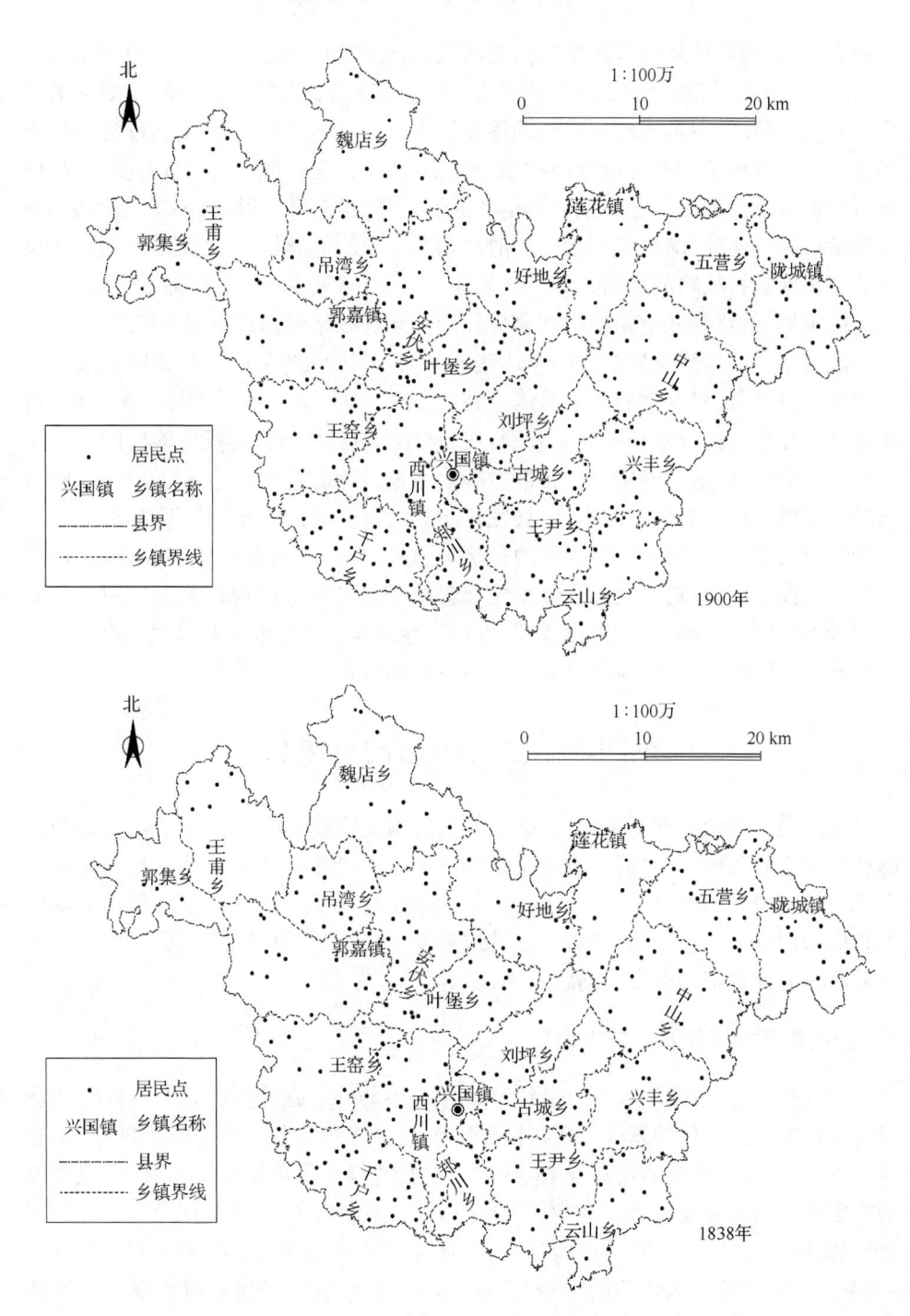

图 5-21 秦安县不同时期村落空间分布的演变（续）

原因在于:①随着计划生育政策的实施和人口自然增长率的下降(人口自然增长率由 1970 年的 21.42‰下降到 2004 年 6.7‰),人口增长对村庄扩张的压力逐渐减小,加之农村剩余劳动力转移规模的逐渐扩大,进一步减缓了人口对村庄空间扩张的压力。②地形条件和土地资源数量的限制,使得村庄扩散的空间日益狭小,拓建新村的难度逐渐加大。③城镇化战略和退耕还林、生态环境保护、小流域治理等国家政策措施的实施,对村庄的无序扩散起到了积极的抑制作用,特别是新时期建设社会主义新农村战略的提出、《城乡规划法》的出台和城乡一体化战略的实施,对村庄布局规划、优化村庄空间结构和合理利用土地资源起到积极的推动作用。

从我国乡村聚落发展演变的总体趋势来看,伴随农村工业化与城镇化战略的日益推进,我国乡村聚落的数量总体上在减少。然而,由于我国农村地域广阔,自然条件与社会经济发展状况千差万别,在自然条件较差和社会经济落后的陇中黄土丘陵区秦安县,近 160 年间村庄数量持续增长。特别是在 20 世纪 80 年代,随着农村家庭联产承包责任制的实施,县域村庄数量急剧增长。近十余年来,受人口增长趋缓以及工业化、城镇化等因素的影响,县域村庄数量增长趋势明显减缓,但村庄数量并没有减少,这与全国总体变化趋势特别是与东部沿海地区及平原地区有着明显的区别。自然条件、区位条件、农村产业结构以及工业化与城镇化进程的区域差异,是导致乡村聚落演变空间差异的主要原因。

第四节 乡村聚落的空废化

聚落是人类聚居的基本形式,家庭是聚落构成的基本社会单元,而宅院是与家庭相对应空间实体,是聚落环境的基本细胞单元。新中国成立后特别是改革开放以来,我国乡村社会发生了巨大变化,家庭的增生、分裂、迁移与更新,促使宅院发生相应的增生、分裂、迁移与更新,在导致聚落在空间上不断扩散的同时,也引发了日益严重的乡村聚落空废化问题。

一、乡村聚落空废化及相关概念

"乡村聚落空废化"(rural habitat empty-disusing)是指乡村聚落各种空间环境空废现象演变过程的总称。乡村聚落空废化具体包括各种宅院空废现象,空心村现象,聚落废弃式整体迁移现象,城市化引发的偏僻聚落预空废趋势,公建用地的空废和空废式开发现象,农业生产设施用地的空废现象,传统民居废弃式发展现象等(雷振东,2002)。传统聚落农户比邻而居,聚落形态紧凑。随着乡村社会的发展变化,聚落宅院发生快速的增生与空间演变,由此引发诸如超前性空占新宅基地、滞后性空占旧宅院、超度的占用空房和宅院空间空闲等现象和聚落中心空废、环境恶化、整体空间结构松散等问题,造成土地资源的严重浪费。

第五章 乡村聚落的空间演变

与"乡村聚落空废化"相近且被频繁使用的另一个概念是"村庄空心化",是指在快速城镇化及城乡转型的背景下,农村人口非农化引起的村庄"人走屋空"以及宅基地普遍"建新不拆旧",新建住宅向外围扩展,原宅基地闲置废弃的"外扩中空"的不良演变过程,用以揭示房屋闲置和土地资源的浪费现象。20世纪90年代末,不少研究和报道开始纷纷使用"空心村"这一概念并成为乡村聚落空废问题的代表性称谓。比较"聚落空废化"与"村庄空心化"两个概念,虽然其所指和含义相近,但两者仍具有明显的不同。如雷振东(2002)认为,空废化概念的界定主体更具针对性,含义直指空废问题,而且所指范畴大大扩展。

中国对空心化村庄的研究始于20世纪90年代中期。随着城镇化战略的实施及城乡社会的快速转型,村庄空心化及相关问题日益凸显,成为政府部门和学术界共同关注的焦点。地理学、经济学、社会学等学科也对村庄空心化及由此引发的相关问题给予了高度关注并进行了广泛的分析探讨,研究主要集中在村庄空心化问题与特征、形成原因、空心村调控对策等方面。但由于不同学者专业背景的差异,对"空心化村庄"界定和对村庄空心化问题的分析也是基于土地利用、村庄空间形态、城市化及人口等多个视角(江国逊等,2011)。总体来看,目前国内学术界对"空心化村庄"的理解趋向于地理因素与经济因素两个层面,对"空心化村庄"的研究也主要集中在地理意义上的"空心化村庄"和经济意义上的"空心化村庄"两个方向。

二、空心化村庄的基本类型

目前国内学者有关空心化村庄的分类可分为单因子分类和综合分类两大类。单因子分类多从空心化村庄的发展程度、表现形式、空间特征、地形特征和距离城市的远近来分类。有学者按空心村的发展程度,将江苏省空心村分成初期、中期、晚期三个发展阶段并与苏北、苏中和苏南3个区域相对应(薛力,2001);也有学者将空心村的发展演化分为初期、中期、晚期3个阶段并将其对应于某一特定村庄的20世纪80年代、90年代和21世纪初3个时期(王成新等,2005);另有学者在研究太原盆地农村聚落的基础上,从空心化村庄空间演变阶段和过程的视角,提出了村核带增长过程、村核带膨胀过程、缓冲带增长过程、缓冲带膨胀过程和新扩带增长过程等5个空心化过程模型(程连生等,2001);还有学者根据不同的分类依据,对空心化村庄单因子分类进行了概括分析(江国逊等,2011)(表5-15)。近年来,国内学者在实地调研的基础上,对空心化村庄综合分类进行了初步探索。如有学者认为,特定的空心村发展阶段将对应一定的社会经济水平,空心村形态与社会经济发展之间的相互作用促成其形态的演变,并提出了"产业经济特征+空废宗地聚集度+空心化程度"的空心化村庄综合分类方法,将空心化村庄划分为"外出务工型集中高度空心化""外出务工型分散高度空心化""外出务工型集中低度空心化"等12个空心化村庄具体类型(表5-16)(龙花楼等,2009)。

表 5-15 空心化村庄的基本类型划分

分类依据	空心化村庄类型	基本特征
发展程度	初期空心化村庄	村庄空心化的早期阶段,一般农宅更新率不大于30%
	中期空心化村庄	村庄空心化发展的中期阶段,农宅更新率在30%到70%之间
	晚期空心化村庄	村庄空心化发展的末期阶段,农宅更新率一般在70%以上
表现形式	全面衰落型空心化村庄	指村庄中大部分人员已经迁离,仅有少数老人、妇女居住。村内原有房屋大面积闲置破败,村庄内部道路、厕所等基础设施条件差,环境脏乱差,村落远离集镇,交通不便,周围没有工业及服务设施
	中心陷落型空心化村庄	指随着农村经济的发展,为了改善居住条件或需要与儿女分户,很多村民在村庄外围或沿通村道路建设新房。而村庄中心的老村区则保留了大量的破旧建筑且只有老人居住或已坍塌无人居住,形成村落的中心衰败现象
	季节性空心化村庄	也称为半空置化的空心化村庄,指村里各家的青壮年劳动力大都到城市务工,每年仅在秋收、夏种等农忙季节和春节期间回村,造成农闲时节村庄冷冷清清,村落中仅有老人、妇女和孩子居住生活。断裂型空心化村庄指一些村庄在合并形成新的村落后,原有村落边界已经模糊,居民住房逐渐连成一片,但合并前村落间的坟地、垃圾堆放点等并没有被清理出村,现已被民房或村内道路包围,形成村落中心区域的闲置地,不但割裂了现有村庄空间格局,更成为环境污染源
空间特征	单核型空心化村庄	指原有住宅集中在一片区域,而新建住宅在原来旧宅外围建了新居,形成单核型空心化村庄
	多核型空心化村庄	指在村庄相隔较近的地区,由多个单核型空心化村庄组合而成
地形特征	山区型空心化村庄	地处山区的空心化村庄
	平原型空心化村庄	地处平原地区的空心化村庄
	丘陵型空心化村庄	地处丘陵地区的空心化村庄
距离城市远近	城郊型空心化村庄	靠近城市区域的空心村庄
	近郊型空心化村庄	靠近城市的郊区空心化村庄
	远郊型空心化村庄	离城市较远的郊区的空心化村庄
空间模式	环状空心化村庄	指在既无阻力又无引力的均质平原上形成的一种典型的空心化村庄。原村庄均匀地向周边扩展,造成新建住宅包围原有住宅的环状结构
	扇状空心化村庄	如果村庄一侧存在山脉、陡崖、河流以及铁路等水平的或弧形的线状地物的阻碍,迫使新建住宅向无阻力方向发展,便形成不同角度的、由新建住宅拥抱原有住宅的扇状空心化村庄
	带状空心化村庄	指村庄两侧受到水平的且相互平行的山脉、河流、铁路等自然的或人为地物的限制而形成的一种空心化村庄

第五章 乡村聚落的空间演变

表 5-16 空心化村庄综合分类

类型	产业经济特征			空心化程度		空废宗地集聚度	
	外出务工型	农业主导型	非农产业主导型	高	低	集中	分散
外出务工型集中高度空心化	○			○		○	
外出务工型分散高度空心化	○			○			○
外出务工型集中低度空心化	○				○	○	
外出务工型分散低度空心化	○				○		○
农业主导型集中高度空心化		○		○		○	
农业主导型分散高度空心化		○		○			○
农业主导型集中低度空心化		○			○	○	
农业主导型分散低度空心化		○			○		○
非农产业主导型集中高度空心化			○	○		○	
非农产业主导型分散高度空心化			○	○			○
非农产业主导型集中低度空心化			○		○	○	
非农产业主导型分散低度空心化			○		○		○

资料来源:龙花楼,李裕瑞,刘彦随.2009.中国空心化村庄演化特征及其动力机制.地理学报,64(10):1203-1213

龙花楼等学者认为,中国经济社会发展的区域差异明显,致使在省域甚至更大的尺度上,同一时段内可能同时存在不同的空心村演化类型。由于村庄所处区位及受外力干预的不同,空心村的发展演化呈现不同的特征。有些地方的空心村发展演化可能会从成长期甚至萌发期直接进入衰退期,一些地方甚至不会出现明显的空心村现象(2009)。最为典型的空心村类型当属平原农区的空心村,山地丘陵区和草原畜牧区的空心村演化不具代表性。指出城乡结合部是最有可能在原址上完整演绎不同发展阶段空心村的区位。在城乡一体化进程中,城乡结合部的村庄在服务于城市的过程中,人口转移与土地利用效率的变化驱动着城乡结合部空心村的演变。

三、聚落空废化的形成机理

聚落空废化形成机理是指在聚落空废化过程中多种相关因素的作用机制及其耦合关系。1990年以来,伴随我国城市化的快速发展,乡村人口以年均一千多万的规模涌入城镇,成为城市化的主要方式。可是乡村人口转移并未与农村居民点用地缩减相挂钩,"两栖"占地现象普遍,多数农村地区缺乏合理规划,宅基地管理基本上处于无序状态,"一户多宅"现象非常突出(刘彦随,2007)。农村空心化是多种因素综合作用的产物。综合来看,影响空心村形成演化的因素主要涉及经济、自然、社会文化、制度与管理等方面,区域经济社会与自然条件的差异性决定了空心村类型的差异。

近年来,国内学者也基于不同的视角,对村庄空心化的动力机制进行了广泛的探讨。如有学者认为,村庄空心化是由农户建房意愿增强和建房能力提升双重驱使下的建房需求增长与相应监管调控政策的缺位共同作用下的不合理农户建房行为,所导致村庄内部土地利用空间格局变化的一种过程和表征(图5-22)。具体表现在:①建房意愿增强。随着村庄人口增长及家庭规模向小型化转型,住房刚性需求增多;早期的住房规划、设计、建造水平相对较低,以及地势、地貌等自然环境条件和公共设施投入不足造成人居环境不理想,使得旧房存在固有缺陷;受地域习俗、风水等传统观念的综合影响,驱使农户产生强烈的建房意愿。②建房能力提升。体制改革、政策支持、技术进步和就业转型,综合带动村域经济增长和农民增收,建房能力提升。③不合理的农户建房行为(龙花楼等,2009)。长期以来,农村宅基地管理政策与制度存在诸多缺陷,国家和地方对土地管理尤其是宅基地管理、耕地保护的引导体系缺位,对宅基地的审批、监管不到位,新宅基地获取的机会成

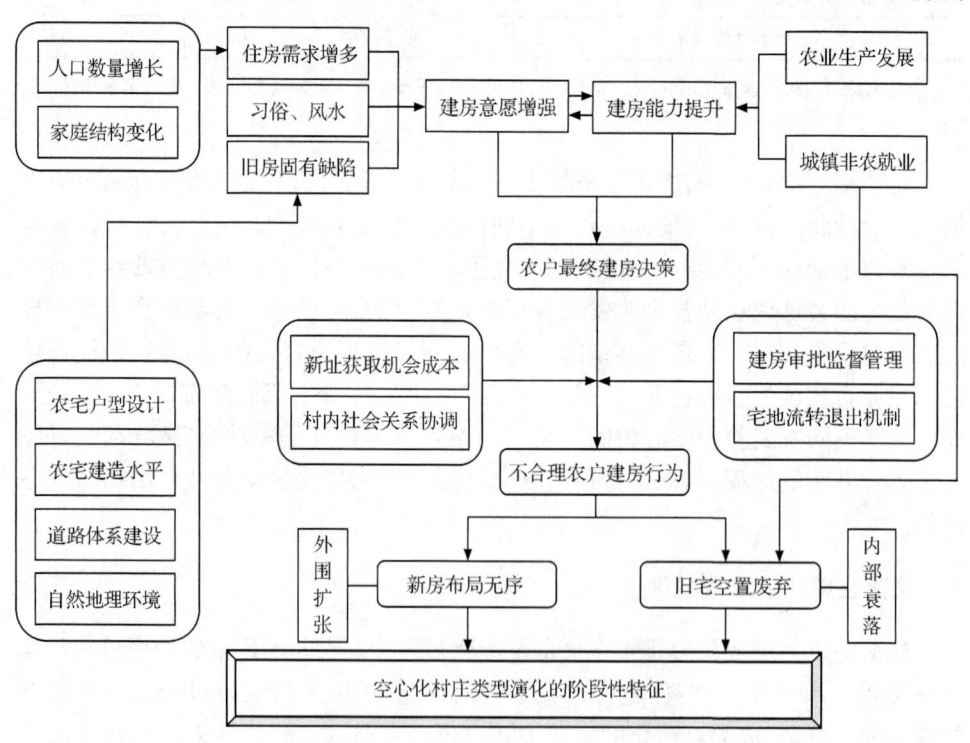

图 5-22 建房需求导向的空心化村庄类型演化动力机制

本低,缺乏宅基地的流转和退出机制。同时,村镇土地利用规划和建设发展规划普遍缺乏,加之基层组织的监管能力有限,导致新房在村庄外围无序扩张,村庄内部的旧宅逐渐被空置废弃。

国内还有学者认为,村庄空心化有其特定历史时期的阶段性,可基本可分为两个阶段与4个时期。第一阶段(20世纪80~90年代中期)以改善家庭居住条件为主,表现为村庄向四周拓展、中心空废的格局;第二阶段(90年代中期以来)以改善综合生活质量为主,人口向城镇等地转移,致使村庄房屋出现空弃。指出村庄空心化驱动力,即推动和促使村庄不断走向空心化的原因,主要包括经济发展、土地改革、家庭组织关系瓦解、市场化、城镇化、传统观念变革、计划生育约束等方面(吴文恒等,2012)。

推拉模型是揭示人口迁移成因的动力学分析经典模型。国内学者基于推拉模型,对村庄空心化的形成机理进行了分析,认为人口迁移是由原住地和流入地的拉力和推力以及第三因素(中间障碍因素)共同作用造成的。由于村庄空心化的根本特征在于村庄人口的流失,通过考察村庄推拉力作用方向和中间障碍因素的变化,可以很好地解释"空心村"形成机理(何芳和周璐,2010)。

(1) 模型假设

首先,村庄空心化是城乡之间以及乡村内部要素结构演变的一种不良反应结果,可以视为各因素推拉作用后的合力效果;其次,假设受推拉作用影响,村民均是理性经济人,其对环境做出的反应是经过理性选择的,符合其利益最大化的要求;再次,村民能够获得完整信息,不受信息缺失的影响。

(2) 模型构建

村民做出迁留选择是村庄自身因素和城镇对其产生的推力和拉力以及村民自身因素三方面互相影响的结果。假设村庄对村民的推力和拉力分别以 RT_i 和 RL_i 表示,城镇对村民的推力和拉力分别以 UT_i 和 UL_i 表示,则推动村民迁出村庄的合力为 $\Sigma RT_i + \Sigma UL_i$,以 ΣT_i 表示,促进村民留守村庄的合力为 $\Sigma RL_i + \Sigma UT_i$,以 ΣL_i 表示。模型中以响应系数表达村民对迁出和留守的主观意愿,据此对推力和拉力进行修正,分别以响应推力系数 Y_1 和响应拉力系数 Y_2 表示。模型中单列外力干扰因素 Z,以增强模型表达的动态性和适用性,Z 泛指政策、制度、天灾、危机等即时性外力因素。村民做出迁留选择是根据其自身收益最大化原则所决定的,其自身最大化的收益应是在考虑以上因素合力的结果,因此

$$\max R = f(F) \qquad (5\text{-}5)$$

合力 F 的表达式

$$F = Y_1(\Sigma T_i + ZT) - Y_2(\Sigma L_i + ZL) \quad Y_1, Y_2 \geqslant 0 \qquad (5\text{-}6)$$

(3) 模型解读

所有有利于推动村民迁出村庄的因素与阻止其迁出村庄因素的差大于零,村

民才会做出迁出决策,反之则反。静态地考察模型,即不考虑外力干扰因素 Z 以及村民个体感受差异性($Z=0, Y_1=Y_2=1$)。当 $F>0$ 时,$\Sigma T_i > \Sigma L_i$,推力因素大于拉力因素,村民以自身收益最大化原则进行权衡,会做出迁出决定。村庄整体表现出离心化状态,空心化现象不断加剧。当 $F<0$ 时,$\Sigma T_i < \Sigma L_i$,推力因素小于拉力因素,村民以自身收益最大化原则进行权衡,会做出留守和迁回决定,村庄内部开始人口集聚,空心现象得到缓解。将村民自身因素纳入考察范围,研究其对推力因素和拉力因素的响应意愿后发现,基于生存理性、经济理性以及社会理性,村民更有响应推力的意愿,但出于经济能力和综合素质的制约,使其往往转而响应拉力。Y_1、Y_2 是一对相对值,表征了村民对自身能力的信心程度,对推力和拉力进行实际感受修正,心理状态要与宏观环境下推力因素和拉力因素结合起来才能最终决定村民个体的迁留选择。

四、聚落空废化与村庄空心化的量化分析

聚落空废化与村庄空心化是乡村聚落(村庄)随着社会经济条件的发展变化而产生的居住空间的演变过程与现象,是乡村聚落发展演变在地理空间上的表现。由于乡村聚落的内部条件与外部环境(内因与外因)在不断地发生变化,因而乡村聚落的空间演变(包括村庄空心化或乡村聚落的空废化)是在内外部因素驱动下或乡村聚落适应内外部条件变化而产生的正常的空间演变过程与现象。然而,当村庄空心化或乡村聚落的空废化超过一定的限度时,乡村聚落则会发生质的变化,并产生村庄布局散乱和土地资源严重浪费等一系列突出问题。因此,通过建立评定指标体系,对聚落空废化或村庄空心化进行界定、测度和量化分析,显得十分重要和迫切。

1. 聚落空废化的量化分析

聚落空废化的量化分析涉及表征聚落空废化特征与聚落不合理用地的方方面面,其量化指标既包括直接指标(如用地空废率),也包括间接指标(如人口迁移率)。在聚落空废化的量化分析方面,国内学者已进行了初步的探索和研究,如有学者从用地空废率、人口迁移率、空废宅院率、现居宅院面积空闲率、空废房率五个方面,提出了对聚落空废化进行量化分析的指标体系和分析模型(雷振东,2002)(表5-17),基本涵盖了聚落空间演变过程中的各种空废化情形。

2. 村庄空心化的量化分析

与聚落空废化量化分析相比,村庄空心化量化分析除涉及各种聚落用地空废现象之外,主要是对聚落空废宗地的聚集程度进行测度。对两者进行比较,聚落空废化量化分析主要是对聚落各种空废用地进行总体程度的刻画和定量表述,而村

|第五章| 乡村聚落的空间演变

庄空心化量化分析则主要对聚落空废宗地的聚集程度进行定量表述。有学者认为,村庄空心化程度可由村庄的人口密度、常住人口比重、宅基地空置率和废弃率来综合衡量,可分为高和低两个等级(表 5-18)。空废宗地的聚集程度反映村庄内部空心化现状格局的差异,可分为集中和分散两个等级(龙花楼等,2009)。

表 5-17 聚落空废化的量化分析

评定指标	指标含义与计算
用地空废率	指乡村聚落住区中废弃、常年闲置、未利用的各种建设用地数量占住区建设总用地的百分比率。计算公式为 $A=\sum Rd/\sum R \times 100\%$,式中,$\sum Rd$ 代表聚落住区中废弃、常年闲置、未利用的各种建设用地数量的总和;$\sum R$ 代表聚落住区建设总用地;A 代表用地空废率,A 值越大,聚落空废化程度越高
人口迁移率	在乡村聚落社会中,一定周期内(以年为单位),聚落长期和永久在外的人口数量与聚落人口总数量的百分比率。$B=\sum Le/\sum L \times 100\%$,式中,$\sum Le$ 代表长期和永久在外的人口数量;$\sum L$ 代表聚落人口总数量;B 代表人口迁移率,其值越大,聚落空废化程度越高
空废宅院率	空废宅院率(简称空废院率)指乡村聚落中废弃、常年闲置和未利用的宅院数占聚落总宅院数的百分率
现居宅院面积空闲率	现居宅院面积空闲率(简称院空率)指乡村聚落中现在有人居住的宅院内部长期闲置,且无明显发展必要的庭院面积占总庭院室外面积的百分比率
空废房率	空废房率,指宅院中空闲与废弃的房屋建筑面积占宅院房屋总建筑面积的百分比率

表 5-18 村庄空心化衡量指标

指标	计算方法	说明
村庄户籍人口密度	村庄人口总数/村庄居民点用地面积	值越小,空心化程度越高
村庄常住人口比重	常住人口数/村庄总人口数	值越小,空心化程度越高
废弃率	废弃宅基地面积/村庄宅基地总面积	值越大,空心化程度越高
空置率	空置宅基地面积/村庄宅基地总面积	值越大,空心化程度越高
空废宗地集聚度	$[g_{ii}/\max - g_{ii}] \times 100$*	值越大,空废宗地越集中

* McGarigal K, Cushman S A, Neel M C, Ene E, 2002. FRAGSTATS: Spatial Pattern Analysis Program for Categorical Maps. 转引自龙花楼等. 2009. 中国空心化村庄演化特征及其动力机制. 地理学报, 64(10): 1203—1213

五、陇中黄土丘陵区乡村聚落的空废化—秦安县的实证分析

1. 乡村聚落空废化的基本类型

(1) 空心村现象

空心村又称空壳村或空洞村,是对乡村聚落在空间扩展过程中表现出的"新宅

院不断向外围发展而村落核心的老宅院被逐步空废"的现象的称谓。秦安县地处陇中黄土丘陵区,受复杂地形条件、农村土地制度变革(家庭联产承包责任制的实施)、城镇化及乡村社会转型等多种因素的影响,村庄空心化问题自20世纪80年代中期开始显现,近十余年来日益突出(图5-23)。从村庄空心化衡量指标分析,秦安县村庄户籍人口密度和空废宗地集聚度较低,主要是受黄土丘陵区破碎复杂的地形条件的限制和影响,而村庄常住人口比重的下降以及废弃率和空置率的提高,则主要受城镇化及乡村社会转型等因素的驱动和影响。村庄废弃宅院的增加主要基于以下两种基本情形:一是部分农村居民家庭在有了一定经济基础后,为了改善居住和生活条件,在村庄外围修建了新宅院,但旧宅院并未拆除,即所谓"建新不拆旧";二是一些农村居民家庭的子女已全在城镇稳定就业并定居,父母已随子女在城镇生活或已离世,但仍保留着原有农村宅院。从村庄空心化过程中村庄的空间扩展特征分析,秦安县位于黄土丘陵山区的村庄,其扩展尽可能指向有扩展空间的场所,空间扩展情景散乱而复杂;而位处河谷川道的村庄,其扩展一般具有明显的交通指向性和河流指向性,新建宅院主要沿交通线和河流布局。

(a) 叶堡乡吴沟村　　　　　　　　(b) 叶堡乡吴沟村

(c) 叶堡乡吴沟村　　　　　　　　(d) 王甫乡梁岘村

图5-23　秦安县乡村聚落的空废现象

(2) 果园"瓜房"的空废现象

秦安县气候条件适宜瓜果生长,苹果、蜜桃、脆瓜等瓜果种植面积较大。从20

第五章 乡村聚落的空间演变

世纪80年代中期开始,秦安县所在的葫芦河流域瓜果种植面积迅速扩大,出于管理和瓜果临时储存、出售的需要,家家户户几乎都在自家的果园里修建了简易的房屋(当地人称之为"瓜房")。进入90年代以后,一方面,由于当地群众生活逐渐富余,瓜果偷盗现象几近消失;另一方面,由于种植面积的扩大,瓜果销售方式由原来的以在公路旁摆摊设点为主转变为以到附近市场和定点收购点出售为主,导致"瓜房"失去了原有功能,但"瓜房"并未因此而被拆除,因而造成果园"瓜房"的空废现象和土地资源的巨大浪费。

(3) 聚落废弃式整体迁移现象

聚落废弃式整体迁移现象多由滑坡等地质灾害引起。滑坡是黄土丘陵山区易发和常见的地质灾害之一,一旦发生或发现灾害前兆(如地面开裂),村庄的迁移便具有整体性与同时性。调查发现,秦安县刘坪乡墩湾村上拉脊组在1999年因村庄地面开裂且极可能发生滑坡灾害,在当地政府的组织下,全村63户中有35户整体搬迁;2006年6月下旬,秦安县安伏乡大坪村渠沟组因暴雨引起山坡大面积开裂,当地政府积极组织村庄整体搬迁(图5-24)。在实地调研期间(2006年7月),乡村干部正在进行新村选址和搬迁动员工作。需要强调和说明的是,村庄整体迁移后,废弃聚落的土地往往得不到整理和开发利用,造成土地资源的严重浪费。

(4) "候鸟式"家庭的宅院空置现象

"候鸟式"家庭的宅院空置现象是由农村转移劳动力的两栖性和不稳定性造成的。该群体一年大部分时间在外务工,部分家庭甚至举家在外,因而村中宅院居舍基本空置。由于秦安县农村剩余劳动力多,劳务输出数量庞大(近10年来每年均在10万人次以上,占全县总人口的比重约为20%~25%),由此引发的宅院空置现象较为普遍和突出。如秦安县墩湾村庄子场组,村庄共有44户家庭,全村原有耕地2100亩,退耕还林1030亩,因退耕还林面积大,人均现有耕地仅为0.5亩。全村321人中有266人外出务工,外出务工人数占村庄总人口的比重超过80%,全村均为留守家庭或候鸟式家庭,宅院空置现象十分突出和典型(图5-25)。

图 5-24 废弃式整体迁移村庄——
安伏乡大坪村渠沟组

图 5-25 "候鸟"村庄——
刘坪乡墩湾村庄子场

(5) 乡镇驻地单位的土地超度占用现象

农村实行联产承包责任制后,乡(镇)干部队伍迅速膨胀,机构越来越大。据统计,目前全国乡级财政供养人员达 870.9 万人,每个乡(镇)平均约 200 人。在秦安县,各乡(镇)政府平均干部数量也已达到 59.8 人。乡(镇)政府驻地除乡(镇)政府之外,还有国税所、地税所、财政所、工商所、农科站、兽医站、计生站、派出所、土地所、信用社等许多派驻小单位,形成所谓的七所八站。许多派驻单位仅有数名工作人员,但在不少乡镇,这些小单位均独立成院并占用大量土地,配置从办公到生活的各种设施,人均建设用地指标严重超标,造成土地资源的超度占用和巨大浪费。

2. 乡村聚落空废化现状

乡村聚落空废化是聚落空间扩展和乡村社会发展过程中面临的突出问题之一。根据实地调研,秦安县乡村聚落空废化现象较为普遍(表 5-19)。在河谷川道地区,主要表现为农户向公路两侧迁移,导致原有聚落宅院废弃,同时果园"瓜房"的废弃现象十分普遍,乡(镇)政府驻地小单位滥用土地的现象较为突出;在黄土丘陵山区,人口迁移(包括跨省区、跨地区和近距离等多种类型)和新建宅院向聚落周围的扩散等现象,导致聚落空废化和空心化现象日益突出。在聚落空废化现象较为突出的村庄,聚落空废化不仅造成了土地资源的严重浪费、聚落环境和聚落景观的日益恶化,同时也引发出一系列社会问题。

表 5-19 秦安县乡村聚落空废化现状调查

乡镇	调查村庄	总户数(户)	废弃宅院数(个)	废弃宅院数所占比例(%)	废弃原因
叶堡乡	程沟村	159	5	3.14	3 户认为原住宅风水不好而向村周围搬迁;2 户因在外地工作而废弃原住宅
	侯滩村侯滩组	105	5	4.76	因交通、经商方便全部搬迁到公路两侧,原有住宅废弃
	侯滩村秦咀组	102	20	19.61	16 户迁至山下的公路两侧,4 户迁往外地
	窦沟村	149	2	1.34	迁往银川
	程崖村	68	8	11.76	迁往银川、兰州、青海等地

第五章 乡村聚落的空间演变

续表

乡镇	调查村庄	总户数（户）	废弃宅院数（个）	废弃宅院数所占比例（%）	废弃原因
郭嘉镇	寺咀村二组	66	4	6.06	因交通、用水不便从山上迁至山下公路附近
刘坪乡	墩湾村上拉脊组	63	35	55.56	滑坡
刘坪乡	墩湾村庄子场组	44	44	100.00	全村原有耕地 2100 亩,退耕还林 1030 亩,因退耕还林面积大,现人均耕地仅为 0.5 亩,全村 321 人中有 266 人外出打工,全村每户非留守家庭即为候鸟式家庭,宅院空置、空闲现象十分突出和典型
王甫乡	马庄村斜道组	44	1	2.27	迁往外地
安伏乡	大坪村渠沟组	131	131	100.00	因地面开裂可能滑坡,全村准备整体搬迁到安伏乡政府驻地附近

3. 空心化村庄的整治

村庄空心化现象是乡村社会经济发展到一定阶段的产物,世界许多国家在发展过程中都曾面临与乡村社会转型相关的乡村衰微及村庄空心化等问题。所不同的是,由于中国乡村地域广阔,乡村人口众多,乡村聚落数量庞大,在长期的城乡二元结构背景和近十余年来日益加快的城市化背景下,中国村庄空心化问题显得比其他任何国家更为复杂、突出和严峻。

近十余年来,随着我国村庄空心化问题的日益凸显和学术界对村庄空心化问题日益关注,我国政府部门也日益重视村庄空心化及其带来的一系列突出问题。2004 年 10 月,国务院颁布的《关于深化改革严格土地管理的决定》提出:要实行强化节约和集约用地政策,加强村镇建设用地的管理。按照控制总量、合理布局、节约用地、保护耕地的原则,编制乡(镇)土地利用总体规划、村庄和集镇规划,明确小城镇和农村居民点的数量、布局和规模。鼓励农村建设用地整理,城镇建设用地增加要与农村建设用地减少相挂钩。农村集体建设用地,必须符合土地利用总体规划、村庄和集镇规划,并纳入土地利用年度计划,凡占用农用地的必须依法办理审批手续。禁止擅自通过"村改居"等方式将农民集体所有土地转为国有土地。禁止农村集体经济组织非法出让、出租集体土地用于非农业建设。改革和完善宅基地审批制度,加强农村宅基地管理,禁止城镇居民在农村购置宅基地。引导新办乡村工业向建制镇和规划确定的小城镇集中。在符合规划的前提下,村庄、集镇、建制镇中的农民集体所有建设用地使用权可以依法流转。

2008年10月颁布的《全国土地利用总体规划纲要(2006—2020年)》,提出了未来15年我国土地利用的目标和任务。确定了耕地保有量、基本农田面积、城乡建设用地规模、新增建设占用耕地规模、整理复垦开发重大工程补充耕地规模、人均城镇工矿用地等六大约束性指标。强调本世纪头20年,是经济社会发展的重要战略机遇期,也是资源环境约束加剧的矛盾凸显期。必须科学分析全面建设小康社会和全面参与经济全球化的新形势,深刻把握工业化、信息化、城镇化、市场化、国际化深入发展的新要求,充分认识土地利用和管理面临的挑战,围绕提高建设用地保障科学发展的能力,严格控制建设用地规模,科学配置城镇工矿用地,整合规范农村建设用地,保障必要基础设施用地,优化建设用地结构和布局,加强建设用地空间管制,促进国民经济又好又快发展。在整合规范农村建设用地方面,《纲要》明确提出,要积极支持新农村建设,按照新农村建设的要求,切实搞好乡级土地利用总体规划和镇规划、乡规划、村庄规划,合理引导农民住宅相对集中建设,促进自然村落适度撤并。重点保障农业生产、农民生活必需的建设用地,支持农村道路、水利等基础设施建设和教育、卫生、人口计生等社会事业发展;加强农村宅基地管理,合理安排农村宅基地,禁止超标准占地建房,逐步解决现有住宅用地超标准问题。农民新建住宅应优先安排利用村内空闲地、闲置宅基地和未利用地,村内有空闲地、原有宅基地已达标的,不再安排新增宅基地;引导和规范农村闲置宅基地合理流转,提高农村宅基地的利用效率。稳步推进农村建设用地整治,按照尊重民意、改善民生、因地制宜、循序渐进的原则,开展"田水路林村"综合整治,加强对"空心村"用地的改造。到2020年,完成农村建设用地整理90万 hm²。国家相关政策法规的制定和出台,为包括空心化村庄整治在内的农村建设用地整治提供了基本思路和依据,也提出了空心化村庄整治所应坚持的基本原则。

空心化村庄整治是缓解人地矛盾、促进农村社会经济发展的一项重要举措,其实质是保护耕地,提高农村土地利用集约化水平。近年来,国内学者就空心化村庄的整治模式也进行了分析和归纳(江国逊等,2011),提出了村庄迁移与合并、村庄整体迁移新建等空心化村庄的整治模式(表5-20)。需要强调的是,农村地域广阔,不同村庄的自然条件和社会经济条件千差万别,在空心化村庄整治实践中,应坚持因地制宜的基本原则,切忌在新农村建设和空心化村庄整治中脱离实际,采取"生搬硬套"和"一刀切"的做法。陇中黄土丘陵区自然条件较差,社会经济落后,村庄布局散乱,在空心化村庄整治实践中,应在深入调研的基础上,根据本区域的现实条件,合理选择并创新空心化村庄的整治模式,探索适合本区域自然和社会经济特征的空心化村庄整治模式与途径。

第五章 乡村聚落的空间演变

表 5-20　空心化村庄整治模式

整治模式	对策措施
村庄迁移 与合并模式	对一定区域范围内的村庄规划出相应的中心村,使现有的人口少、规模小、用地大、基础设施落后、分散零乱的空心化村庄向中心村集中,形成较大的中心村或集镇,并将原村庄用地还耕还林
村庄整体 迁移新建模式	当村庄原址受发展条件和地形限制,将村庄迁移至安全区域、交通和用地条件好的地区重建
村庄原址规划 新建模式	在原村址上实施村庄规划,严格限定每户宅基地面积,改变住房结构,向高空发展,以达到集约利用土地的目的
村庄部分 迁移改造模式	依托旧村庄布局,在旧村附近审慎选择一块新的建设用地,将分散的宅基地向新的建设用地中进行搬迁,通过新区的先期建筑拉动旧村改造
村庄原址 整治模式	对于不在撤并范围内规划保留的、用地规模较大、人口较多、旧宅与新建农宅数量相当的村庄进行原址整治改造,通过加强规划,进行村庄内部的空间整理,村容村貌整治和基础设施配套,充分利用旧宅基地、闲置地、废弃地,提高现有建设用地的使用效率
村庄城镇 化模式	村庄城镇化模式属于村庄原址整治模式的一种特殊情况。对于地处城郊甚至城镇建成区内部的村庄可以采用这种整治模式
村庄产业 化模式	对村庄原址整治模式的一种拓展,主要是将原址村庄内的旧宅基地、闲置地、废弃地进行土地资源整合后,与产业结合开发利用

第六章　陇中黄土丘陵区乡村聚落的社会空间

第一节　乡村聚落社会生活空间的类型及特点

聚落是乡村社会的基本单元,蕴涵着乡村社会乡土文化和乡土生活的几乎所有方面,是有一定空间范围和一定内部结构的系统性整体。它既是一种空间系统,也是一种复杂的社会、经济和文化现象,是在特定的地理环境和社会经济背景中人类活动与自然相互作用的综合结果。

一、研究的视角:社会变迁、社会事实与日常生活

乡村社会生活空间的变化与乡村社会的变迁密切相关。社会变迁(social vicissitudes)来源于西方发展社会学和现代化理论,现已成为人文社会科学中普遍使用的一个重要概念。"社会变迁"在社会学中主要是指社会结构的整体性、根本性变迁,它不是指社会某个领域的变化,而是指社会生活具体结构形式和发展形式的整体性变迁。我们如果把社会结构理解为社会生活和社会制度的规律性的(相对)稳定状态,那么社会变迁即可称为社会结构、社会关系、社会生活、社会观念、社会制度的变化(杨建华,2002)。并且这种变迁的实现往往不是通过暴力的强制手段或大规模的群众运动,而是通过发展生产力和确立新的社会经济秩序来完成的。

社会学最初借鉴生物学概念,如"组织""结构""功能"等来认识社会和社会变迁,并构建了基于结构功能主义宏观视角的社会学基本框架。由于中国社会学基础理论的相对贫乏,以往的研究很多是照搬西方社会学的理论、概念和分析方法,并没能使我们对中国现实有很清晰的认识,有时还会产生许多困惑。正如有学者所说,别人的理念成为尺子,而自己成为被裁量的对象,在丧失自我的时候,也丧失了真正发展的可能(项飙,2000)。因此,本研究将从"社会事实"本身入手,研究乡村社会的变迁与乡村社会空间的演变。

关于"社会事实",法国社会学家迪尔凯姆(Durkheim)认为:"社会事实即一切行为方式,不论它是固定的还是不固定的,凡是能从外部给予个人以约束的,或者换一句话说,普遍存在于该社会各处并具有其固有存在的,不管其在个人身上的表现如何,都叫做社会事实"(狄玉明,1999)。在乡村社会变迁过程中,"社会事实"的一个很重要的方面就是"日常生活(everyday life)"(杨建华,2002)。匈牙利女哲学家阿格妮丝·赫勒在《日常生活》一书中,从多方面分析了日常生活的基本结构和

| 第六章 | 陇中黄土丘陵区乡村聚落的社会空间

一般图式的特征。她认为：首先，日常生活具有重复性，是以重复性思维和重复性实践为基础的活动领域；其次，日常生活具有自在性，是以给定的规则和归类模式而理所当然、自然而然地展开的活动领域；另外，日常生活具有经验性和实用性。可将其界定为那些同时使社会再生产成为可能的个体再生产要素的集合。

日常生活至少包括以下3个基本层次：①日常消费活动。衣食住行等以个体的肉体生命延续为宗旨的日常生活资料的获得与消费活动，是日常生活世界最基本的层面。②日常交往活动。杂谈闲聊、情感交流、游戏等以日常语言为媒介，以血缘关系和天然情感为基础的日常交往活动，在日常生活中占据着重要地位，构成了人的日常社会活动。③日常观念活动。是一种非创造性的、以重复性为本质特征的自在的思维活动。它包括传统、习惯、风俗、经验、常识等自在的日常思维（杨建华，2002）。基于上述认识，本研究将从日常生活本身出发，研究黄土丘陵区乡村聚落的社会空间结构，勾勒乡村社会的日常生活活动图式和发展演变。

二、陇中黄土丘陵区乡村社会生活空间的类型与特点

基于以上视角，本文认为：乡村社会生活空间是指乡村居民在一定自然空间范围内所从事的有目的、有意义的各种行为活动及其在区域空间上的表现。根据笔者对陇中黄土丘陵区乡村社会生活的体验观察和调研访谈，结合国内学者对乡村社会生活空间的研究（姜爱萍，2003），可将陇中黄土丘陵区乡村社会的生活空间按以下基本类型进行分析。

1. 生产劳动空间

传统乡村社会的经济是以农为本的自然经济，土地提供了人们最基本和最大量的生活资料，农业活动也就成为传统乡村社会最主要的经济活动。自然经济的基本特征是自给性。乡村的生产、流通、分配、消费等再生产过程也都建立在自给自足、自我循环的基础之上。这种自给性特征的形成是适应传统农业生产力发展水平的，最直接的是生产技术水平的停滞不前，原始的生产工具和生产技术迫使农民一家一户在小块土地上耕作，形成低水平的超稳定型耕作方式和生产技术。限于耕作技术和社会经济结构的限制，自然经济总体生产水平较低，因此又被称为维生型农业（subsistence agriculture）。家庭经济的同构化决定了村落经济的单一化。自然经济模式将农民、家庭及村落与外界联系的要求降到最低限度。每个村落就像一个自给自足的经济单元，它所需要的一切东西几乎都可以从内部得到，这种内向型经济模式以自给自足的家庭为细胞，以村落为核心，以耕作为经济活动空间。自然村首先受自然农业的基础——土地的影响，土壤肥力、土地面积的大小决定了村庄所能承载人口的数量，亦决定自然村落的规模与密度。村落经济圈是以耕作半径为腹地的对外封闭的经济圈。与内向型经济空间相对应，聚落空间系统

便表现出空间分布的均匀性和职能上的同构性。

在历史时期乃至改革开放以前漫长的发展过程中,陇中黄土丘陵区乡村聚落的生产劳动空间狭小封闭,农民"日出而作,日落而息",很少离开自己的家园从事生产劳动。改革开放以来,陇中黄土丘陵区乡村聚落的生产劳动空间发生了较大变化并逐步表现出明显的区内差异。在黄土丘陵山区,乡村居民每年的时间分为农忙时间与农闲时间两个阶段,农忙时间为每年的2月至11月,农闲时间为每年11月至次年2月。在农忙季节,聚落常住人口基本从事传统农业生产(主要包括小麦、玉米、胡麻等传统农作物的种植),并根据农事节气安排生产活动。这部分人群的生产劳动空间仅局限在广义聚落空间范围之内,与历史时期相比基本没有发生变化,宅院、晒谷场、耕地、园地构成其基本的生产劳动空间。另一部分人口为聚落剩余劳动力,每年春节一过,该群体便外出打工,劳动空间扩展到近至省内及周边地区,远至广州、上海等经济发达的东南沿海地区,再到次年春节将至便又返回家中过年,如此周而复始。在河谷川道地区,由于果树与蔬菜种植逐渐占据农业生产的主体,剪枝、除草、施肥、打药、套袋、采摘、出售等劳动投入多,一年之中无明显的农闲时间,同时经济效益较传统农业高,因而外出打工人数较少,果园菜地成为其生产劳动的基本空间。从较长时间尺度分析,由于本区域人口增长较快,人口密度较高,人地关系日益紧张,聚落人口的生产劳动空间普遍经历了向聚落周围不断扩展的过程,当土地资源和传统农业的人口承载力达到极限时,便会因大量农村剩余劳动力的产生而发生生产劳动空间的"飞地式"转移。

2. 市场贸易空间

陇中黄土丘陵区开发历史悠久。在漫长的历史发展过程中,许多地方曾形成了活跃的集市贸易。如历史时期秦安境内集市贸易较为昌盛,秦汉时期秦安县陇城上袁村出土的秦权(秤锤)、五营、莲花等村镇出土的秦半两钱,汉四铢钱、五铢钱就是商品交换的佐证。明清时期,秦安县城市场贸易频繁,已有"草市"和"圩市",贸易兴盛,天天有集,商品范围逐渐扩大。上市商品不仅有粮食、蔬菜、肉蛋、干鲜果、柴草、家畜家禽、盐、茶、农具,而且有土丝、棉布、毛褐子、药材、瓷器、染料等各种日用手工业产品。有的地方还形成了丝圩、谷市、猪市等专业市场,茶馆、饭馆、酒店、旅社、车马店相继出现,并逐年增多。明代秦安全县每月逢集39个,清代全县每月增至176个逢集日,农村市场贸易空间扩展到赤龙山、酸刺坡、莲花、龙山、魏家店、碧玉镇、大寨、陇城、郭嘉镇、王家铺、王千户岭、太平镇等地。民国初年至民国20年(1931)间,秦安县城有米粮、花布业、盐业、纸、百货业、酿造业等二十多个行业,注册商户有六百多家,日日逢集,市场活跃。县域公路通车以后,以前难以进入的货物,如川浙的绸缎,陕西三原、兴平的棉花,西乡的茶叶、景德镇的瓷器,津、沪的布匹,山西的铁货以及其他省市的糕点、海味等商品不断流入市场,县内的

| 第六章 | 陇中黄土丘陵区乡村聚落的社会空间

粮食、清油、土布、木炭、瓜果蔬菜等日益增多,毛褐子等成批销往川、陕,市场贸易空间大为扩展。

新中国成立后的前30年,受国家政策的制约,农村商贸活动跌宕起伏,发展极不平稳。随着"制止投机垄断、实行统购统销、反对弃农经商,打击投机倒把"等政策的实施,农村市场极为萧条,曾经一度几乎处于关闭状态,秦安县域市场贸易及其活动空间受到极大限制。到1968年,全县集市减少到仅有城关、郭嘉、王甫、魏店、莲花、陇城、中山、云山、千户等几处集市;1970年,除了国营商业、合作商业及个别有证商贩以外,政府禁止其他任何人从事商业活动;1972年,禁止大麻、茶叶等24种农副产品,羊毛等6种畜产品,党参、甘草等55种中药材上市。1978年农村改革开放以后,全县市场贸易逐渐得到恢复和发展,粮食市场逐步放开,允许农民上市交易粮、棉、油、肉、禽、蛋等产品。恢复并增加各集市逢集日,进一步开放集市贸易,允许牲畜、猪、羊、木材、手工业品、生活用品等产品上市交易,市场贸易空间得到逐步恢复和扩大(秦安县志,2001)。

区域市场贸易空间与其产业结构水平、产品类型及其商品化率密切相关。现阶段,秦安县乡村聚落市场贸易空间的基本特征是:河谷川道地区市场贸易空间迅速扩大。由于水果蔬菜生产逐步取代了传统农业种植业,产品商品率明显提高,除蔬菜生产供应县域城乡市场外,水果(苹果、蜜桃)的市场贸易空间已扩展到兰州、四川、河南、新疆、广州等地,每年都有外地客商前来进行水果交易,并且在当地出现了专门从事水果交易的经纪人和蔬菜、养殖等行业协会(如郭嘉镇寺咀村二组、叶堡乡侯滩村侯滩组)。相比之下,丘陵山区由于农业产业结构调整步伐缓慢,传统农业仍占较大比重,加之交通落后,信息闭塞,市场贸易空间仍受到较大限制。据调查,秦安县丘陵山区聚落的日常市场贸易空间仍基本局限在附近的集贸市场(乡镇政府驻地),产品商品率低,每年仅有少量农副产品出售,购买商品主要有化肥、农药、地膜等农用物资和日用百货,这种市场贸易情景和特征在陇中黄土丘陵区甘谷、武山、通渭、定西、静宁等其他县区也极为普遍(表6-1)。

表6-1 秦安县农村住户商品购销抽样调查(2004年)

抽样调查点		千户六图	莲花大庄	刘坪墩湾	王甫王甫	王尹张底	王尹革山
调查户数(户)		10	10	10	10	10	10
出售产品	粮食(kg)	0	2250	12 200	1740	0	1632
	油料(kg)	0	0	0	0	0	100
	水果(kg)	12 700	0	0	800	3750	17 000
	肉猪(头)	718	0	0	205	0	0
	家禽(只)	0	800	0	0	0	0

续表

抽样调查点		千户六图	莲花大庄	刘坪墩湾	王甫王甫	王尹张底	王尹革山
购买商品	粮食(kg)	223	136	0	357	614	0
	蔬菜(kg)	403	1707	1428	2718	911	462
	猪肉(kg)	74	130	0	0	76	20
	鲜蛋(kg)	0	53	93	284	61	0
	食糖(kg)	17	45	8	25	17	16
	糕点(kg)	0	158	104	9	0	112
	卷烟(盒)	760	760	1477	1055	852	1246
	白酒(kg)	3	30	13	16	30	25
	服装(件)	34	54	47	16	61	9
	电视机(台)	0	2	0	0	0	0
	砖瓦(块)	0	0	27 000	750	0	0
	煤(kg)	0	8200	10 900	13 309	7730	9520
	化肥(kg)	6880	5940	5310	5752	5130	6250
	农药(kg)	746	550	304	691	1077	654
	农用薄膜(kg)	45	68	56	17	0	50

资料来源：《秦安统计年鉴》(2004年)

3. 教育文化空间

新中国成立以后，秦安县教育文化事业得到了较大发展，但受经济发展水平等因素的影响，秦安县乡村聚落的教育文化空间仍相对狭小。总体来看，秦安县现阶段乡村聚落的教育文化空间呈现出以下特征：①教育资源空间分布不均，学校集中于河谷川道地区。河谷川道地区由于聚落密度高，人口集中，交通方便，因而学校数量较多，集中了全县7所完全中学和27所初级中学(基本分布于县城和乡镇政府驻地)。而在丘陵山区，一个行政村(一般为4~5个自然村且极为分散)仅有一所小学(表6-2)。从小学教育到中学教育，大多数丘陵山区聚落的受教育者便要离开日常居所——聚落去上学，而且从小学到初级中学再到高级中学，离开聚落的距离越来越远。②教育类型以九年义务教育为主，职业技能教育缺乏。除部分河谷川道聚落不定期开展由县、乡政府组织的果树种植和养殖等专业技术培训之外，大部分乡村聚落的教育类型仍基本局限在针对适龄入学人口的九年义务教育。职业技能教育和培训十分缺乏，全县仅有两所农职中学，专业设置狭窄，教学规模较小。③文化娱乐活动少，设施条件差，内容单调。从调查情况看，绝大多数乡村聚落的文娱活动仅局限于每年春节的"社火"与方圆数村(民间按"方"或"社"来划分)出于祭祀目的的"庙会"。据统计，全县规模较大的庙会有104个，主要分布于县域

第六章 陇中黄土丘陵区乡村聚落的社会空间

较大的村庄,时间主要集中在春秋两季的传统节日,一般为4~6天,通常邀请省内外的秦剧团到会演出。规模小的通常演皮影。此外,截至2004年底,全县仅有10个农村文化室、15个农村公共图书馆,不仅总量少,覆盖面小,而且图书资料不足,活动内容单调。由于文化娱乐活动贫乏,每到农闲时间,一些村庄便会出现赌博、酗酒等不良现象。但近年来乡村社会电视普及率的提高,有效弥补了乡村聚落文化娱乐的不足,并成为千家万户文化娱乐的主要形式。④源自民间宗教的精神心理空间在聚落精神文化生活中仍占据重要地位。宗教信仰是中国传统村落精神文化空间的重要影响因素,至今仍对乡村聚落的精神文化生活产生着深刻的影响。民间宗教经过长久的发展,糅合了儒、道、佛的教义,人们信奉的不是一神教,而是多神并存的民间宗教。在中国民间宗教的宇宙观里,包含了三个世界——人间现实环境与超现实的天庭和冥府——即人、神、鬼居住的境地,人们追求的是一种理想的"人界",既祈望得到天庭神灵的赐福、解厄,又希望阴间鬼魂安分守己,不致侵扰人间。因此,祭神在中国古代被看做是理政的重要内容之一,把"事神"作为精神文化生活的重要内容加以重视。

表6-2 秦安县乡村聚落教育文化空间概况(2004年)

教育			文化		
学校类型	学校数量(所)	学校分布	类型	数量(个)	分布
完全中学	7	县城与乡镇政府驻地	图书馆	1	县城
初级中学	27	乡镇政府驻地	文化宫	1	县城
农职中学	2	县城	农村文化室	10	乡镇政府驻地
小学	385	各行政村	农村公共图书馆	15	乡镇政府驻地
小计	421		乡村广播电视站	17	乡镇政府驻地

在传统乡村聚落,庙宇不但是村落的重要文化景观,也建构起村民的精神心理生活空间,成为村民寄托希望与平安的象征。1949年以前乃至新中国成立初期,秦安县基本上村村有庙。1958年,县内多数寺庙在破除迷信的过程中被拆毁。1978年以后,由教徒化缘、村民集资重修寺庙,现今县域内寺庙规模已超过了新中国成立前的规模,再度出现了"无庙不成村"的现象(图6-1)。

图6-1 秦安县域的乡村寺庙(左图为王甫村寺庙,右图为梁岘村寺庙)

4. 家庭婚姻空间

近代西方社会学家将家庭划为"核心家庭""扩大家庭""复合家庭"和"异常家庭"四种类型。"核心家庭"是由夫妻双方加上未成年子女组成的家庭形式;"扩大家庭"是以"核心家庭"为基础形成的两代以上直系亲属家庭,夫妇和他们未分家的已婚之子以及孙辈形成祖、父、子三代家庭;"复合家庭"是两个以上"核心家庭"组成的家庭,兄弟或数名子孙成家而未分家的大家庭;"异常家庭"是单人家庭、同居家庭等。中国封建社会家庭可分为个体家庭(相当于"核心家庭")、直系家庭(相当于扩大家庭)及数量不多的家族家庭(相当于复合家庭)。个体家庭通过生育繁衍,发展扩大为直系家庭。直系家庭继续发展,又裂变、分化出更多的个体家庭。

改革开放以来,随着乡村社会经济条件的巨大变化,秦安县乡村社会的家庭婚姻生活空间发生了明显变化,主要表现在:①家庭规模由大变小,大家庭观念逐渐淡化。调查发现,绝大多数家庭结构已由过去的以三代户为主逐渐转变为以二代户为主(表6-3),家庭人口规模由改革开放前的6～9人逐步减少为3～5人。如王甫乡梁岘村共有100户人家,四代同堂、兄弟妯娌一起生活的"家族式"大家庭仅有1家,四代家庭仅有2家,父母与一个已婚子女共同生活的"主干式"家庭有30户,由两代人组成的"核心式"小家庭有67家。②婚姻观念发生了改变。表现在青年人婚姻自主意识逐渐增强,包办婚姻比重降低,自由恋爱婚姻比重上升,婚姻自主结合率提高。父母对儿女的婚事只有参考权而没有决定权,恋爱自由,婚姻自主的观念和崇尚感情婚姻的社会氛围已经形成。③通婚圈不断扩大。从葫芦河流域乡村聚落老中青三代人的通婚空间来看,通婚圈不断扩大的趋势十分显著,逐渐由乡域、县域扩展到县域以外的广大空间。特别是随着近年来外出打工青年人数的增加和打工地域的不断扩展,青年人与外界接触的机会逐渐增多,因而恋爱婚姻的范围已扩展到市外甚至省外,远远超越了传统婚姻空间的界限。④婚姻空间的城乡界线依然十分明显。传统农村地区的婚嫁讲究"门当户对"。在调查的12个村庄(1131户)中,农村女青年嫁到城里(主要为县城)的数量仅有63个、农村男青年"嫁"到城里和城里青年人(包括男性与女性)到农村落户的情况极少,其中城里青年人到农村落户的仅有2个。虽然近年来农村女青年嫁到城里的数量有所增多(主要原因是县城多数单位的工作人员以男性居多),但所占比重较低。此外,婚姻形式上,男方"倒插门"到女方的情况也较少,在调查的1131户农户中仅有32家。

|第六章| 陇中黄土丘陵区乡村聚落的社会空间

表 6-3　秦安县乡村聚落家庭结构抽样调查(2006 年 7 月)

村庄	总户数	两代家庭 户数	两代家庭 占比重/%	三代家庭 户数	三代家庭 占比重/%	四代家庭 户数	四代家庭 占比重/%	"家族式"大家庭 户数	"家族式"大家庭 占比重/%
叶堡窦家沟	149	101	67.79	40	26.85	8	5.37	—	—
叶堡秦咀	102	76	74.51	26	25.49	—	—	—	—
叶堡程崖	68	40	58.82	25	36.76	3	4.41	—	—
叶堡侯滩*	105	37	35.24	53	50.48	6	5.71	—	—
叶堡程沟	159	113	71.07	39	24.53	7	4.40	—	—
郭嘉寺咀	66	43	65.15	20	30.30	3	4.55	—	—
刘坪上拉脊	63	33	52.38	23	36.51	5	7.94	2	3.17
刘坪庄子场	44	26	59.09	13	29.55	5	11.36	2	4.55
安伏大坪	100	68	68.00	31	31.00	1	1.00	—	—
安伏渠沟	131	92	70.23	34	25.95	5	3.82	—	—
王甫梁岘	100	67	67.00	30	30.00	2	2.00	1	1.00
王甫马庄	44	23	52.27	18	40.91	3	6.82	—	—

* 该村改革开放以后经济发展较快,家庭子女较少,因而三代"主干式"家庭占有较大比重,其中有 9 户为父母单独生活

5. 社会交往空间

社交活动与区域社会、经济和文化特征密切相关,是人类社会生活的重要组成部分。传统乡村聚落社会交往空间狭小,村民的社会交往空间基本局限在村域范围。村界虽然没有围墙,但在村民心理上却形成隐形的障碍线,从而对村民的行为形成心理约束,因而聚落的多种行为活动都是在封闭的乡村系统中进行的。关于封闭,哲学家爱默森曾作过这样的描述:它既是一个关系圈,又是一个平衡网,所有的行为者都在这个网里彼此进行交换。乡村封闭系统主要表现为心理封闭、地域封闭、行为封闭。

根据调查,现阶段秦安县乡村聚落的社会交往空间具有以下基本特征:①社交活动受到传统农耕文化的深刻影响。秦安县是我国农耕文明的发祥地之一,传统农耕文化源远流长,对本区域的影响十分深刻。受"封闭内敛"的中国传统农耕文化的影响,该区域乡村社会的社交意识淡薄,思想心理封闭,交往空间狭小。在许多传统农业仍占据主导地位的山区聚落,村民对土地的过分依恋直接束缚了其对外交往的欲望和思维空间,思维方式趋向纵向比较(仅仅将现实与过去相比)而缺乏横向比较,往往导致其贪图安稳生活并安于现状,缺乏地域间的交流。②聚落住户之间的交往以邻里交往和家族内部的交往为主。据调查,秦安县乡村聚落的主体大都由 1~2 个姓氏家族构成,杂姓住户数量较少(聚落主体姓氏往往与地形特征结合在一起构成聚落的名称,如周家堡、邓家坪、杨家湾、伏家崖、徐家嘴、路家坡、任刘家、任吴家等)。在抽样调查的 12 村庄中,主体姓氏占聚落总户数的比重平均为 78%,其中 2 个村庄为单一姓氏(表 6-4)。居住空间上的相邻、血缘关系的

联结以及生产生活中协作互助是邻里交往和家族内部交往较多的原因。在家族内部的交往中，交往频度随着血缘关系的疏远而逐渐减少。③不同年龄群体的社交空间分异现象显著。表现在老年人、中年人和青年人等不同年龄的群体具有各自不同的交往空间，交往空间具有随着年龄的趋小而不断扩大的趋势。老年人的社交活动空间很少超出聚落范围，而且基本局限在同聚落的老年群体之中，交往频率较低，"拉家常"是其交流的主要内容。中年人的社交空间有所扩大，但也基本局限在"走亲戚，串邻居"这类交往活动上，"六亲交往"与"邻里交往"构成该群体社交活动的主体。相比之下，青年人的社交空间则大为扩展，同学或外出打工期间结识的朋友是该群体交往的主要对象，除了表达友情之外，知识与信息交流成为其交往的主要目的。④社交活动具有明显的时间集中性。根据调查，葫芦河流域乡村聚落的社会交往基本集中在农闲时间，而且以正月上旬最为集中，正月上旬"走亲访友"已形成传统。⑤聚落内部的公共活动空间日益退化。传统聚落在历史时期多以宗祠、戏台、风水树、碾台、井台等为公共活动空间。在新中国成立以后的集体化生产阶段，由于布置生产、"社员"开会等集体活动增加，"大队部"、学校、打麦场等成为乡村聚落的主要公共活动空间。生产责任制实施以后，由于乡村聚落集体活动的减少和公共意识的淡化，一些公共活动空间被逐渐分割、挤占。同时由于"包产到户"后农民投入生产劳动的积极性提高，闲暇时间减少，以往人们在茶余饭后三五成群聚集于村头巷尾杂谈闲聊的景象逐渐消失，因而聚落内部的公共活动空间日益退化。⑥社交活动受到道路交通等基础设施条件的明显影响。秦安县地形条件复杂，支撑聚落与外界联系的道路交通条件较差，交通不便直接限制着乡村聚落的对外交往。以土路为主，蜿蜒曲折的乡村道路，一到雨雪天气，村民与外界联系的通道便被阻断。近年来，随着乡村电话普及率的逐步提高，乡村聚落对外联系的方式发生了较大的变化，社会交往空间也有了较大扩展。

表6-4 秦安县乡村聚落姓氏结构抽样调查

村庄	总户数	姓氏1 姓氏	姓氏1 户数	姓氏2 姓氏	姓氏2 户数	姓氏3 姓氏	姓氏3 户数	姓氏4 姓氏	姓氏4 户数
叶堡窦家沟	149	程	73	赵	67	王	5	钱	4
叶堡秦咀	102	秦	102	—	—	—	—	—	—
叶堡程家崖	68	程	48	庞	16	杨	2	寇	2
叶堡侯滩	105	侯	84	蔡	16	孟	3	高	2
叶堡程沟	159	程	112	赵	45	王	1	逯	1
郭嘉寺咀	66	汪	52	李	8	王	2	庞	3
刘坪上拉脊	63	陈	50	周	7	蔡	6	—	—
刘坪庄子场	44	刘	17	罗	13	李	8	吴	6
安伏大坪	100	牛	83	龚	13	王	3	刘	1
安伏渠沟	131	牛	122	王	8	刘	1	—	—
王甫梁岘	100	梁	94	周	2	连	4	—	—
王甫周家斜道	44	周	44	—	—	—	—	—	—

| 第六章 | 陇中黄土丘陵区乡村聚落的社会空间

在现实生活中,以上五种乡村聚落的社会空间总是密切联系在一起,它们互相交融,互相作用,互相影响,共同组成葫芦河流域乡村社会复杂而具有地域特色的社会生活空间结构(图 6-2)。

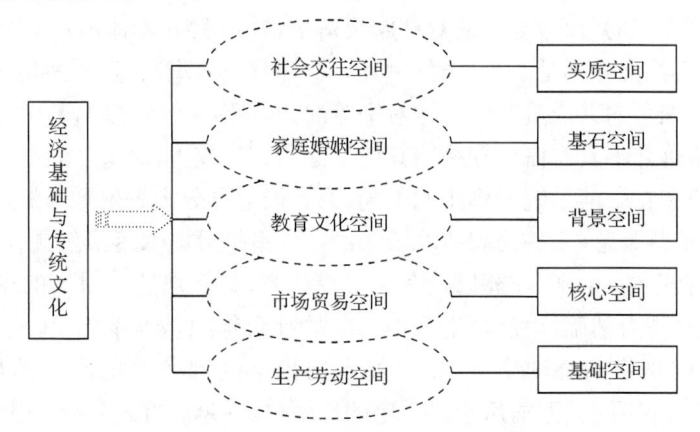

图 6-2　乡村聚落社会生活空间的类型结构

资料来源:姜爱萍.苏南乡村社会生活空间特点及机制分析.人文地理,2003(6)

第二节　乡村聚落的社会空间结构特征

一、历史时期乡村聚落的社会空间结构特征

聚落是人类社会发展到一定阶段的产物。阶级产生以前,人类的居住和组织形式经历了"原始群居—氏族—部落"的发展历程。这些组织都是以血缘关系为纽带联系起来的。但在阶级和国家产生后,血缘关系在居民社会生活中的地位和表现形态出现了重大差异。宗法制度是氏族社会的血缘关系在新的历史条件下演化而成的,但它与氏族社会的血缘关系和文明时代的血缘关系有着本质的区别,前者是原始民主制的基础,而后者是阶级专制的基础(张岱年和方立克,1999)。

血缘关系对历史时期乡村聚落的空间结构形态具有重要的影响。费孝通先生早在 20 世纪 40 年代就指出:"血缘所决定的社会地位不容个人选择","血缘是稳定的力量。在稳定的社会中,地缘不过是血缘的投影。'生于斯,死于斯'把人和地的因缘固定了"(刘沛林,1996)。伴随着人类社会生产力的发展和与之相适应的生产关系的变化,聚落形态及其空间结构也在不断发生着改变,其演进受政治、经济、社会、历史、地理等诸多条件的制约(王鲁民和韦峰,2002)。

1."内聚平等"的原始聚落

原始社会末期人类第一次劳动大分工——农业的出现,直接导致了具有固立特征的人类居所——聚落的产生。氏族聚落与部落聚落是原始社会的基本聚落类型。在原始聚落,人们依据氏族血缘关系结合在一起,各个家庭"异居而同财"(《礼记·丧服·子夏传》)。这一时期,聚落在经济上是自给自足的原始自然经济,聚落内部的平等(集体的公心)与发动对别族聚落的侵夺行为(集体的私心)同时存在。虽然原始聚落社会并不是一种绝对平均的共产制社会,家庭、家族间存在着财富的微小差异,但聚落内部成员之间是相对平等的。在不同聚落之间,有时也会发生冲突,但某一聚落并不具有命令和统治其他聚落的天然权力,聚落之间是平等的。由于结构、规模和在聚落系统中作用的不同,原始聚落可分为内聚平等的氏族聚落和内聚平等的部落聚落(王鲁民和韦峰,2002)。内聚平等的部落聚落具有下列特点:①聚落内包括居住、生产、埋葬以及畜牧场等内容,显示出这一时期的聚落是一个以原始自然经济为基础、生产与生活相结合的社会组织基本单元。②居住区围绕中央空地形成凝聚向心的空间格局,显示出聚落内部各个氏族间的相对平等。③小、中、大三种不同类型的房子以一定的比例,按一定的方式布局,表明这一聚落形态是由小家庭—家族—氏族三级组成的聚落形态。④聚落的四周有壕沟,壕沟内侧有用篱笆或栅栏做成的寨门和望用的哨所,表明这一时期的聚落已具有防御功能,聚落与聚落之间有发生战争的可能性。

以上分析表明,内聚平等的部落聚落是一个由成分单纯的氏族成员构成的对内相对平等、对外相对封闭的聚落形态,各个氏族以大房子为中心形成氏族居地,氏族居地环绕公共空间分布,形成整个部落聚落,体现了氏族之间在生活和生产中的平等协作关系。内聚平等的氏族聚落在时间早于内聚平等的部落聚落,与内聚平等的部落聚落相比,它的结构更简单,规模更小(图 6-3)。

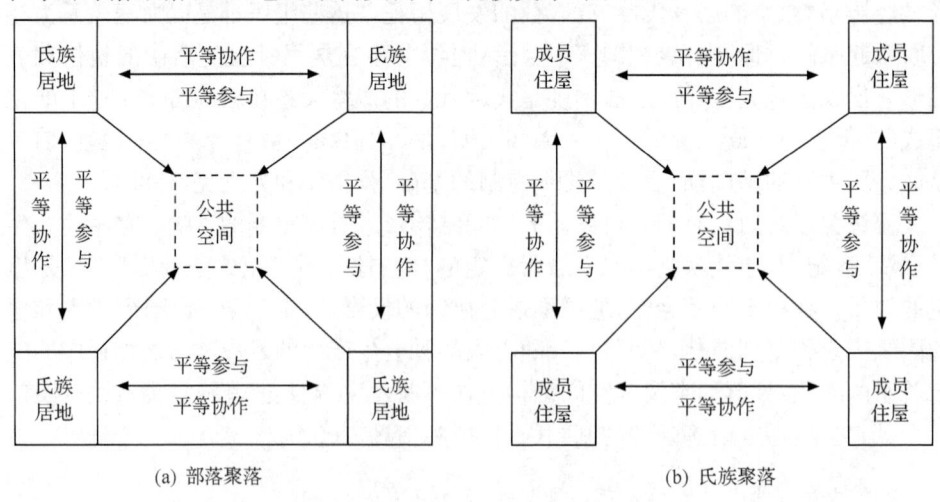

图 6-3 内聚平等的原始聚落形态结构模式

第六章　陇中黄土丘陵区乡村聚落的社会空间

聚落考古发现,秦安县葫芦河流域在仰韶文化早期、晚期和齐家文化时期曾存在有许多原始聚落,主要分布于清水河、显清河、南小河和西小河河谷阶地上。从仰韶文化晚期开始,房屋建筑技术得到发展,聚落建筑均为地上建筑,并以群体形式出现。在齐家文化时期,开始用木构架单坡厦房和双坡拱脊房等地面建筑,形成每户一院,相互连接的空间布局(秦安县志,2001)。

2. "聚族而居"的宗族聚落

宗族聚落是在我国古代宗法制度支配下形成的聚落类型。"族者,凑也,聚也。谓恩爱相流凑也。上凑高族,下至玄孙。一家有吉,百家聚之,合而为亲。生相亲爱,死相哀痛。有会聚之道,故谓之族。"(《白虎通·宗族》班固)。聚族而居是宗族聚落的重要特征,也是历史时期中国农村最主要的居住形态,相沿数千年,几乎涵盖了整个奴隶社会与封建社会的历史(李文治和江太新,2000),并对其后乡村聚落的发展产生了深刻的影响。

(1) 宗法制度的形成、发展及其对乡村聚落空间结构的影响

宗法制度的形成与发展经历漫长的历史过程。早在西周时期,奴隶主贵族为了加强奴隶制国家的统治,在原有家族组织、血缘关系、祖先崇拜的基础上将其系统化,建立起的一套完备的宗子制度,以血缘关系区别嫡庶亲疏、规定长幼尊卑关系,以"宗"统横,以"祖"率纵,利用血缘纽带将族人世世代代、纵横交错维系在奴隶主贵族周围,人们习惯把这种宗子制度称为"宗法制度"。

自春秋至秦,西周宗法制随着世卿世禄制的崩溃而瓦解,尊君而卑臣使得"庙与家具废"。但是宗法观念却渗透人心,以孝悌及尊祖敬宗为核心的尊卑长幼伦理贯穿于整个封建社会。聚族而居的同姓村落或地域,有的是土著旧族在原居地几经沧桑、兴衰隆替发展而成;有的是举族迁徙,在迁移地不断发展积淀而成;也有的是在迁移地经过自然繁衍,不断裂变而成。吴良镛先生曾指出:"从原始时代的树巢土穴到后来的村镇和城市,我们都可以看到聚居的存在和重要性——只有单个建筑的概念,而没有聚居的概念,似乎不可能完整地解释历史上人类的建筑活动"(吴良镛,1989)。

土地关系是制约宗族制发展变化的根源,随着历史时期土地所有制类型的转变,宗法宗族制也表现出不同的特征。经济史学家李文治先生从经济关系的角度将宗法制的发展大致分为三个时期:①由西周至春秋初期,世袭领主制占据统治地位,宗法制体现为贵族宗子制。②东汉后期至魏晋南北朝,世族地主占统治地位。隋至唐代中叶,权贵门阀地主占统治地位。在以上两个时期,宗法宗族制以世家权贵门第为特征,等级性强。③宋代以后,主要是明清时期,占统治地位的是一般宦室及庶民地主,而且庶民地主和官僚地主可以互相转化(李文治和江太新,2000)。这种观点已被学界所认同。

中国现存的宗族聚落大多形成于宋以后，主要集中于明清。这与宋以后封建领主向一般宦室及庶民转化的历史阶段是吻合的。宋以后，中间层次的地主阶级以自己为中心重建了一个宗族组织。经过家与国的共同努力和理论上的不断完善，新的宗族制度日臻完善，最终在全国范围内形成了以祠堂、族长为代表的族权，成为封建社会后期地主阶级在基层的统治工具。在封建社会，宗法宗族制达到顶峰，尊卑有序、长幼有别的礼制观念和等级制度成为稳定传统社会的历史法则，在某些历史时期起着相当大的作用。它之所以具有如此强大的生命力，是与国家的鼓励政策和小农经济占统治地位的经济特征分不开的。在政治上，为了维护封建政权和维持社会的安定，国家对累世同居的大家族采取鼓励政策；在经济上，受封建土地关系的制约，农村经济十分脆弱，一家一户是一个生产单位，也是一个消费单位，他们的生存依靠父子兄弟的辛勤劳动和相互协作。在一定历史条件下，农民很难摆脱宗族共同体的支配和制约。这种制约不仅表现在经济的依附和思想意识的尊崇上，也必然会在村落的布局结构及居住形式上反映出来。

(2)"聚族而居"的聚落空间结构特征

宗族是人们在"聚族而居、各家各灶"的"家"的基础上，通过"立宗收族"的手段组成的社会群体组织。人类学家林耀华先生指出："宗族乡村是乡村的一种，宗族为家族的伸展"(2000)。宗族聚落的空间结构具有以下基本特征：①从构成要素分析，宗族聚落由祠堂、族长、房族、庙宇等要素组成。祠堂是宗族聚落供奉祖先神主和礼拜祭祀的场所，是宗族的基本标志。礼拜祭祀使宗族成员产生对祖宗的敬畏之感和对宗族的依附之情，唤起对本族血缘关系的认同。族长是公众根据辈分、品德、官爵、财禄等推举的族权的代表，又称宗长、族正、祠长、户长等。族长在宗族中地位很高，行使着族内主持祭祀、行政、教化、裁判、财政等特权(唐明，2002)。②从组织结构分析，宗族聚落以血缘关系为纽带构建宗族的组织结构。宗族人口比家族多，血缘关系较为复杂，通常按照血缘关系的亲疏构建宗族组织，形成"族—房—户"，"族—支—房—户"等组织结构模式(图6-4)。③从空间结构分析，宗族聚落的空间布局明显体现了宗法制度的等级思想和尊卑关系，宗族内部联系密切。宗族聚落在形成之初，一般由一个家族或同氏的数个家族组成，村落空间结构也比较简单。当宗族聚落还处在较小规模的时期，同族之间在各方面都有密切的联系，出入相友，疾病相扶，有无相贷，饮食相招，婚嫁相谋(唐明，2002)。由于血缘关系的联结，村中涉及公共利益的重大建设，如造祠、选址、建屋、修庙等，都会由宗族整体组织规划，形成反映等级和尊卑关系等宗族文化的形态与社会空间结构。④宗族聚落随人口的不断增长而逐渐分化。随着宗族人口的增长，宗族每一支系的家庭不断发生裂变，宗族代际逐渐增多，宗族规模不断扩大。当宗族聚落发展到一定规模时，过于庞大的村落给生产带来了诸多不便，宗族内部不可避免地产生矛盾，致使宗族聚落走向分裂(马航，2006)，形成以原始"支""房"为基本单元，分布于村庄

| 第六章 | 陇中黄土丘陵区乡村聚落的社会空间

不同方位的住宅组团,村落结构趋于稳定。同时,居住空间发生社会分离,同一"支""房"内部联系密切,而不同"支""房"之间的关系则逐渐疏远。

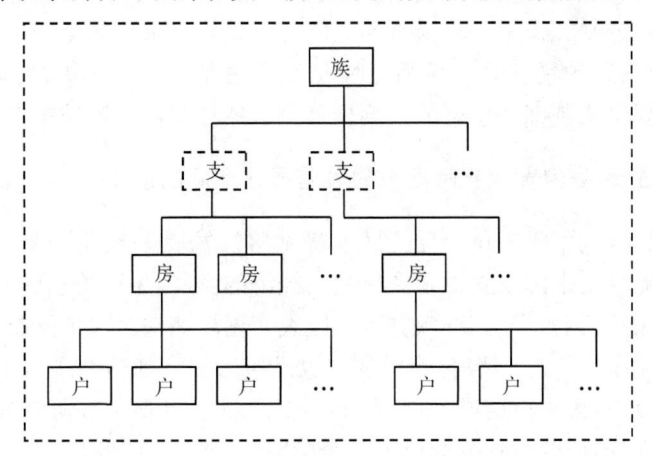

图 6-4 宗族聚落的组织结构模式

宗族聚落是一定历史阶段的产物。它既是宗族思想在聚落组织和空间结构上的反映,也是人地矛盾缓和时期人地关系的表现。随着人口数量的不断增长,人地矛盾日益凸现,聚落空间结构在人口因素的驱动下不断发生变化(图6-5)。

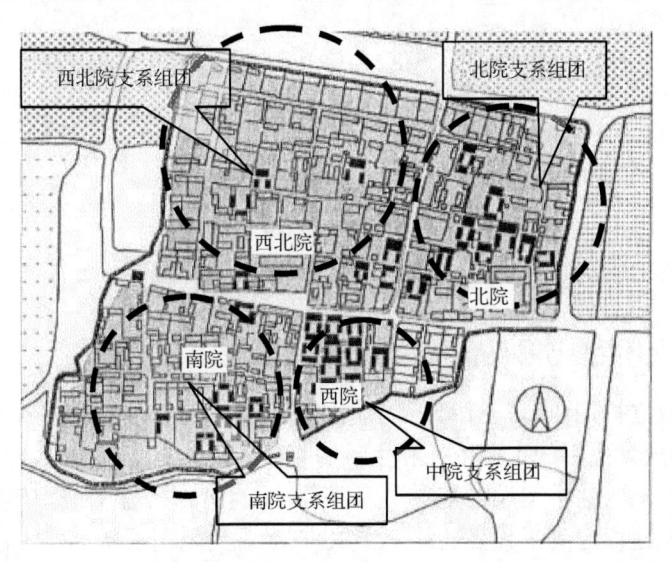

图 6-5 北方宗族聚落的典型空间结构——山西襄汾县丁村
资料来源:唐明.血缘·宗族·村落·建筑——丁村的聚居形态研究.2002.西安:西安建筑科技大学

历史资料记载,宗法制度确立于西周时期,而周人最早生活在渭水以北的黄土高原,有着悠久的农业生活传统,宗族关系在社会生活中占突出地位,这一点恰恰成为周代确立宗法制度的基础(张岱年和方克立,1999)。《尚书大传》说:"周公摄政,一年救乱,两年克殷,三年残奄,四年建侯卫,五年营成周,六年制礼作乐,七年致政成王"。周公制礼作乐一项最重要的内容就是确立宗法制度。由此可知,地属渭河以北黄土高原的秦安县葫芦河流域是受宗法制度最早影响的地区。据此推断,反映和体现宗法制度与思想的宗族聚落也必然在葫芦河流域曾广泛存在。

二、新中国成立后陇中黄土丘陵区乡村聚落居住空间的演变

新中国成立以后,陇中黄土丘陵区乡村聚落的发展进入到一个新的阶段。以秦安县为例,随着新中国成立以来乡村社会经济的发展、生产关系的变革和人口的增长,乡村打庄基,盖新房的越来越多,家庭裂变逐渐加快。改革开放以来,秦安县有20%～25%的农户盖了新房,农村住户也迅速增加。到2004年,全县乡村住户已达到11.3万户,大小村庄已发展到1627个。新中国成立后陇中黄土丘陵区乡村聚落居住空间的演变可划分为以下几个阶段(图6-6和图6-8)。

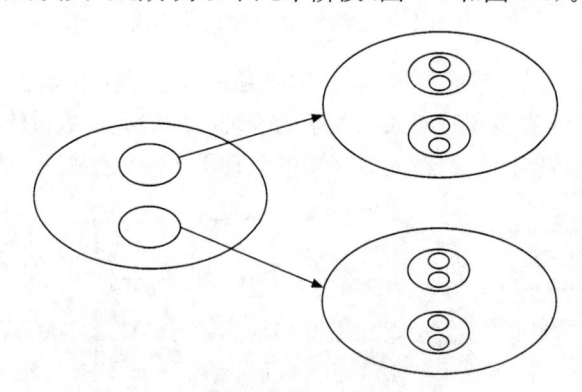

图 6-6 传统型家庭的分裂衍生模式
资料来源:雷振东. 整合与重构——关中乡村聚落转型研究. 西安建筑科技大学博士论文,2005

1. 传统乡村社会阶段(1949～1956年)

新中国成立初期(1949～1956年),土地仍为私有,社会生产和生活均以"家"为单位,土地成为生存的主要依托和生活的唯一来源。在该阶段,乡村社会对外封闭,经济落后,缺乏住宅建设的基本动力因素。在生产关系上,家庭依赖于家族,家族自治对住宅建设起到了较强的约束作用,在客观上限制了新宅院的建设,住宅建设基本为在旧宅基上进行的改建和扩建。在居住空间结构上,"同堂聚居"的大家庭生活方式和"聚族而居"的家族式居住空间组团现象较为普遍,乡村社会的传统文化观念仍十分浓厚,小农经济特征和传统文化习俗仍是制约乡村聚落居住空间结构的主要因素。

第六章 陇中黄土丘陵区乡村聚落的社会空间

2. 居住空间的缓慢扩展阶段(1957～1978年)

在该阶段,农村社会处在以公有制为基础的人民公社化时期。从1956年开始,在国家的号召下,农村开始走合作化道路,通过成立生产互助组、建立初级农业合作社和高级农业合作社,逐渐形成集体化生产组织形式。在公有制体制下,生产和生产工具由集体统筹,传统乡土社会家族的地位被集体取代,家族制逐步瓦解,封建礼俗规范削弱。与此同时,家族内部矛盾增多,平权意识增强,小家庭对家族的依赖性随即减小,联合家庭及主干家庭开始分裂,独立核心家庭渐趋普遍。在该阶段,一方面,人口剧增,家庭分裂,居住面积不足,居住生活条件恶化;另一方面,在重生产、轻生活的指导思想下,政府和集体对住宅建设采取严格的控制措施,"一个宅院,多个家庭"居住格局非常普遍,加之"文化大革命"时期社会的剧烈动荡,乡村住宅用地扩张缓慢,为20世纪80年代住宅的大规模集中建设潜伏了隐患。在该阶段,乡村居住空间虽有缓慢的填充式扩展,但基本保持了原有格局。

3. 居住空间的急剧扩张阶段(1980～1989年)

20世纪80年代,农村改革使农村经济发展焕发出巨大活力,农民的生产积极性空前高涨,农村经济得到迅速发展,为乡村住宅建设奠定了经济基础。在该阶段,人民公社化时期被压制的住宅需求极度释放,乡村人口持续增长和乡村社会变化所引发的家庭的增生与分裂空前加剧,农村兴起建房热潮,引起乡村聚落形态空间与社会空间的巨大变化。在该阶段,乡村聚落居住空间以填充式扩展与外溢式扩张的方式先后展开。在80年代初期,农村新建住宅以旧宅院周围的填充式扩展为主;到80年代中后期,聚落内部的填充式扩展受到空间限制,聚落居住空间的扩展基本表现为外溢式扩张,居住空间逐渐分散,传统聚落的居住空间格局被逐渐打破。

4. 居住空间的社会分离阶段(1990年至今)

社会转型是指一个国家或地区由传统社会向现代社会转化所发生的结构性、整体性的转移和变迁。20世纪90年代以来,农村社会经济发展进入了一个新阶段。农村剩余劳动力逐渐增多,转移规模不断扩大,城市化引起乡村社会生活观念、居住观念和生活方式的变革,传统社会逐渐向现代社会过渡,乡村社会进入了社会转型时期。在该阶段,一方面,农民工群体——"生活在城市的农村人"——的产生,使乡村聚落人口出现了居住空间的城乡分离;另一方面,乡村社会致富能手的出现导致农村家庭产生贫富差距,先富裕起来的部分家庭为改善居住条件开始了新一轮的宅院建设。同时家庭规模的日益小型化和人们对住宅区位的离心式偏好,导致居住空间继续向村庄周围外溢式扩展,聚落空心化现象日益显现。与聚落形态空间的空心化相对应,乡村聚落在居住空间上逐渐发生社会分离(图 6-7)。根据对葫芦河流域乡村聚落的调查,具有迁移和扩散能力的往往是富余家庭和年轻群体,而留驻聚落中心的往往是贫困家庭和老年群体,因此,聚落空心化不仅仅标示着聚落在居住空间上的分离,更意味着乡村聚落的社会分化,同时也隐含了社会学意义上旧邻里结构的解体和新邻里单元的建立。在聚落"空心"居住生活的贫困老年群体,不但承受着失却老邻里和子女分家后的孤独,更是整日面对着废弃宅院的残垣断壁,生活在别样的聚落景观之中。

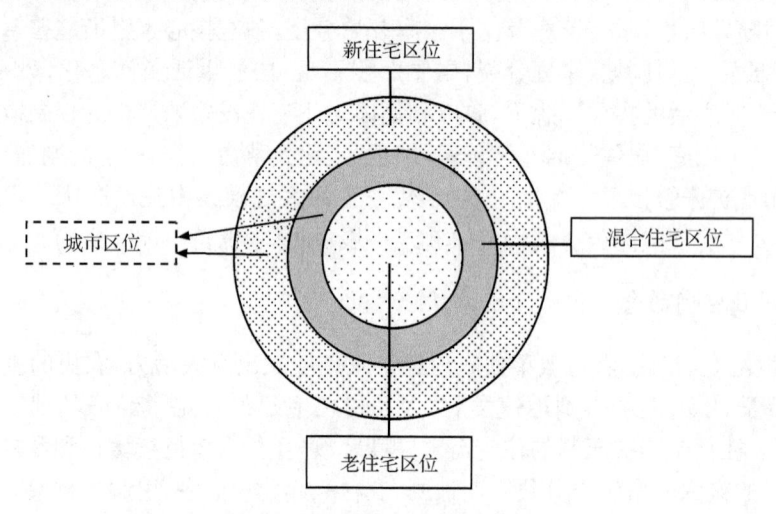

图 6-7 转型时期乡村聚落居住空间的社会分离模式

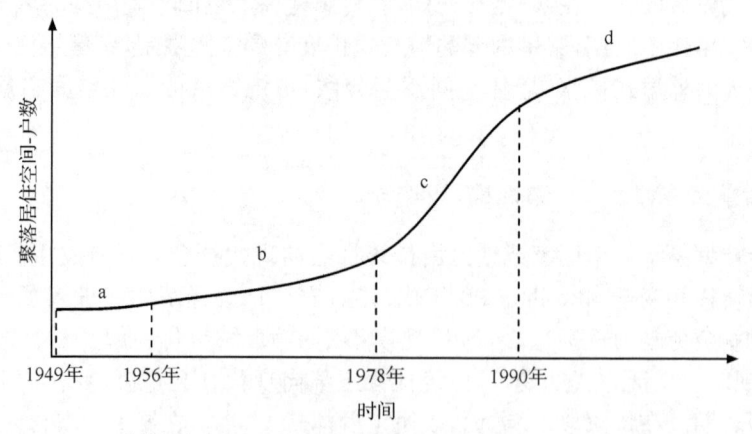

a. 传统社会阶段;b. 缓慢扩展阶段;c. 急剧扩张阶段;d. 社会分离阶段

图 6-8 新中国成立以来乡村聚落居住空间的演变阶段

第三节　乡村聚落社会空间与形态空间的关系

"社会结构的构想,可如齐美尔那样,着眼于其形式特征(formal properties),亦可像韦伯那样,从其实质内容入手"(Blau,1981)。社会空间是社会运动的广延和伸张,是社会系统各要素之间的并存关系及其特点。本章第一节关于乡村聚落社会生活空间的探讨,是基于社会事实与日常生活这样一种视角,其核心是乡村社会生活的实质内容。而乡村聚落社会空间形式特征的分析,一方面可以深化对乡村聚落社会空间的理解,另一方面也有助于分析乡村聚落社会空间与形态空间的关系。

一、社会空间的基本形式

社会空间本质上是人的社会关系、人的活动的社会结构,表现为人的活动的现实条件、并存关系及广度和深度等方面的特征。主体活动的结果基本上有三种类型,即活动中生产出来的实物产品、形成的社会关系和建立的社会制度,并形成物化型社会空间、关系型社会空间和制度型社会空间(唐巴特尔,2002)。

1. 物化型社会空间

人的社会活动本质上是对象性活动,其一般空间结构为"客体—中介—主体"。客体的种类及其空间特征,是主体活动的种类及其广度和深度的一般性客观基础。这是因为在人的活动中,客体的空间特征在很大程度上制约甚至决定着主体活动的空间特征,主体在何种程度上把客体的空间特征内化为自身活动的内部要素,主要取决于主体自己创造的并用于改造客体的复杂的物化中介系统——各种物化形式的工具、装备、设施、语言、符号、知识、理论等的状况。这些物化中介系统,是人的活动共时性展开的现实基础,其特点和状况是决定人的社会活动的领域及其广度和深度的现实条件。广义物化型社会空间泛指人化自然,但现实中的物化型社会空间主要是指各种形式的物化中介系统。社会空间的物化型集中地体现着社会空间的主体性,无论是人化自然还是物化中介系统,都是在人的活动中生成的,都是人的活动的结果。人为了生存和发展,根据客体的特性不断创造、改进和完善各种形式的物化中介系统,使主体在其对象性活动中不断外化、延伸、拓展并完善自己的内部空间。这表明社会空间及其特征既不是从来就存在着的,也不是固定不变的,而是主体在其活动中创造并不断变化和拓展的。

2. 关系型社会空间

物化中介系统既是主客体相互作用的中介,也是主体之间相互作用的物质基础。在改造客体的过程中,主体间形成了复杂的社会关系网络,构成社会空间的另一种基本形式。社会是由人构成的有机体,社会也就是人的各种社会关系的总和,人必须成为一定的社会关系的承担者和一定社会组织的成员时才能进行一定的社会活动。在主体活动中,客体、中介和主体以一定生产关系为基础,形成人的血缘家庭关系、伦理道德关系、经济政治关系和思想文化关系等现实社会关系,构成人的活动的家庭空间、道德空间、经济空间、政治法律空间和思想文化空间。社会空间的复杂性也是社会空间系统性的反映,表现在社会关系具有内在的一致性,它们相互依存、渗透、制约和适应,按照一定秩序构成复杂而广阔的社会关系大系统,其中包含了生产力结构、所有制结构、分配结构、消费结构、阶级结构、政权结构和传统习俗、思想道德、文化教育、意识形态等复杂的子系统。社会分工的不断发展使社会关系不断丰富和复杂化,同时也不断强化着社会关系的系统特性。

3. 制度型社会空间

社会的存在和发展需要稳定,社会活动的正常进行需要一定的秩序,需要相对稳定的社会关系。社会制度是社会关系的规范化,是人们根据自身活动的现实需要制定和规定出来的,是社会主体自觉地调节社会关系的形式和产物,它包括社会活动的所有规则、规章、制度、律令和规范。社会制度按照一定的原则和秩序,依靠一定的社会力量规定人们的权利,规范人们的行为,调节人们的社会关系,形成人们活动的制度环境。

二、乡村聚落社会空间与形态空间的关系

社会空间与形态空间是乡村聚落的两类空间形式,两者之间既有密切的关系,又存在明显的不同。首先,乡村聚落形态空间是社会空间的有机组成部分,是物化型的社会空间。乡村聚落的形态空间不但是乡村聚落各种社会活动赖以开展的空间与场所,也是社会空间范畴中精神文化空间的体现和反映。在聚落发展演变的历史中,"天人合一""风水理论"以及"聚族而居"等聚落营造思想,无不在聚落形态空间上得到反映,并在聚落形态空间上打下深刻的思想文化的印记。现代社会的规划思想和理念,也在引导和规范着城乡聚落形态空间的塑造与构建;其次,聚落形态空间是物质型三维空间,而社会空间则是包涵了多种非物质形态的多维空间。社会空间以差异性、独特性为表现方式和存在形态,是非连续的,具有无限拓展的条件和可能。社会空间可以深入到人的内心世界,在社会心理的层面上开拓无限广阔和深层的社会空间(杨彬,1996)。人的理性和智慧所具有的开拓性和创造性是永无止境的。从人的现实活动来看,由于人的生存、活动和交往方式不同,与自然界发生联系的途径不同,人与人之间互动的强度和频率不同,因而特定社会空间的生成、转换、运行的状态存在着很大的区别,并且在人类的活动中得到无限的丰富和发展;另外,聚落社会空间和形态空间都与自然空间有着密切的联系,自然空

| 第六章 |　　陇中黄土丘陵区乡村聚落的社会空间

间既是聚落形态空间的载体,也是聚落社会空间的母体(图6-9)。

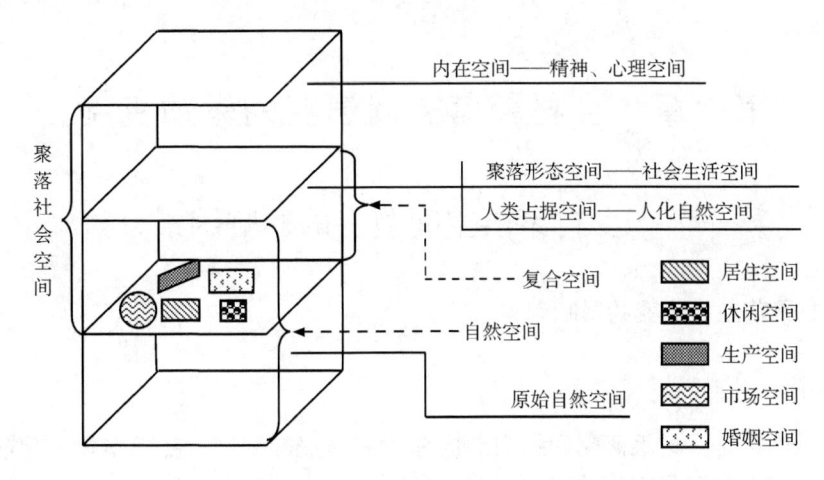

图 6-9　聚落形态空间与社会空间的关系

聚落形态空间存在于自然空间之中,选择并占据着自然空间中适合人类生存的空间,是自然空间中的人化自然。社会空间是自然空间同化、异化和外化的特殊产物,是自然空间所能够演化出的最高级、最复杂的产物(杨彬,1996)。社会空间孕育于自然空间,但社会空间一经从自然空间中脱胎出来,就超越了自然空间的桎梏,摆脱了自然空间缓慢的进化模式,并按自己独特的方式和规则发生着完全不同于自然空间的演化和变迁。聚落形态空间是自然空间与聚落社会空间的共存空间,存在于两者相互作用的复合空间之中。

本章的研究分析表明,聚落是具有一定空间范围和一定内部结构的系统性整体。它既是一个空间系统,也是一个复杂的社会、经济和文化系统。在历史时期乃至改革开放以前漫长的发展过程中,陇中黄土丘陵区乡村聚落的社会生活空间狭小封闭。改革开放以后,生产劳动空间的"飞地式"转移、市场贸易空间的恢复和扩大、教育文化事业的发展、大家庭观念和婚姻观念的转变以及社会交往空间的扩展,使陇中黄土丘陵区乡村聚落的社会生活空间发生了较大变化并逐步表现出明显的区内差异,但经济社会的内向型特征依然十分突出。

血缘关系对历史时期乡村聚落的空间结构形态产生了重要的影响。伴随着人类社会生产力的发展和与之相适应的生产关系的变化,聚落形态及其空间结构不断发生改变,其演进受政治、经济、社会、历史、地理等诸多条件的影响。新中国成立以后,随着经济的发展、生产关系的变革和人口的增长,陇中黄土丘陵区乡村聚落的家庭裂变逐渐加快。特别是改革开放以来,农村住户迅速增加,引起乡村聚落居住空间结构的巨大变化,其发展演变过程可分划为传统乡村社会阶段、居住空间的缓慢扩展阶段、居住空间的急剧扩张阶段和居住空间的社会分离阶段。

第七章　乡村聚落空间演变的驱动机制

第一节　乡村聚落空间演变的影响因素分析

一、乡村聚落空间演变的影响因素

1. 自然因素

自然因素是乡村聚落空间结构形成和发展演变的基础。在陇中黄土丘陵区，自然因素对乡村聚落空间结构的影响主要表现在以下3个方面。

（1）地形条件的限制

一方面，陇中黄土丘陵沟壑区地表破碎，地形复杂，纵横的沟谷与破碎崎岖的地形，影响和控制着乡村聚落空间演变与空间分布的格局，对乡村聚落的空间分布、形态和空间结构具有强烈的影响，除河谷阶地上分布有面积相对较大的聚落之外，丘陵山区破碎的地形极大限制了聚落的空间集聚与扩展，导致乡村聚落不但在空间分布上极为分散，而且规模较小；另一方面，陇中黄土丘陵沟壑区乡村聚落的区位有河谷阶地区位、坡麓坪地区位、谷坡台地区位和梁峁区位共四种区位类型，集聚型、散居型等聚落类型均有分布。位处海拔1400～1800m、坡度5°～20°之间的河谷阶地与坡麓坪地，由于地形相对平坦，交通条件便利，生产生活条件较好，因而是乡村聚落的主要分布区域，聚落密度较高，聚落规模也相对较大。此外，山坡朝向对聚落空间分布具也有明显的影响，聚落大多分布于山体的阳坡。

（2）水源条件的制约

水是人类生存的基本条件之一，水与人类的生存和人类文明的发展密切相关。古两河流域文明（底格里斯河、幼发拉底河流域的文明）、古埃及文明、古印度文明和古中国文明，无不与河流密切相关。作为人类居住生活的基本载体和人类文明最直观的体现，聚落形成与发展与水资源有着密不可分的关系。陇中黄土丘陵区气候干旱，水资源短缺且空间分布差异较大，地表与地下水资源对乡村聚落的形成演变和空间分布具有直接的影响，聚落在空间分布上具有明显的水源指向性，在地表水与地下水资源丰富的区域，往往形成乡村聚落的密集区。

（3）土壤条件的影响

土壤条件是影响乡村聚落空间分布的主要自然因素之一。山前的洪积扇、冲积扇和河漫滩往往聚落密集，除了地势平坦、地下水和地表水资源丰富等有利条件

第七章 乡村聚落空间演变的驱动机制

之外,淤积于洪积扇、冲积扇和河漫滩的肥沃的土壤,对农业生产极为有利,因而也是聚落形成和集聚的重要因素。陇中黄土丘陵区秦安县域黑垆土分布十分广泛,土壤肥力较高,保产耐旱,农业适宜性较强,为农村生产的发展和乡村聚落的广泛分布提供了可能。此外,陇中黄土丘陵区多数区域属温带大陆性半湿润—半干旱季风气候区,除降雨偏少,干旱频繁之外,夏无酷暑、冬无严寒的气候,也非常适合于人类生活。

2. 人文社会因素

人文社会因素是乡村聚落空间结构演变的主要驱动因素。概括起来,影响葫芦河流域乡村聚落空间结构演变的人文社会因素主要包括以下几个方面。

(1) 人口因素

聚落是人口居住、生产和生活的场所,是人口空间分布的载体,人口因素是乡村聚落空间演变最主要的影响因素。首先,人口增长产生的新的住房需求是聚落住宅建设的内部驱动力,住宅建设必然引起狭义聚落空间——村庄形态、面积和空间结构的变化;其次,人口增长导致聚落粮食需求不断增加。在传统农业地区,粮食总产量的增加主要依赖于耕地面积的扩大,耕地面积的扩大必然引起广义聚落空间——村域形态的变化。1949年,秦安县总人口为28万人,1990年全县总人口已增长到50.17万人,2009年全县总人口突破60万人,达到61.61万人。人口的快速增长,引起乡村聚落在空间上不断扩展与扩散。将秦安县清水河流域35个乡村聚落1975年、1985年和2000年的乡村聚落人口数与聚落面积进行相关分析,相关系数在显著性水平为0.01时等于1,呈显著相关。说明人口增长是聚落扩展的最重要的因素。人口与户数的迅速增长,村庄规模的扩大和内部用地结构的变化,必然引起各功能用地空间区位的变更和聚落的空间演变。

(2) 家庭因素

受宗族、家族等封建传统思想的影响,历史时期乡村聚落的家庭规模较大,家庭结构较为复杂,"四代同堂"的家庭模式较为普遍。新中国成立后,特别是改革开放以来,随着人们思想观念的改变,家庭结构逐渐向小型化转变,两代家庭逐渐占据乡村住户的主体。家庭结构的小型化加速了乡村聚落住户的增长,增大了聚落的居住需求。与此同时,20世纪60年代人口生育高峰期出生的人口,在80年代中期逐渐进入婚嫁年龄,大大增加了这一时期乡村聚落的居住需求,从而加快了乡村聚落的扩张速度,也相应加剧了聚落空间结构的演变。

(3) 经济因素

经济因素对乡村聚落空间结构的影响主要表现在两个方面。首先,乡村聚落空间结构总是与其所从事的产业类型相适应,产业类型和结构特征是决定乡村聚落空间结构特征的直接因素。农业经济所依赖的土地资源的非集中性和农业劳作半径的有限性,决定了农村聚落空间分布的分散性,农村聚落和农户总是尽可能靠近其所赖以生存的耕地资源,以方便生产,提高劳动效率。改革开放以来乡村聚落向交通沿线的集聚,也是乡村聚落商贸服务业发展的反映;其次,乡村聚落空间结构与其经济发展水平相适应。在经济发展水平较低的阶段,经济能力的弱小和生产协作的需要,限制了聚落的向外扩展,聚落空间结构相对紧凑和稳定。当经济发展到一定水平之后,住宅建设有了经济基础的支撑,改善居住条件的愿望和人们对住宅区位的离心式偏好,导致聚落迅速向外扩展,聚落空间结构也迅速演变。从1978年开始,中国农村进入了一个巨大的变革时期。我国推行的以家庭联产承包责任制为主要内容的农村改革,发挥了其在实现劳动者与生产资料紧密结合和解放农村生产力方面的巨大作用,同时国家大幅度提高了农产品收购价格,放活了市场,乡镇企业和多种经营迅速发展,农民收入超常规增长,农村建房热潮随之兴起,极大加快了乡村聚落的扩展速度。

(4) 文化因素

中国是一个有数千年历史的文明古国,农耕经济的持续性造就了中国文化的持续性,使其具有极大的承受力、愈合力和凝聚力。虽然乡村聚落空间结构在人类文明的冲击和社会变革的驱动下不断发生着变化,但终究未能使其面目全非,割舍不断的传统文化仍是维系聚落空间结构的坚忍纽带。在长期的发展过程中,传统文化不仅在聚落空间结构上打上了深刻的烙印,而且依然是影响乡村聚落发展及其空间结构优化的重要因素。葫芦河流域历史悠久,传统文化的影响久远而深刻,"日出而作,日入而息,躬耕田畴"的生活方式,重实际求稳定的农业文化心态,封闭内敛、安土乐天的生活情趣和以家族为本位的宗法观念等传统思想文化,深刻而持久地影响着乡村聚落空间结构的发展和演变。

(5) 交通因素

道路交通是影响聚落布局的重要因素之一。道路以其交通区位优势,吸引聚落向道路方向或沿道路扩展,因而交通沿线往往是聚落形成与发展的活跃地带。图上分析和实地调查结果均表明,葫芦河流域交通线附近的聚落,其扩展速度大于非交通线附近的聚落。在农村非农经济迅速发展的时期或非农经济相对发达的聚落,聚落向交通线扩展的趋势更为明显。近年来,随着陇中黄土丘陵区河谷川道地区道路交通条件的改善,村庄向交通沿线集聚的趋势日益明显,引起聚落空间迅速演变。但总体而言,陇中黄土丘陵区道路交通状况仍较为落后,特别是在黄土丘陵山区,道路交通条件严重制约着乡村聚落的空间集聚和布局优化。

(6) 政策制度因素

政策制度是影响乡村聚落发展及其空间演变的极为重要的因素。新中国成立以来,我国农村土地制度经历了"集体所有,统一经营""所有权和经营权分离"以及"集体所有,家庭承包经营的家庭联产承包生产责任制"等重大制度变革,土地制度

第七章 乡村聚落空间演变的驱动机制

的变革以及与之相应的生产关系的重大变化,对乡村社会和乡村聚落的发展产生了重大影响。具体而言,政策制度对乡村聚落空间演变的影响主要表现在以下几个方面:在规划建设方面,各级政府长期以来仅热衷于城镇的规划与建设,而村庄的规划与建设长期处在被遗忘的角落。村庄发展不但缺乏统一规划,缺少资金投入,而且疏于引导管理,基本处于放任自流的盲目发展状态;在农村土地政策方面,由于1997年以前新土地管理法还未出台,农村土地政策仍存在较大的模糊性。对土地承包权的不稳定感导致农民在投资取向上不是投资于承包的土地,而是投资于建房等方面(迪尔凯娜,1999);在农村社会保障方面,由于农村社会保障体系远未建立,农村劳动力转移常常是"藕断丝连",多属带有两栖性和不稳定性的暂时转移,没有割断与农村土地的联系,因而农村聚落的住房需求并未因农村劳动力的"转移"而削弱;在农村宅基地政策方面,虽然陇中黄土丘陵区多数地方农村宅基地的划分标准是每户0.25~0.3亩,但新批地基并未按土地价格收费,超占的土地只采用低标准的经济补偿政策,助长了一些富裕农户对土地的过多占用。2005年,我国提出了以"生产发展、生活宽裕、乡风文明、村容整洁、管理民主"为目标的建设社会主义新农村的重大战略决策,为促进乡村聚落布局优化,改善乡村基础设施和公共服务起到了积极的推动作用。需要强调的是,社会主义新农村建设应因地制宜,在全面发展农村生产的基础上,建立农民增收的长效机制,实现农民的富裕和农村的发展,努力缩小城乡差距。避免在社会主义新农村建设过程中脱离客观实际而采取"一刀切"的做法,坚决杜绝"形象工程"和"政绩工程"。

(7) 安全因素

历史时期,安全因素对乡村聚落的空间布局与形态结构曾产生过重要影响,并形成"堡""寨"等聚落形态。"堡"是集居住与防御于一体的传统聚落形态。自西汉末年至两晋南北朝时期,各地战乱纷纷,一些大家族修建起坚固的坞壁或堡垒以防卫自守。明嘉靖时期,秦安县有"堡"(当地成为"堡子")51个。清朝同治、光绪年间,汉回民族矛盾愈演愈烈,仇杀掠抢事件不断发生,堡子数量再度增多。民国初期,有些村庄和富户人家还继续修筑堡子。据调查,全县共有堡子207个,其中1/4仍保存完好。堡的差别很大,大的可以容纳几百户人家,小的仅可容纳数户,大多选址于地势较高、地形险要、易守难攻的区位。

(8) 城镇化因素

城镇化是人类居住地演变的基本趋势,对乡村聚落空间演变和人类社会发展具有极为重要的影响。新中国成立以来,中国走的是优先发展城镇和工业体系以及农村支持城镇的发展道路,造成了明显的城乡二元分治和城乡二元经济结构,城市化滞后于工业化,因此加快城镇化进程是中国发展的基本战略和必然趋势。一方面,随着农村人口的不断增长和农业生产力水平不断提高,农村剩余劳动力不断增多,促使人口向城镇流动,由此造成农村人口机械减少;另一方面,城镇的基础设施、公共服务、社会生活条件、工资福利待遇等优于农村,吸引农业人口向城镇转移。据相关资料,1957年以来,农村人口从54 704万人增加到1995年的85 947万人后开始逐渐下降,到2009年已减少到71 288万人,比重由84.61%下降到53.41%;城镇人口由9949万人增加到2009年的62 186万人,比重由15.39%上升到46.59%。国家统计局发布的数据显示,2011年城镇化率已超过50%,达到51.27%,城镇人口在中国历史上第一次超过了农村人口,这是中国社会结构的一个历史性变化。近十余年来,伴随城镇化进程的不断加快和农村剩余劳动力转移规模不断扩大,我国乡村聚落的空间扩张逐渐趋缓,但乡村富裕家庭为改善居住条件开始的新一轮宅院建设,导致乡村聚落仍在外溢式扩展,同时聚落空心化问题也日益凸显。总体来看,当前及未来较长时间内,城镇化仍将是乡村聚落空间演变的主要驱动力之一。

二、乡村聚落空间结构演变驱动因子的主成分分析

乡村聚落的空间演变受到多种因子的影响和驱动,而且各因子之间存在着较为复杂的关系。为了客观分析乡村聚落空间演变的主要驱动因素,研究运用主成分分析方法,以陇中黄土丘陵区秦安县为例,选取x_1为人口密度(人/km^2)、x_2为农村人口数量(人)、x_3为乡村户数(户)、x_4为耕地面积(万亩)、x_5为农业总产值(万元)、x_6为农民人均纯收入(元/人)、x_7为乡镇企业总产值(万元)、x_8为道路总里程(km)、x_9为城市化水平共9项指标进行分析。分析过程如下所述。

(1) 计算相关系数矩阵

将表7-1中的数据作标准化处理后,运用统计分析软件SPSS11.5进行相关分析。由计算得到的相关系数矩阵见表7-2。相关系数的计算公式为

$$r_{ij} = \frac{\sum_{k=1}^{n}(x_{ki}-\bar{x}_i)(x_{kj}-\bar{x}_j)}{\sqrt{\sum_{k=1}^{n}(x_{ki}-\bar{x})^2 \sum_{k=1}^{n}(x_{kj}-\bar{x}_j)^2}} \tag{7-1}$$

表 7-1 相关分析与主成分分析数据

年份	x_1	x_2	x_3	x_4	x_5	x_6	x_7	x_8	x_9
1980	260	416 992	74 885	107.37	4222.7	22	389.1	1216	3.68
1981	265	423 627	76 013	107.30	3844.4	21	441.1	1216	3.88
1982	267	428 402	77 384	107.19	3234.8	23	555.1	1216	4.09
1983	269	431 576	78 302	107.12	5345.3	40	749.0	1216	4.60
1984	275	439 715	80 008	106.94	6339.3	102	980.6	1226.2	4.55
1985	277	443 540	80 754	106.36	8736.5	213	2464.6	1226.2	4.76

第七章 乡村聚落空间演变的驱动机制

续表

年份	x_1	x_2	x_3	x_4	x_5	x_6	x_7	x_8	x_9
1986	279	446 916	81 902	106.34	9089.1	230	3441.0	1226.2	4.93
1987	282	452 078	84 071	106.32	9772.8	237	4748.9	1226.2	5.06
1988	287	459 012	86 474	106.28	10 529.3	280	7263.2	1238.7	5.15
1989	291	466 078	88 324	106.24	11 644.6	305	10 220.4	1244.7	5.17
1990	298	476 507	90 177	106.19	13 901.2	331	13 619.2	1297.2	5.02
1991	317	482 505	91 926	106.14	16 768.2	398	14 436.6	1329.5	4.98
1992	321	487 518	93 887	106.07	19 632.1	428	20 015	1470.3	5.20
1993	323	493 351	95 501	105.99	21 916.1	501	34 055.5	1470.3	4.75
1994	326	499 270	97 514	105.96	32 935.1	562	51 540.0	1470.3	4.42
1995	331	506 677	100 210	105.92	45 130.5	840	77 241	1470.3	4.48
1996	341	513 798	101 700	105.87	48 216.6	1020	112 250	1470.3	4.54
1997	345	527 115	104 694	105.83	29 783.3	650	40 066	1520.5	4.56
1998	350	533 841	106 513	105.56	41 732.7	1003	80 000	1601.8	4.67
1999	354	540 708	108 134	105.45	42 317.9	980	96 100	1601.2	4.73
2000	361	550 146	109 195	105.46	34 847.4	1020	115 300	1673.8	4.89
2001	367	555 842	110 409	105.40	49 002.2	1148	136 300	1693.39	5.18
2002	369	561 105	111 525	105.17	49 898.0	1240	168 010	1713.59	5.25
2003	371	563 332	112 354	105.09	49 882.9	1338	200 000	1793.59	11.29
2004	375	565 776	112 957	105.09	59 655.0	1419	216 000	1793.59	15.06

表 7-2 原始变量的相关系数矩阵

项目	x_1	x_2	x_3	x_4	x_5	x_6	x_7	x_8	x_9
人口密度 x_1	1.000								
农村人口数量 x_2	0.996	1.000							
乡村户数 x_3	0.995	0.998	1.000						
耕地面积 x_4	−0.946	−0.956	−0.958	1.000					
农业产值 x_5	0.950	0.948	0.944	−0.890	1.000				
农民人均纯收入 x_6	0.969	0.969	0.973	−0.932	0.980	1.000			
乡镇企业产值 x_7	0.891	0.883	0.899	−0.838	0.930	0.958	1.000		
道路总里程 x_8	0.974	0.964	0.971	−0.900	0.934	0.962	0.933	1.000	
城市化水平 x_9	0.488	0.479	0.504	−0.529	0.520	0.571	0.695	0.568	1.000

(2) 计算特征值及各主成分的贡献率和累积贡献率

运用统计分析软件 SPSS11.5 进行主成分分析,结果见表 7-3。由分析结果可知,第一、第二、第三主成分的累积贡献率已高达 98.45%,故只需求出第一、第二、第三主成分 Z_1、Z_2、Z_3。

表 7-3 特征值及主成分贡献率

主成分	特征值	贡献率(%)	累积贡献率(%)
1	7.953	88.364	88.364
2	0.732	8.133	96.497
3	0.175	1.949	98.446
4	0.079	0.873	99.319
5	0.040	0.443	99.763
6	0.013	0.145	99.907
7	0.004	0.045	99.953
8	0.004	0.041	99.994
9	0.001	0.006	100.000

(3) 各变量在主成分 Z_1、Z_2、Z_3 上的载荷

表 7-4 和表 7-5 分别为旋转前的主成分提取结果和旋转后的主成分载荷矩阵。通过方差最大正交旋转法对因子载荷矩阵值进行分析,可得到因子变量和原变量更为明确的关系,从而对新的因子变量进行命名(表 7-6)。

表 7-4 旋转前的主成分提取结果

原变量	主成分		
	Z_1	Z_2	Z_3
x_1	0.983	−0.150	−0.045
x_2	0.986	−0.132	−0.070
x_3	0.981	−0.163	−0.072
x_4	−0.949	0.088	0.266
x_5	0.967	−0.073	0.163
x_6	0.992	−0.030	0.079
x_7	0.951	0.182	0.218
x_8	0.979	−0.031	0.053
x_9	0.609	0.786	−0.096

第七章 乡村聚落空间演变的驱动机制

表 7-5 旋转后的主成分载荷矩阵

原变量	主成分 Z_1	主成分 Z_2	主成分 Z_3
x_1	0.911	0.232	0.326
x_2	0.915	0.253	0.304
x_3	0.925	0.223	0.300
x_4	−0.933	−0.312	−0.109
x_5	0.797	0.262	0.514
x_6	0.829	0.324	0.446
x_7	0.662	0.480	0.563
x_8	0.827	0.323	0.417
x_9	0.234	0.959	0.153

表 7-6 主成分得分系数矩阵

原变量	主成分 Z_1	主成分 Z_2	主成分 Z_3
人口密度 x_1	0.275	−0.099	−0.195
农村人口数量 x_2	0.313	−0.054	−0.326
乡村户数 x_3	0.335	−0.091	−0.339
耕地面积 x_4	−0.664	−0.183	1.363
农业产值 x_5	−0.171	−0.198	0.902
农民人均纯收入 x_6	−0.031	−0.066	0.465
乡镇企业产值 x_7	−0.420	0.067	1.201
道路总里程 x_8	0.019	−0.043	0.326
城市化水平 x_9	−0.182	1.100	−0.459

(4) 因子得分系数及原始变量与因子关系的定量表达

由表 7-5 可知,第一主成分在人口密度 x_1、农村人口数量 x_2、乡村户数 x_3、耕地面积 x_4 四项指标上具有很大的载荷,这些变量指标几乎包含了乡村人口数量的主要指标,说明第一主成分主要反映了乡村聚落人口的数量特征,命名为人口数量因子,贡献率为 88.36%;第二主成分在乡镇企业总产值 x_7、城市化水平 x_9 两项指标上具有较大的载荷,说明第二主成分在一定程度上代表着区域工业化与城市化水平。由于区域工业化水平与城市化水平密切相关,工业化水平越高,城市化水平也越高,因此可将第二主成分命名为城市化因子,贡献率为 8.13%;第三主成分在农业总产值 x_5、农民人均纯收入 x_6、乡镇企业总产值 x_7 三项指标上具有较大载荷,说明第三主成分在一定程度上反映了农村地区的经济发展水平,可命名为经济因子,贡献率为 1.95%。

据此可将原始变量与因子的关系表达为

$z_1 = 0.275x_1 + 0.313x_2 + 0.335x_3 - 0.664x_4 - 0.171x_5 - 0.031x_6 - 0.42x_7 - 0.019x_8 - 0.182x_9$

$z_2 = -0.099x_1 - 0.054x_2 - 0.091x_3 - 0.183x_4 - 0.198x_5 - 0.066x_6 + 0.067x_7 + 0.043x_8 + 1.1x_9$

$z_3 = -0.195x_1 - 0.326x_2 - 0.339x_3 + 1.363x_4 + 0.902x_5 + 0.456x_6 + 1.201x_7 + 0.326x_8 - 0.459x_9$

以上分析表明,人口因素、城市化水平和农村经济发展水平都是乡村聚落空间演变的重要驱动因素,但人口增长是乡村聚落空间演变最主要的驱动力。

第二节 乡村聚落空间结构演变的驱动机制

一、驱动机制的构成要素与基本环节

聚落空间结构演变是一个动态的现实空间过程。这一过程的展开,必须有必要的动力驱动。研究驱动机制问题,首先应该了解构成驱动机制的基本要素和驱动过程的基本环节。

1. 驱动机制的构成要素

构成乡村聚落空间结构演变驱动机制的基本要素可分为三类:一是作为动力源的驱动者;二是作为驱动对象、接受驱动的受动者;三是介于驱动者和受动者之间的动力传输体系(贾高建,2001)。从理论上分析,在乡村聚落空间结构演变的驱动过程中,承担驱动者角色的有政府、企业和农村居民,乡村聚落是接受驱动的受动者。政府往往通过政策、管理、服务、规划和基础设施建设等手段实现对乡村聚落发展及其空间结构的影响和干预。企业在其投资建设和生产经营过程中,通过改善投资地基础设施条件和拉动市场需求(包括对基本生活资料、生产原材料和劳动力的需求)等途径,对企业辐射区域的乡村聚落产生影响。乡村居民是乡村聚落建设的直接参与者,在生存空间的限制性和发展空间的可能性、政府政策的约束力和驱动力、基本价值观和市场参与能力等因素的共同作用下,通过所从事产业的选择和住宅区位的选择,直接对乡村聚落空间结构产生影响。

2. 驱动过程的基本环节

与上述三类基本要素相对应,乡村聚落空间结构的驱动过程主要包括 4 个基

第七章 乡村聚落空间演变的驱动机制

本环节(图7-1):①动力产生,动力源开始发生作用,形成驱动过程所需动力。②动力传输,通过相应的传输体系将动力传输给受动者。③驱动形成,受动者在所接受的动力推动下,展开自己的发展过程。④驱动反馈,驱动结果通过传输体系反馈给动力源,对驱动过程进行调整和矫正。

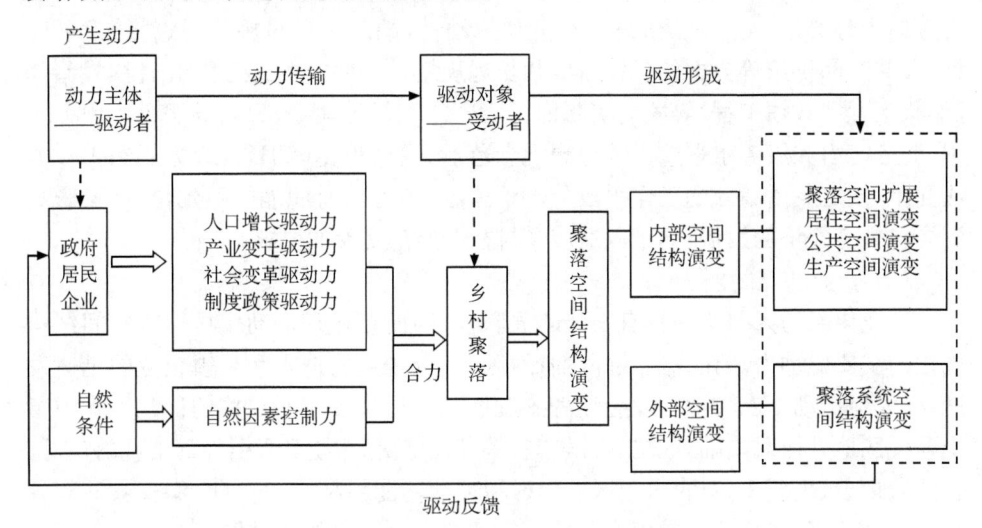

图 7-1 乡村聚落空间结构演变的驱动机制

乡村聚落空间结构演变的四个环节是相互连接的,各构成要素通过各个环节发生作用,驱动机制就是存在于这些相互制约和相互作用之中。需要指出的是:动力源的形成和动力的产生是一个发展变化过程,总是在自身矛盾运动和驱动过程的历时态联结中不断跃迁到新的层次。同时,驱动者与受动者之间的联系存在着疏密程度的差异,因而动力传输也存在直接传输和间接传输等情况。

在乡村聚落空间结构演变的过程中,正常的情况是构成驱动机制的各类要素都能比较好地发挥作用,驱动过程能够比较顺利地展开,推动乡村聚落空间结构的不断优化;而相反的情况则是有关要素的作用不到位,驱动过程受阻或出现偏差,聚落空间结构演变或显得动力不足,演变迟缓,或显得盲目无序,杂乱无章。

二、陇中黄土丘陵区乡村聚落空间演变驱动机制的缺陷

1. 动力主体的缺陷

(1) 政府职能的严重缺位、越位和错位

在乡村社会经济的发展过程中,地方政府承担着十分重要的角色。其主要职能包括土地资源管理、宅基地审批、基础设施建设以及提高乡村社会公共服务水平、为社会经济发展创造良好的环境等方面。政府为社会提供的公共服务包括经

济性公共服务,社会性公共服务和制度性公共服务(迟福林,2005)。也有学者把公共服务分为基础性公共服务、经济性公共服务、社会性公共服务和公共安全服务四大类型(赵黎青,2005)。调查中发现,在经济落后的陇中黄土丘陵区,地方政府职能存在着严重缺位、越位和错位现象。具体表现在:①"被动应付,无为而治"的思想倾向十分突出,工作缺乏目标、热情和主动性,缺乏基础设施建设、村镇发展建设、公共产品供给等方面的具体目标和长远规划。②形式主义泛滥,由此引发诸如"形象工程""政绩工程"等脱离实际的行为。③重行政命令,轻引导服务。服务意识、服务能力和服务水平差。④思想观念落后,发展思路陈旧,行政方式和工作方法简单,缺乏灵活高效的工作手段与对策措施,地方政府职能的不到位,严重影响到乡村社会经济的发展,已难以适应乡村社会经济发展的要求。

(2) 企业功能的弱小

产业集聚与人口集中具有很强的关联性,因而企业是推动乡村聚落空间结构优化的主要驱动力。在我国东部沿海地区,外资企业的进入和乡镇企业的迅速发展,极大地推动了农村地区社会经济的发展和乡村聚落空间结构的优化。陇中黄土丘陵区地处西北内陆,区位条件较差,基础设施落后,缺乏吸引外部资金的条件,企业数量少,规模小,对农村地区的辐射和带动功能弱小。2004年,秦安县共有各类企业167家,但从业人数仅有4855人,占全县总人口的比重仅为0.81%。工业增加值仅为18 096万元,占全县国内生产总值增加值的比重仅为14.1%。从企业布局看,绝大多数企业偏集于县城,布局于各乡镇的企业数量少,许多乡镇至今仍无一家企业。从生产种类分析,企业生产主要集中在塑料制品、建材、绒线、面粉加工等行业,科技含量低,产品质量差,缺乏依赖本地资源、具有特色和市场竞争力的产品,产品难以进入外部市场。企业功能的弱小,严重制约着县域工业化和城市化的发展,也难以驱动乡村聚落空间结构的优化。

(3) 乡村居民素质和能力的局限

乡村居民是乡村发展和建设的直接参与者和受益者。陇中黄土丘陵区社会经济落后,长期以来由于政府职能的缺陷和企业功能的弱小,乡村居民实际上是现实乡村聚落空间结构演变的主要驱动者。由于受教育程度低,思想观念落后,缺乏现代生产技能和参与市场经济的能力,乡村居民的住宅区位选择和建设在很大程度上是一种生存压力驱动下的自发行为,带有明显的被迫性、随意性和盲目性,导致聚落空间结构日益分散和混乱。

2. 动力传输系统的缺陷

在陇中黄土丘陵区乡村聚落发展及其空间演变的过程中,动力传输系统的缺陷主要表现在以下几个方面:①政府力量作用于乡村社会的渠道和手段单一。缺乏综合规划、引导扶持、技能培训、工程示范、技术服务、信息供给、社会保障等环节

第七章 乡村聚落空间演变的驱动机制

和手段,基础设施与公共产品投入力度不足,许多工作仅仅局限在政策层面和行政手段上,导致动力传输环节缺失,政策与发展脱节。②农村经济市场化程度低、市场机制不健全。农村市场化是指农村经济活动以市场为中心,建立起市场体系健全、运行机制完善、市场关系规范、市场竞争有序、宏观调控有度的农村市场经济体系(习近平,2001)。农村市场化对农村社会经济发展和聚落空间结构优化具有十分重要的意义,但陇中黄土丘陵区大多数农村地区仍处在自给自足的传统农业阶段,农村居民参与市场经济的意识和能力不强,农村经济市场化程度低,市场机制不健全,导致市场机制配置资源、组织生产的作用和传导市场动力的功能未能得到有效发挥。③农村合作经济组织缺乏。农村合作经济组织缘起于一百多年前的西欧,主要致力于实现个体农户难以达到的共同目标,维护和促进全体社员的共同利益。我国农村合作经济组织是适应市场经济的产物,它可以解决农村市场化进程中"小农户"与"大市场"之间的矛盾,是联结政府、市场和个体农户的桥梁与纽带,是重要的乡村社会经济发展的动力传输组织,在提高农民组织化程度、保护农民利益、增加农民收入,促进农业和农村健康发展、加速农业现代化进程等方面发挥着举足轻重的作用。发展多种形式的农村新型合作经济组织,建立农业社会化服务体系,是完善社会主义市场经济体制的重要内容,也是解决我国"三农"问题的重要举措。调研发现,陇中黄土丘陵区农村合作经济组织极度缺乏,农民的组织化程度低,不但严重影响了农村社会经济的发展,也使乡村聚落空间结构的优化缺失了一支重要的力量和借以传输各种动力的渠道。

上述分析表明,乡村聚落的空间演变受到多种因素的影响,既有区域特殊的自然条件因素,也有复杂的人文社会因素;自然条件是乡村聚落形成发展和空间演变的基础,人文社会因素是乡村聚落发展演变的主要驱动力,其中人口增长是乡村聚落空间演变最主要的驱动力;乡村聚落空间演变的驱动过程包括动力产生、动力传输、驱动形成和驱动反馈四个相互联结的基本环节,各驱动要素通过各个环节发生作用,驱动机制存在于各要素和各环节的相互制约与相互作用之中。陇中黄土丘陵区乡村聚落空间演变的驱动机制,明显存在着政府职能不到位、企业功能弱小、农村居民素质和能力较低等动力主体的缺陷以及市场化程度低、市场机制不健全、农村合作经济组织缺乏等动力传输系统的缺陷,从而导致乡村聚落的空间演变处于盲目和无序发展状态。

第八章 乡村聚落发展及其空间结构优化的理论思考与实践途径

第一节 乡村聚落发展及其空间结构优化的理论思考

一、区域整体发展——乡村发展的必由之路

区域整体发展思想缘起于19世纪末城市规划理论的重要奠基者、英国社会学家霍华德(Ebenezer Howard)的"田园城市理论"和盖迪斯(P. Geddes)的区域规划综合研究方法及有机疏散理论。在区域整体发展思想研究方面,最具代表性的研究来自20世纪美国学者芒福德(Lewis Mumford)的"区域整体论"(regional integration)思想。他从保护人居系统中的自然环境出发,强调了乡村在城乡关联中的特殊重要性。并针对当时城市发展所面临的困境,提出应将解决问题的希望寄托于综合性的、城乡融和的区域发展框架的最终建立,应更多地将目光转向农村地区,而不是继续将农村当成从属于城市的附属品来看待。他认为:"区域规划最大的不同在于它包括城市、村庄及永久农业地区,并将它们作为区域综合体的组成部分",主张大中小城市相结合,城市与乡村相结合,人工环境和自然环境相结合。他指出,城市与乡村及其所依赖的区域原本是不应该分开的,城市与乡村同等重要,它们是密不可分的两个方面,应当有机结合在一起。在区域发展的形态上,他积极推荐斯坦因(C. Stein)的区域城市理论和莱特(Henry Wright)的区域统一体(regional entities)规划思想,主张建造多中心的、范围更加广阔的区域综合体,即以区域作为规划分析的主要单元,在地区生态环境的承载能力限度内建立若干独立自存又互相联系的密度适中的社区,包括大、中、小城市以及农村的小型乡镇、村镇等,通过整体化的、清晰的区域交通体系的联系,最终形成网络式的空间结构体系。

城乡发展是整体关联的,在乡村聚落发展及其空间结构研究中引入区域整体发展思想是十分必要的。中国是当今世界上城市化水平较低、农村人口最多的国家,农村社会经济占有最大的国土空间,农村发展问题是中国最具特色和最重要的问题。曾菊新(2001)认为,在城乡发展问题上,存在着两个最基本的问题:一是单靠城市发展能否解决农村发展问题;二是只靠农村发展能否解决自身发展问题。关于第一个问题,美国经济学家托达罗(M. P. Todaro)曾做过专门研究,他认为,依靠工业扩张根本不能解决当今发展中国家城市的严重失业问题,更不要说靠它

第八章 乡村聚落发展及其空间结构优化的理论思考与实践途径

解决农村的过剩劳动力问题。其理由是：第二次世界大战结束之后，发展中国家工业化技术起点较高，所需劳动力已非发达国家早期工业化阶段所要求的那种简单劳动力，而是需要具有一定科学文化水平和专门技能的熟练劳动力，而这正是发展中国家最大的约束条件。综合考察和诸多研究表明，在发展中国家，尤其是中国，完全依靠城市发展难以解决农村发展问题，或者说，城市发展并不构成农村发展的充分条件而仅仅是必要条件（曾菊新，2001）。近年来，国内研究农村问题的学者开始认识到另一个问题，这就是仅仅依靠农村发展也难以解决自身的发展问题。在农村实行的"就地消化"和"就地转移"的政策，至今也未能实现其目标，今后也难以实现。中国农村发展问题之所以长期得不到根本解决，一个重要的因素是，我们始终是从农业和农村内部来寻求发展出路。

中国农村发展的关键，是在于没有一套促进城乡协调发展的综合计划与方案，在于工业化和城市化道路出现了偏差，即人们往往都将乡村发展与工业化、城市化看成是两个互相独立运行的系统，要么通过"城市偏向"政策过分强调工业化和城市化，推动城市发展，要么又回过头来孤立地强调农业的重要性，采取一些措施促进农业发展与农村进步。但是，综合考虑了农业与工业、农村与城市的协调发展计划始终未能形成和贯彻落实（胡必亮，1999）。中国的农村发展问题和城乡综合发展问题，既非城市也非农村自身所及，一个完整的发展战略应该是将农村和城市共同置入工业化和城市化框架之中，形成城乡互补，联动发展的格局（曾菊新，2001）。上述观点，也正是区域整体发展思想——强调城乡融和的区域发展框架——的体现和要求。在中国农村发展研究中引入区域整体发展思想，既是正确看待和分析城乡关系问题的客观要求，也是中国农村发展及其空间结构优化的必然选择。

二、农村工业化——农村聚落发展及其空间结构优化的核心

中国乡村聚落发展及其空间结构优化的所遇到的最大阻力在于缺乏有力的产业支撑，尤其是在欠发达的中西部农村地区。东部沿海农村地区由于分布有大量的中小企业，当地农村经济发展非常活跃，如长三角和珠三角一些农村地区依靠中小企业发展，造就了如温州的制鞋业、东莞的电子业、绍兴的纺织业和顺德的家电业等乡镇工业的辉煌，极大地推进了该地区农村的工业化和城镇化，也使该地区在全国率先破除了城乡分割的二元社会经济格局。

1. 农村工业化的基本内涵

美国发展经济学家钱纳里（Holis Chenery）指出，工业化就是指制造业产值份额的增加过程，工业化水平用制造业在国民生产总值中的份额来衡量；印度经济学家撒克（S. Y. Thaker）认为，工业化是脱离农业的结构转变，即农业在国民收入和就业中份额下降，制造业和服务业的份额上升。一般而言，工业化是近现代工业通

过自身的变革在经济中占据主导地位并使国民经济乃至整个社会都得到改造的过程(吴天然,1997)。很明显,工业化应该包含3个层次的内容:①工业化首先是近现代工业自身的变革即工业革命的过程。因为没有工业革命,工场手工业就不可能完成向机器大工业的转变,更不可能在国民经济中占据主导地位,完成农业国向工业国转变的过程。②工业化是工业以自己的产品、生产方式和生产制度去改造国民经济的过程。在工业革命过程中,其他产业或部门会广泛运用工业产品和工业社会创造出的科学技术与生产制度去改造传统的生产方式,有效提升自身的发展能力与发展水平,进而使整个国民经济得到改造。③工业化是工业以自己的产品和文化去改造整个社会的过程。表现在工业通过其产品、理念和文化向社会领域的渗透与传播,使人们的思想观念、文化素养及生产生活方式发生改变,从而完成对社会发展、变革和改造的作用。

农村工业化以发展农村工业为内容,是国家或地区工业化过程的有机组成部分,与一般工业化有着相同的内涵。但农村工业化是在农村进行的工业化,其发展又具有自身的特殊性。首先,农村工业化是在农村社区范围内进行的工业化,其发展受到农村社区本身的限制,在技术、资金、信息、人才和生产的组织管理等方面会遇到更多的困难;其次,农村工业化是在城市工业及其他产业已经有一定发展的背景下进行的,所面对的形势是十分复杂的,竞争压力巨大;再次,农民所从事的非农生产活动带有明显的兼营性,是作为他们的副业存在的,在本质上归属于农村。如果在工业化过程中不能解决好农业剩余劳动力与农村发展问题,就失去其存在和发展的根本意义。

2. 农村工业化与城镇化的关系

农村工业化与城镇化之间存在密切的联系。一方面,农村工业化会生成农村城镇化。工业生产的集聚效应引起人口及其他生产要素在空间不断集聚,当包括人口在内的各种生产要素在某地理区位上的集中达到一定规模时,就会形成城镇。随着工业的不断发展,城镇的规模会不断扩大,并产生对金融保险、交通通信、技术信息、住宿餐饮和文化娱乐等服务产业的需求,从而带动城镇第三产的发展。因此,工业化必然推动城镇化;另一方面,农村城镇化会促进农村工业化。城镇以其配套的基础设施,快速的信息传递,良好的金融、技术、文化、通讯等服务,为工业企业创造外部经济,对工业企业的发展发挥促进作用,推动工业化水平不断提高。因此,没有工业化就没有城镇化,没有城镇化就不会有真正的工业化。没有人口和生产要素在地理空间上的集中,现代意义上的城镇不可能生成,没有城镇服务业的发展和城镇功能的完善,工业化也难以顺利推进(刘传江和郑凌云,2004)。工业化和城镇化之间的内在关系,已经被历史发展所证实。在欧洲工业革命之前,全球城镇的发展速度非常缓慢,城镇人口占总人口的比例不足1%。18世纪后半叶爆发的

| 第八章 | 乡村聚落发展及其空间结构优化的理论思考与实践途径

工业革命,推动人类社会进入工业化时代,城镇化速度急剧加快,城镇化水平快速提高。根据世界银行颁布的《1997世界发展报告》,1900年全球城镇人口所占比例已增至13.6%,1950年又增至28.4%,1995年已达到45%。在1900~1995年不到100的时间里,世界城镇人口增加了约140倍,平均每年增加5.4%。在工业革命的发源地英国,1700年全国城镇人口所占比重仅为2%,到1800年,人口城镇化率已上升到26%,1900年人口城镇化率已达75%(高佩义,1991)。

在理论研究方面,美国著名经济学家霍利斯·钱纳里(Hollis B. Chenery)等学者曾对工业化与城市化关系进行了分析,提出了部门产出结构与就业结构之间数量关系的劳动力配置模型(又称"钱纳里模式"或"多国模型"),并根据人均国内生产总值,将不发达经济到成熟工业经济的整个变化过程划分为3个阶段6个时期,认为从任何一个发展阶段向更高一个阶段的跃进都是通过产业结构转化来推动的,指出随着人均收入水平的提高,工业化的演进导致产业结构转变,进而带动了城镇化水平的提高。进入21世纪以来,国内学者也对工业化与城市化的关系进行了分析探讨,指出在工业化初期,工业发展所形成的集聚效应使工业化对城市化产生直接和较大的带动作用,而当工业化接近和进入中期阶段之后,产业结构变化和消费结构升级的作用超过了聚集效应的作用,城市化的演进不再主要表现为工业比重上升的带动,而更多地表现为非农产业比重上升的拉动。认为工业化过程中城市化的演进速度与产出结构和就业结构的转变趋势有很大关系,工业化引起产业结构的迅速转变,并通过这种转变带动城市化(郭克莎等,2002)。

3. 中国的农村工业化与城镇化

农村工业化是国家工业化的有机组成部分。农村工业化不仅意味现有农村社区的经济结构由以农业为主向以工业为主转变,而且还意味着农村工业规模的不断扩大、水平的不断提高以及在一定空间范围内的集聚(刘传江和郑凌云,2004)。乡镇企业发展是中国农村工业化最基本的特征,它绕开了城乡户籍制度等城乡隔离制度对乡镇企业发展和农村劳动力转移的刚性掣障,在带动农村经济发展和推动农村城镇化进程中发挥了极为重要的作用。农村非农产业的迅速发展、农村非农就业人数的增多以及随之而来的农民收入的增加,直接形成了农村城镇化的动力。但乡镇企业在特定阶段也会对农村城镇化产生较大的阻碍作用。因此,中国乡镇企业对城镇化的影响作用表现为"促进"与"阻碍"两个方面(谷人旭和钱志刚,2001)。乡镇企业对城镇化发展的促进作用主要表现在:①乡镇企业发展可为城镇基础设施建设提供所需资金,缓解地方政府在小城镇基础设施建设方面的资金压力。②布局在小城镇的镇办企业规模大,效益好,就业吸纳能力强,能为城镇人口集聚创造至关重要的就业条件。③乡镇企业能有效带动城镇第三产业的发展,从而进一步扩大城镇就业空间,强化城镇人口集聚,扩大城镇人口规模。而特定时期乡镇企业对农村城镇化发展的制约作用,主要在于:①村办企业的发展分散了城镇建设的资金。②村办企业的发展使农村劳动力缺乏城镇化的动力。③农民收入水平增加之后,不是将收入进行投资,而是用于改善居住环境,住房条件改善的愿望和可能,限制了人口的空间迁移。同时,以"布局分散化、规模细小化、人际关系亲缘化、经营管理封闭化"等为主要表征的农村工业的乡土化,其实质是一种放大了的自然经济思路。"村村点火、户户冒烟"的极度分散化的农村工业布局,不但导致农村工业缺乏基础设施和服务体系的支持,难以产生集聚效益和规模效益,而且不利于新技术的吸收和扩散,不利于现代企业制度的建立,也不利于农业劳动力的彻底转移和农村非农产业的专业化发展。

小城镇是联系城市与农村、联结工业和农业的纽带。以小城镇为核心载体的农村工业,不仅肩负着吸纳被排除于城市之外的农业剩余劳动力的使命,而且承担着支持我国农业发展和农村经济增长的重任;农村工业不同于现代工业,又区别于传统农业部门,它与小城镇发展相结合,以其独立的经济结构而与城市、农村相对应,构成中国经济的三元结构;农村工业与小城镇共生共存、共同发展,为中国工业化和城市化及其协调配合提供了牢固的基础,是我国经济发展和制度变迁的新的"生长带"(刘传江和郑凌云,2004)。

4. 农村工业化对促进农村聚落发展及其空间结构优化的作用

(1) 有利于促进乡村人口的空间集聚

传统农业地区经济发展的落后和人口空间分布的高度分散,是由传统农业生产的特点所决定的。在许多传统农村地区,由于受耕地资源总量和现代农业生产技术推广应用的限制,传统农业已经走到了增长的极限。而农村非农产业的发展,不但可以优化农村产业结构,增加农民收入,而且可以吸引农民向非农产业转移,促进乡村人口的空间集聚,有力推动乡村地区的城镇化进程。

(2) 可以为农村建设提供资金支持

基础设施落后是农村落后的主要表现形式之一。而农村基础设施的落后,关键是建设资金的缺乏。由于我国农村地域广阔,农村基础设施建设不可能全部依赖于国家投入。而农村工业的发展不仅可以增加地方财政收入,为包括基础设施在内的农村建设提供资金支持,而且也因为企业自身发展的需要使农村基础设施的状况得到效改善。

(3) 农村工业减少了农民就业的经济和社会成本

随着生产技术的进步和社会经济的发展,城市二、三产业对从业者素质的要求越来越高,加之城市大量下岗失业人员的产生,使得农村剩余劳动力的城市就业空间越来越小。农村工业创业在农村,企业多是劳动密集型企业,对劳动者整体素质要求不高,农民的就业门槛相对较低,生活成本也较低,因而大大降低了农民就业

第八章 乡村聚落发展及其空间结构优化的理论思考与实践途径

的经济和社会成本。如在广东佛山,农村乡镇大量分布着家电、制鞋、五金、服装、玩具、家具等中小企业,吸纳了大量的农村剩余劳动力。

(4) 农村工业可以为农村培养新型农民,提高农民的综合素质

长期以来,受小农思想束缚和受教育水平较低等因素的影响,我国农民的整体素质偏低,既不能适应现代农业发展的需要,也难以满足现代工业对劳动者技能和职业素养的要求。所以,在我国经常出现一方面大量的企业岗位虚位以待,另一方面却有许多农民工找不到适合工作的情况。同时,艰难的生存环境使农民工的公共空间和社区缺失。而农村工业的发展不仅留住了最优秀的农民,保证了农村建设的主力军,而且可以通过对农民工全方位的职业培训使农民素质得到提高,造就新型农民,进而为农村工业的进一步发展输送大批合格的产业工人。同时,为了适应工业生产的需要和在竞争中取得优势地位,农民工也会逐渐从被动接受改造转变到主动提升自身素质,从而形成良好的社会学习氛围。

(5) 农村工业可以有效带动农村第三产业的发展

随着农村工业的发展,企业的数量和企业职工逐渐增加,必将促进当地农村城镇化水平的提高,而城镇化水平的提高又会带动农村第三产业的迅速发展。

三、质朴的自然观与人文观——我国传统聚落营造思想的实践价值

1. 传统聚落营造思想的基本内涵

中国是一个具有悠久历史的文明古国,有着长达数千年的文明史。在漫长的历史发展过程中,古代先民们积累了丰富的聚落建设经验,聚落营造思想不断丰富和发展。"风水理论"作为历史时期我国聚落营造思想的高度概括和理论总结,体现了人与自然、精神与物质以及人与社会的结合,表达了聚落环境空间相融相生的整体性、空间结构可变的灵活性以及空间景观的多样性(业祖润,2001)。概括起来,我国传统聚落营造思想的基本内涵体现在以下几个方面。

(1) "崇尚自然"的审美理念

古人崇尚自然,并以"天人合一"的传统自然观表达人地关系,强调天道与人道、自然与人的相通、和谐。"天人合一"是中国传统文化的审美理想和最高境界,它不仅浓缩了中国传统文化的全部特征和精神,而且标示了中国传统文化与西方文化质的区别。"风水理论"是古人凭借直觉认知和经验积累总结出的一套择地标准,强调天、地、人相协调,追求"人之居处,宜以大地山河为主"(《阳宅十书》)和"以山水为血脉,以草木为毛发,以烟云为神采"(宋·郭熙《林泉高致》)的境界,按照"地理五诀"(龙、穴、砂、水、向)"觅龙""察砂""观水""点穴""择向"。择地定位综合考虑了自然采光、通风、朝向等因素,形成以山峦形势为骨架、水源植被为血肉的选址和布局,以利于生产、生活、交通与造景。"风水"也追求居住环境背有依托,左辅

右弼、前有屏障围合的空间格局,强调"藏风聚气",以构建人与自然和谐相融的人居环境(业祖润,2001)。

(2)"顺应自然,因地制宜"的生态观

传统聚落营建遵循因山就势,顺应水脉,保土理水,培植养气,就地取材等原则,把握自然生态的内在机制,合理利用自然资源,重视对自然格局与活力的保护,巧用地势建立防灾防卫体系,灵活布局与组织自由开放的居住空间。建筑群体、道路空间的形成从实际出发,最大限度地利用地形、地物条件,明显反映出对自然地理环境的主动适应。除此之外,传统聚落多选址于山水之间,以营建"村融山水中、人在画中居"的田园环境,构建居耕结合的居家环境,创造以自然为主题的空间环境,建立自然化的聚落景观体系。

(3)重视精神文化空间的营造

传统聚落十分注重聚落精神文化空间的营造,常根据宗教信仰建立以宗教庙宇为核心的宗教文化活动空间,依据宗法观念建立以宗祠为核心的祭祖活动空间,按照血缘、宗族关系建立复杂而具有层次的居住空间。除此之外,传统聚落还凭借合院式住宅构建享受天伦之乐的情感空间,依赖街坊巷道建立相互联系的纽带空间,借助风水树荫、井台、凉亭、石碾等构建邻里交往的情感空间,从而塑造人与人心灵情感相通的精神家园。在精神文化空间的营造中,传统聚落也十分注重精神景观的构建和精神文化的教化,如歌功颂德的牌坊、碑亭,弘扬聚落精神文化的匾额、对联、雕刻等,营造出生动朴实、品质独特和充满情感的精神空间体系。

2. 传统聚落营造思想的反思与启示

中国传统聚落营造思想是中华文明的有机组成部分,对传统乡村聚落的营造具有广泛和深刻的影响,在古代聚落建设的实践中有着广泛的应用。虽然传统聚落营造思想受到封建文化的影响和科技水平的制约,存在封闭、落后的一面,甚至"风水理论"的发展因受到神学、玄学等思想的影响而带有浓厚的迷信色彩,但传统聚落营造思想体现了人类最为质朴的自然观、人文观和哲学思想,其尊重自然、顺应自然、因地制宜的自然审美理念和对人类精神情感的人文关怀思想,至今仍对乡村聚落建设具有重要的参考价值和借鉴意义,对建设生态人居环境、改善人地关系、创造和谐生活具有深刻的启迪。国外迅速开展于20世纪80年代和国内近年来开展的生态村建设实践,无不体现了传统聚落营造思想的核心理念。它既是一种竞争、共生和自生的生存发展机制,又是对时间、空间、数量、结构、秩序与和谐的系统功能的追求;既是一种着眼于富裕、健康、文明目标的高效开拓过程,也是一种整体、协调、循环和自主的走向可持续发展的具体行动。现代社会的规划者和建设者,应顺应人类回归自然、追求人地和谐的本质愿望,从人与自然、人与社会关系的内在机制入手,精心构建人、自然、建筑、社会有机融合的人居环境。

| 第八章 | 乡村聚落发展及其空间结构优化的理论思考与实践途径

第二节　乡村聚落发展及其空间结构优化的实践途径

一、创新城乡地域空间，构建区域一体化空间系统

在现实生活中，企业之间、地区之间、城乡之间客观存在着各种联系，表现为生产的、流通的、交通的、金融的、信息的、文化的和科学教育的等多个方面，具有相互依存、相互制约和相互促进的特点（曾菊新，2001）。不论它们之间的联系在功能、规律与运行机制等方面如何错杂复杂，但在总体上都表现为一种纵横交织的网络关系。城市与农村作为人类的生存与居住空间，虽然各有其不同质的规定性以及景观形态上特殊性，但是从经济与生态角度考察，城市与农村实为一个相互作用和相互依赖的具有互补功能的生态经济系统。城镇作为乡村地域背景中的中心和节点，对作为腹地的乡村地域产生辐射和影响。从空间经济活动分析，城市与乡村两个异质空间子系统的相互依存和互为条件是一个普遍规律。不同之处是城市以非农产业为主，具有集中性；乡村以农业为主，具有分散性。现代人类面临的城市和乡村发展的难题，许多就是因为把城乡孤立起来，无视它们之间在空间上的经济和生态连续性所致。

长期以来，中国实行条块分割和城乡分割的经济管理体制，形成了中国经济社会的城乡二元结构。在改革开放前的二十余年，中国的城镇化发展相当缓慢，城乡系统——统一的城乡地域空间被分裂为两个相互离异的独立系统在各自的道路上封闭运行，系统之间彼此隔绝，缺乏要素的交流，使得城市的中心作用和乡村的基础作用均难以发挥，导致两极反差不断扩大。改革开放以来，小城镇的大规模崛起使城乡之间产生了一个新的结构层。据统计，从1982年到1992年，中国的小城镇由2664个发展到11 958个，1999年达到19 216个，加上其他各类乡镇，小城镇的数量已突破5万个。介于分散农村与集聚城市之间的小城镇兴起，标示了一个新的社会单元与空间结构层次的形成，表明区域空间系统的有序化和内在联系的有机化过程开始形成和发展。作为空间经济融合层的小城镇，在城乡关联和区域空间一体化发展方面发挥了重要作用，产生了巨大的空间效应。但是，城乡地域空间的创新和一体化区域空间系统的构建，不能仅仅停留在小城镇发展的现状水平和有限的层面上，更不能完全依赖于小城镇的发展。应当看到，在中国特殊的国情和发展背景之下，城乡关联与区域整体发展所面临的问题非常复杂和艰巨，面对促进城乡要素集聚流动、承接技术转移和成果转化，辐射和服务面域广阔的农村等诸多带有挑战性的问题，小城镇显得力不从心，难以完成承上启下、贯通城乡的历史使命。况且在经济欠发达地区，小城镇自身的发展还存在许多问题，基础设施落后，产业聚集能力弱小，发展还很不完善。创新城乡地域空间，一是要以区域为整体，

统一规划和布局区域城镇体系和村镇体系,构建区域统一的多层次的空间结构体系,形成"城市外圈""发展走廊""灰色区域(grey area)"等新型城乡地域空间(图8-1),解决土地利用、空间布局、规模层次、结构功能等问题;二是建立完善的区域市场体系,通过市场机制配置资源和组织生产,通过分工协作实现综合效益的最大化,解决产业发展问题(图8-2)。

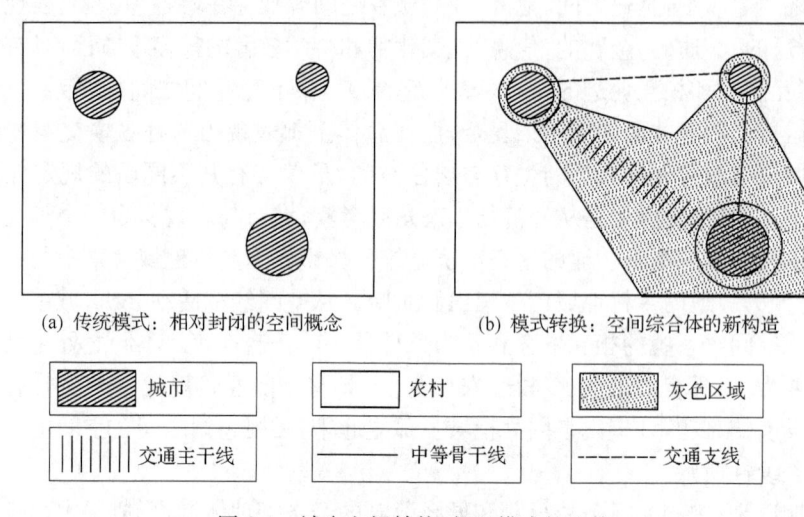

(a) 传统模式:相对封闭的空间概念　　(b) 模式转换:空间综合体的新构造

图例:城市　农村　灰色区域　交通主干线　中等骨干线　交通支线

图8-1　城乡空间结构:新旧模式的比较
资料来源:曾菊新.2001.现代城乡网络化发展模式.北京:科学出版社

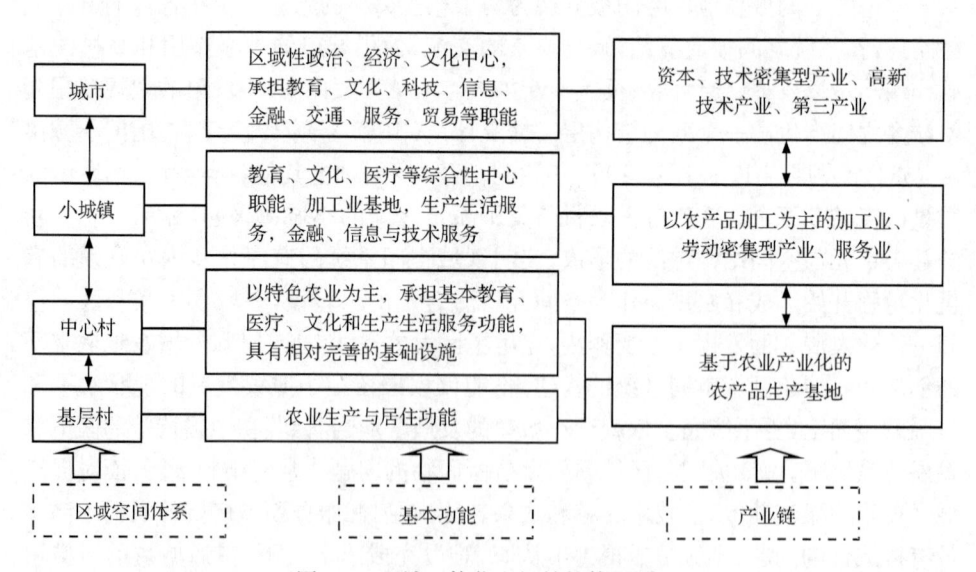

城市 —— 区域性政治、经济、文化中心,承担教育、文化、科技、信息、金融、交通、服务、贸易等职能 —— 资本、技术密集型产业、高新技术产业、第三产业

小城镇 —— 教育、文化、医疗等综合性中心职能,加工业基地,生产生活服务,金融、信息与技术服务 —— 以农产品加工为主的加工业、劳动密集型产业、服务业

中心村 —— 以特色农业为主,承担基本教育、医疗、文化和生产生活服务功能,具有相对完善的基础设施 —— 基于农业产业化的农产品生产基地

基层村 —— 农业生产与居住功能

区域空间体系　基本功能　产业链

图8-2　区域一体化空间结构体系图式

|第八章| 乡村聚落发展及其空间结构优化的理论思考与实践途径

二、提高城乡空间经济组织化程度,促进城乡一体化发展

经济网络是在社会化大生产和劳动分工规律的作用下,地域经济活动主体出于内在需要,通过各种渠道和相互作用所形成的关联系统(曾菊新,2001)。经济活动主体(economic active object)泛指微观层次上的企业和中观层次上的地区、城镇和乡村;通道(channel)是指沟通活动主体之间的各种线路、形式和途径,包括交通通信、商品流通和资金融通等方面;空间相互作用反映的是人流、物流、资金流、信息流和技术流等各种关系变量。经济网络具有空间性和结构性,它以中心城镇为依托,以各种线状基础设施为纽带,以农村地区为基础,形成由点、线、面复合而成的网状地域系统。曾菊新根据网络的基本性质和特征,将经济网络区分为企业家网络、商品生产网络、商品流通网络、交通运输网络和通信信息网络,从形成和内容分析,这种划分基本涵盖了经济网络的全部内涵(2001)。

经济网络的形成、发展和完善,既是城乡发展的重要内容,也是促进城乡发展的重要手段和基本前提。经济网络的作用与功能表现在:①企业家是一个社会群体,在城乡经济的运行过程中,企业家之间必然形成各种网络型的交往关系。在错综复杂的城乡经济网络的形成中,企业家充当着织网者的角色,在节约交易费用和规范企业家行为等方面发挥着重要作用(赵文红,1999)。②随着城乡经济的不断发展,生产专业化、社会化和生产组织的区域化是社会再生产过程中必不可少的重要环节,而城乡商品生产网络作为城乡分工与协作的区域化生产组织形式,有利于专业化和社会化生产的发展,克服生产过程的资源、环境及空间约束,并可形成新的生产力,提高区域竞争力。③在城乡经济的运行过程中,生产资源的配置和商品生产的实现,需要通过交易和转换过程来进行。作为交易和转换过程的流通网络,可通过结构的完善和构成要素活跃性的激发,提高商品流通的效率。我国在构建农村商品流通网络方面已取得了典型经验,即建立连锁营销网络、建设大型商业网点和形成工商产销联网的格局(刘命信,1999)。④交通运输网是最基础性的城乡经济网络,与城乡社会经济系统紧密相连,相互影响,相互促进。现代化的交通运输网络是城乡区域经济发展的基础条件。第二次世界大战以后许多国家和地区经济的高速发展,一个很重要的原因就是重视交通运输网的建设和发展,以此推动生产、流通、国土开发和国际交流(曾菊新,2001)。⑤当今时代,各种经济活动和经济现象频繁发生,经济信息大量产生。对这些信息进行及时的搜集、整理、储存、加工和分析,不仅可以把握经济活动规律,而且可以对以后的经济活动做出预测和决策。信息网络的大发展,可以引发城乡经济的突破性发展(曾菊新,2001)。因此,建立现代化的信息传递网络,对支持和引导城乡经济发展具有十分重要的意义。同时,信息化也对乡村聚落空间结构具有重要影响,随着市场信息重要值的提高,乡村聚落在空间上趋于集聚(图8-3)。

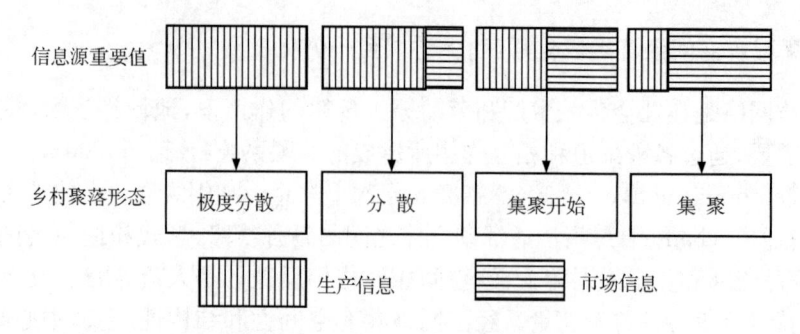

图 8-3 信息与乡村聚落空间结构
资料来源：曾菊新.2001.现代城乡网络化发展模式.北京：科学出版社

三、发挥政府的主导作用，构建农村发展的产业支撑体系

中国农村发展中存在最大的问题是产业结构单一，非农产业薄弱。特别是在西部农村地区，乡镇企业数量少，规模小，多数企业尚未实现向现代企业制度的转换。为此，必须发挥政府的主导作用，积极推动农村非农产业的发展。①制定引导和鼓励农村非农产业发展的政策与措施。当地政府要高度重视企业发展环境的营造，尽早出台有利于乡镇企业形成、发展和壮大的政策和措施。同时，政府要通过工业园区的规划与建设，有的放矢地支持中小企业的发展和空间聚集。对于中西部地区来说，由于区位和自然条件等方面的劣势，乡镇企业自发形成的条件并不充分，所以地方政府更不能坐等市场自发形成，应积极运用税收、财政和政策手段，强力推进乡镇企业的孕育、形成和发展。②积极促进乡镇企业的集群化。波特在《簇群与新竞争经济学》中认为，中小企业集群是某一特定产业的中小企业和机构大量聚集于某一特定地区，形成一个稳定、持续的竞争优势集合体，其成员包括提供零部件等上游产品的供应商、下游的渠道与顾客、提供互补产品的制造商以及具有相关技能、技术或共同投入的其他产业的企业，还包括提供专业的培训、教育、信息、研究与技术支持的政府或非政府机构。目前，乡镇企业的发展还处在较低的层次和水平上，企业高度分散，内部关联松散，需要在原有乡镇企业的基础上进行改造与整合，通过企业集聚和发展，逐步形成中小企业集群，从而提高企业的效益和竞争能力。为此，需要当地政府在遵循市场经济规律的前提下，以构建相关产业网络体系为目标，对农村中小企业发展进行系统和科学的规划，有效整合现有乡镇企业资源，积极协调各个企业的利益分配关系和在产品价值链上的分工，并鼓励其与大学、科研机构的合作，以提高企业集群持久的创新能力。③着力培育农民企业家。企业家是乡镇企业发展和产业集群形成的基本动力。农民企业家由于有良好的"根植性"，因而是乡镇企业发展和中小企业集群形成的重要依赖。因此，应着力培育新型农民，造就一大批具有创业激情的农民企业家群体，带动乡镇企业和中小企

|第八章| 乡村聚落发展及其空间结构优化的理论思考与实践途径

业集群的发展。如温州打火机、制鞋等中小企业的发展,主要是靠有眼光和魄力的农民创业家群体的创造性贡献。④引导城市劳动密集型工业重心下移。劳动密集型产业大多集中在城市,一方面造成城市建设用地紧张、交通拥挤、生产要素价格昂贵等负面影响;另一方面农民工背井离乡在工厂做工,生活和社会成本过高。而在农村集镇发展劳动密集型产业,不仅有丰富的劳动力资源的保证,而且土地价格低廉,企业会有效降低生产成本。并且随着农村基础设施建设和公共产品供给的日益完善,农村集镇的企业发展条件会得到较大改善,所以劳动密集型产业根本没有必要集中在城市(潘锦云,2006)。因此,政府要鼓励城市劳动密集型工业重心下移。如果政府能够适时引导,施之以相关配套的优惠政策,城市劳动密集型工业重心下移完全可能成为现实。⑤大力发展农村第三产业。农村第三产业行业众多,其中批发零售、运输、仓储、餐饮和金融属农村第三产业中的传统行业,占主导地位,房地产、广播电视、科研、咨询、旅游等属新兴行业。在发展和完善农村第三产业的过程中,一要考虑目前农村第三产业的现状,进一步加大对传统服务业的投入与扶持;二要大力发展法律、科技、信息等现代服务业,特别要发展当前农民最需要的政策信息、就业信息、科技信息、市场信息、金融信息等信息产业。

四、加强中心村建设,促进人口适度集中

布局分散是乡村聚落空间分布的基本特征。随着乡村人口的不断增长,聚落分散化的趋势仍在继续。规模过小,布局分散,难以形成聚集效益,既造成了土地资源的极大浪费,也不利于乡村基础设施的建设和公共产品的配置。因此必须重构乡村空间,促进乡村人口适度集中,不断提高乡村聚落的现代化水平。在促进乡村人口空间集聚的问题上,应走出将乡村人口空间集聚仅仅寄托于城镇的狭隘思维。应当看到,在我国农村人口众多的特殊国情与发展背景之下,仅仅依靠城镇根本无法解决农村人口空间分布过于分散的问题,也难以解决农村的社会发展问题。即使城市化达到较高水平,仍有大量人口生活在农村。因此,应通过中心村的建设,引导乡村人口适度集中,推动乡村地区社会经济的持续健康发展(图8-4)。

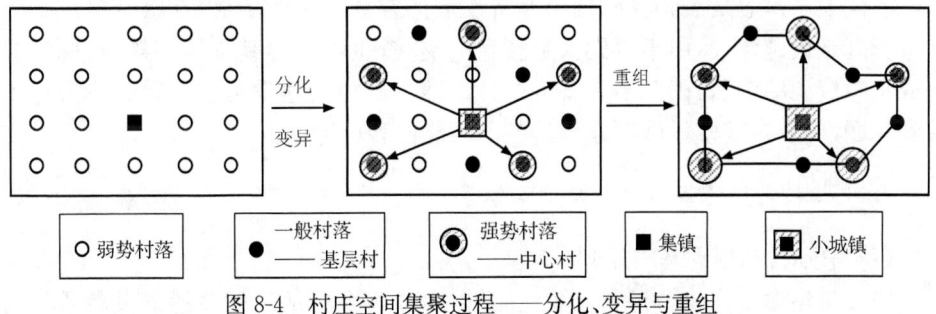

图8-4 村庄空间集聚过程——分化、变异与重组

资料来源:赵之枫.2003.城市化加速时期村庄结构的变化.规划师,(1)

1. 中心村的基本内涵

中心村是以区位条件和发展条件较好的居民点为中心,聚集周围一些弱势村庄后形成的具备一定规模基础设施和服务功能的村庄。中心村作为非城市化地区的基本居民点,其内涵可以概括为以下几个方面:①在乡村聚落系统中,中心村介于乡镇和村庄之间,由若干个行政村或自然村联合组成,但又不完全等同于行政村,更多的是一个社区的概念,是小型集镇的雏形,起到乡镇副中心的作用(陈丽等,2005)。②从职能作用看,中心村既要为本村居民提供生产和生活服务,还要为周边村庄居民的生产生活提供一些最基本的服务,同时也要为上一层次的城镇和集镇提供一些必要的配套(赵之枫,2003)。③从内部空间结构看,中心村是具有一定人口规模和公共设施的新型农村社区,每个中心村都有各自清晰的核心与边缘。

2. 中心村建设的必要性

(1) 乡村空间整合与重构的要求

改革开放以后,农村经济的发展使得乡村空间结构发生了巨大的变化。一方面,村庄分化严重,一些区位和经济条件比较好的村落,率先由单一的农业村庄转变为工业、农业和商业混合的复合型村庄,村庄布局与功能紊乱。而条件较差的村庄逐渐丧失内聚力,衰变为空心村;另一方面,村庄内部用地结构日趋分散化和复杂化,要求对村落体系和村落内部空间结构进行整合与重构。

(2) 节约土地资源要求

耕地是农业生产的重要资源。农村用地的分散化,导致户均建房用地过大,大量良田被占用,直接造成了土地资源的严重浪费。随着乡村人口的不断增长,人均耕地资源日益减少,因此必须重新调整农村土地利用结构,节约土地资源,提高土地利用效率。

(3) 乡村基础设施建设的要求

基础设施落后是制约乡村社会经济发展的重要因素。然而,在极其分散的村庄进行基础设施建设,由于既无大量资金的支撑,也不符合基本经济规律,同时会造成土地资源的浪费,因此不具备可行性。而中心村的建设可以有效解决上述矛盾和问题,使乡村基础设施的建设具备了可能性和可行性。

3. 中心村规划的基本原则与结构体系

(1) 中心村规划的基本原则

中心村建设是优化乡村和区域空间结构,改善乡村地区社会经济发展条件的重要举措,其规划建设必须遵循以下基本原则:①有利生产,方便生活。中心村要

第八章 乡村聚落发展及其空间结构优化的理论思考与实践途径

布局合理,与其他居民点形成网络结构,既要引导人口适度集中,改变自然村星罗棋布、分布零散的局面,又要有利于农村居民的生产和生活,促进区域的整体协调发展。在中心村建设中,要充分利用原有村落,选择基础较好的自然村发展中心村。村庄集聚的原则应遵循一般村落向交通便利的村庄集中,经济落后的村落向经济发达的村庄集中,小规模村落向大规模村落集中,同时考虑与小城镇功能的互补与衔接,防止空间上的过密或过疏。②因地制宜,规模适度。中心村规模的确定要因地制宜,根据本地区自然条件和社会经济特征做出合理选择。既要考虑基础设施运行所需要的人口规模,又要因地制宜,防止一刀切,按照一个标准和一个模式确定人口规模和基础设施建设规模。基础设施的适度规模是相对的概念,从理论上讲,适度规模要大于必要规模,小于等于充分规模。由于农村的实际情况千差万别,中心村规模的确定要因地制宜,要根据实际进行具体分析并做出合理选择。③功能多样,设施完善。中心村是一定农村区域的中心,应根据农村居民的基本需求,配置生产生活、教育医疗、信息文化等基础服务设施(如商店、学校、医疗站、老年活动室、文化活动室、图书室、农技服务站等)。同时,中心村基础设施和功能的配置,应考虑与小城镇功能的互补,既要考虑小城镇部分功能的延伸,又要防止不切实际的盲目建设。

(2)中心村规划的体系结构

中心村规划应在上级规划指导下进行,其内容体系包括中心村的布点规划、中心村总体规划与中心村建设规划。应在全面分析规划区自然条件、社会经济和历史文化特征的基础上,科学规划发展方向、村庄布局、用地结构和建设规模,合理配置各项基础设施,详细规定各项用地控制指标,对建设项目作出具体的安排和规划设计。中心村规划体系结构如图8-5所示。

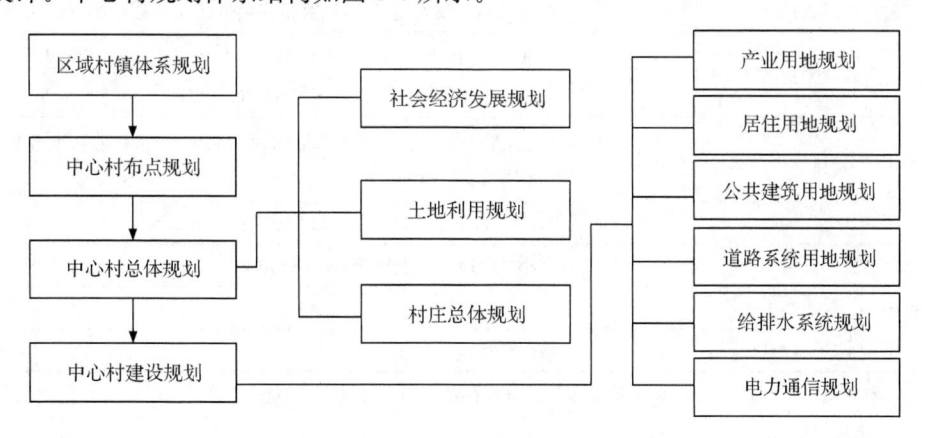

图8-5 中心村规划体系结构

4. 陇中黄土丘陵区中心村建设的实证分析

中心村建设涉及基础设施建设、公共产品配置、中心村规模和服务半径的确定等问题。陇中黄土丘陵区地形条件复杂,人口密度较高,村庄空间分布的离散性特征显著,中心村建设必须结合本地的自然条件和社会经济特征,进行科学的分析与论证。

(1) 服务半径及相关指标的测度

在中心村建设过程中,首先面临的问题是中心村规模和服务半径的确定。国内学者在这方面已进行了初步探讨。有学者提出,未来中心村人口规模应满足小学上学不出村的要求,并据此测算中心村的合理规模可以确定为4000人左右(曾刚和丁金宏,1998);也有学者从规模效应的角度,参照城市内最小组团的配套水平,将中心村的最小规模定为1000~1500人(任春洋和姚威,2000);还有学者从劳作距离等角度进行了综合分析,认为中心村的规模应在500~4000人之间比较合适(赵之枫,2001);有的学者综合考虑了区位条件、交通条件、人口规模等因素,提出了中心村选定的定量标准(李秀森,2000)(表8-1)。这些标准的提出,其分析问题的角度、考虑的因素和参照的背景各不相同,得出的结论也相差较大。事实上,由于农村地区的情况千差万别,在中心村规模和建设标准等问题上,不可能存在具有普适意义的统一标准。

表 8-1 中心村的选定标准

权重条件		权重(100)	评价标准
区位条件		20	位置居中(20分),较边远(14分),边远(7分)
交通条件		10	县级交通干线经过(10),镇级道路通过(6分),道路尽端(3分)
现状人口		20	2000人以上(20分),1500~2000人(16分),1000~1500人(12分),500~1000人(8分),500人以下(4分)
经济水平	村经济总量	10	1亿元以上(10分),0.5~1亿元(8分),0.2~0.5亿元(6分),0.2亿元以下(3分)
	人均收入	10	6000元以上(10分),以下每500元减1分
公共设施		15	完小、医疗站、农贸市场,缺1项扣4分
集中程度	村内集中程度	10	
	与周围村庄联结	5	与邻村相连者(5分)

资料来源:李秀森.2000.提高小城镇规划科学合理性的有益尝试.规划师,(5)

根据陇中黄土丘陵区的自然条件和社会经济特征,中心村建设应主要考虑劳作半径的可能性和服务半径的可达性,据此确定中心村的布点与规模。国内有学者认为,在大规模的农业机械化生产出现之前,农业人口的劳作半径不超过1km

第八章 乡村聚落发展及其空间结构优化的理论思考与实践途径

(王法辉等,2004);也有学者通过计算分析得出结论,认为在陇东黄土丘陵地区,农村的平均劳作半径为 0.66km(牛叔文等,2006);本研究对陇中黄土丘陵区乡村聚落的劳作半径进行了计算分析,认为本区域乡村聚落的劳作半径为 0.52~0.65km。根据实地调研的情况和相关研究结论,考虑未来中心村建设和乡村基础设施条件改善后劳作半径扩大的可能性,将本区域拟建中心村的劳作半径确定为 0.8~1km,中心村服务半径确定为 2~2.5km(20~30min 步行距离)较为合理。据此推算。

1) 中心村的村域面积应为
$$S_{c1} = \pi r^2 = 2.01 \approx 2 \text{km}^2, \quad S_{c2} = \pi r^2 = 3.14 \approx 3 \text{km}^2$$

2) 中心村的服务面积应为
$$S_{s1} = \pi r^2 = 12.57 \approx 13 \text{km}^2, \quad S_{s2} = \pi r^2 = 19.64 \approx 20 \text{km}^2$$

3) 根据中心村的服务面积和秦安县土地总面积(1601.6km^2),计算得出全县应有中心村的数量为 82~127 个。秦安县现有乡镇 17 个,由于乡镇政府驻地附近的村庄直接受乡镇中心的辐射,无需再建中心村。因此,全县需新建的中心村数量应为 65~110 个。

4) 根据全县应有中心村数量、农村总人口和自然村数量等数据(2004 年数据),可推算得出中心村的人口规模。计算过程如下:

i. 中心村服务范围的人口规模:P_1=农村总人口/中心村数量,计算结果为:中心村服务范围的人口规模区间在 4455~6870 人之间。

ii. 中心村服务范围的自然村数量:P_2=自然村数量/中心村数量,计算结果为:中心村服务范围的自然村数量区间在 13~20 之间。比现有行政村的规模(3~5 个自然村)大 3~7 倍。

iii. 中心村人口规模的计算:根据中心村的性质和内涵,中心村是一定范围内发展条件较好,人口规模较大,基础设施较为完善,并能为周围村庄提供基本服务的村庄。中心村虽具有人口集聚功能,但不可能聚集服务范围内的全部人口。按中心村人口集聚度 30%~50%计算,中心村人口规模区间应为 1337~3435 人(不同集中度的计算结果见表 8-2)。

表 8-2 中心村人口规模测度

服务半径 (km)	中心村集中度				
	30%	35%	40%	45%	50%
2	1337	1559	1782	2005	2228
2.5	2061	2405	2748	3092	3435

5) 中心村人口规模测算值的分析:①根据乡村聚落体系的界定,县政府驻地建制镇不属于乡村聚落范畴。但县城除了承担全县政治、经济和文化中心等功能

外,实际还承担了县城内部农业人口和附近村庄的日常服务功能,且服务人口的规模较大。其他乡镇政府驻地的人口集聚度和服务附近村庄的范围远高于一般意义上的中心村,因而拟规划建设的中心村人口规模应低于上述测算结果。②中心村建设需要较长的周期,考虑未来人口增长和城市化因素的影响,上述中心村人口规模的测算结果仍具有理论指导意义。③陇中黄土丘陵区在自然条件上存在明显的内部差异,河谷川道地区地势平坦,交通条件较好,中心村人口规模和服务半径应高于黄土丘陵山区。综合各种因素,陇中黄土丘陵区河谷川道地区的中心村人口规模应确定为2500~3000人,黄土丘陵山区应确定为1500~2000人。

(2) 基础设施和公共服务设施的建设

陇中黄土丘陵区社会经济发展水平较低,基础设施落后。在实地调研中发现,许多村庄的公共服务设施几近空白。由于交通等因素的限制,农村居民接受教育、医疗等基本服务极为不便,一些远离乡镇的偏远山村,基本处于服务辐射的范围之外。因此,在中心村建设过程中,应紧紧围绕农村居民生产生活的实际需要,将建设重点放在道路交通、水电通信等基础设施的建设和教育、医疗、文化、商品服务、信息科技服务等公共服务产品的配置上。应根据区域内部的条件差异和发展需要,科学确定各项基础设施的建设规模,合理配置公共服务项目,切忌脱离实际的"形象工程"和"政绩工程",使中心村真正发挥其应有的作用。

第三节 国外乡村建设的实践与我国的乡村建设

一、城市化背景下国外乡村建设的实践与经验

1. 德国的"乡村更新计划"

第二次世界大战以后,德国农村的发展由于片面追求"功能"的运作,使乡村风貌大受损害。20世纪60年代末,德国采取政府财政资助、村民积极参与以及具有多种选择余地的规划等措施,以公开透明的程序在全国范围内实施村落更新计划,纠正了战后相当长一段时期内乡村建筑领域的畸形发展(马航,2006)。在乡村更新中,德国十分注重土地的整理,有效地促进了乡村更新计划的实施的德国乡村的发展。土地整理计划的大致步骤是:①由政府有关机构根据农业发展、乡村更新和公共建设等方面需要,选择土地整理地区并进行先期规划。②将先期规划及基本原则通知规划区内的土地所有者,并在规划区内广泛征求、收集公众意见。③充分考虑和吸收公众意见,重新修订土地整理规划。④经过当地权力机构通过,取得土地整理规划的合法性。⑤按照规划逐步实施土地整理,具体包括公共设施建设,土地修理平整工程等。

第八章 乡村聚落发展及其空间结构优化的理论思考与实践途径

2. 日本的"村镇综合建设示范工程"

20世纪50~60年代,日本处于高速经济发展期,农村人口向城市急剧流动,城乡差异迅速扩大,出现所谓的农村"过疏问题"。针对高速城市化背景下出现的乡村人口"过疏问题"和乡村衰微现象,日本政府制定了大量促进农村发展法律法规(陈为,1999)。如为了扶持山区农村及人口稀疏地区的经济发展,制定了《过疏地区活跃法特别措施法》《山区振兴法》等法规;为了促进农村工商业的发展,制定了《向农村地区引入工业促进法》等法规。同时,政府十分重视对农村和农业的投资,积极推进农村公共设施建设。从70年代初开始,政府规划并实施了旨在改善农村生活环境,缩小城乡差别的"村镇综合建设示范工程",内容包括村镇综合建设构想、建设计划、地区行动计划等。示范工程的实施由政府承担,投资费用的50%由中央政府承担,其他由各级政府分担。日本村镇综合建设示范工程在农业与农村经济发展中发挥了巨大作用,大大缩小了日本的城乡差距。

3. 韩国的"新村运动"

20世纪60年代,随着韩国工业化和城市化进程的加快,大批农村年轻人涌入大城市,对农村原有的传统文化、伦理和秩序产生了剧烈冲击,部分农村地区的农业濒临崩溃。出于振兴农村的目的,韩国于1970年发起了"新村运动",设计实施了一系列开发项目。韩国的新村运动以政府支援、农民自主和项目开发为基本动力和纽带。在新村运动初期,政府把工作重点放在改善农村公路和住房条件、完善农村水电设施、兴建村民会馆等生活环境的建设上,通过一系列项目开发和工程建设,增加了农民收入,改变了农村面貌,得到了农民的拥护。20世纪90年代,韩国政府认为运动初期政府支持和推进的使命已经完成,于是便通过规划、协调、服务来推动新村运动向深度和广度发展。韩国的新村运动在改善农村生活环境和发展条件等方面发挥了重要作用,有力推动了城乡的协调发展,取得了明显成效。

4. 英国的"中心村建设"

第二次世界大战结束以后,英国乡村地区的人口不断向城市集中,许多地方出现了基础设施不足,人口减少的情况。随后,由于大都市郊区化的迅速发展,城市边缘区土地压力加大。在此背景下,英国政府开始了对乡村地区的大规模规划和开发建设。20世纪50年代到70年代初,英国开展了"发展规划(Development Plan)",其核心是建设中心村(key settlement),促进人口在乡村地区集中。为了提高乡村服务设施的利用率,政府出台了一套综合性政策,促进住房、就业、服务和基础设施向中心村集中。70年代以后,中心村建设进一步扩大到整个城乡区域,在带动广大乡村地区发展,促进城乡一体化发展的同时,也暴露出政策与实践不协调、成本效用机制发挥不足等问题。因此,从 70 年代中期开始,英国的乡村发展转向了"结构规划(Structure Plan)",改变过去一统天下的中心村政策,使乡村地区呈现出多元化发展的趋势(徐全勇,2000)。

5. 以色列的"乡村服务中心建设"

20 世纪 50 年代,以色列的农业正面临着由混合型向专业性的转化。此时大量发达国家的移民开始定居以色列。由于移民来自不同国家,农民间缺乏合作,摩擦频生,难以统一领导及组建村镇机构进行管理,也无法组织大规模的生产,因此需要创造一种安置布局,以兼顾农业生产的发展和居民群体的独立居住。为此,以色列创造了等级服务中心的村庄布局形式,约 80 户组成一个村庄,6～10 个村庄围绕中心布局,不同国家的群体住在各自的村庄里,各村庄均保留一个杂货店、一个幼儿园、一个简易诊所和一坐犹太教堂,服务中心一般包括一所学校、一个社区中心、一个储蓄所和一批农业辅助系统(拖拉机站、农产品收购站等)。在中心服务的专业人员,可以在中心附近单独建立自己的社区,虽与周围村庄分开,但能保证及时高效地提供服务。各村庄的居民可以通过中心相互交往,快速融入现代化社会,各村庄的儿童也在一起上学。随着农业专业化和非农产业的发展,剩余劳动力逐渐增多,乡村服务中心开始分化,形成村庄集团中心、社会机构、大型文化设施和企业地区中心。以色列的等级服务中心村庄布局,有效解决了农业专业化发展与居民居住的矛盾,促进了移民地区农村的发展。

乡村发展问题是许多国家在城市化快速发展时期所面临的共同问题。国外乡村建设的实践,为我国乡村建设与发展提供了以下值得借鉴的经验:①农村建设需要政府的有力支持和推动。国外乡村建设取得的成功,都与国家政府的大力支持密切相关。国家通过法律政策、资金投入、制定规划、设置开发项目等手段,对乡村建设进行大力支持,有力推动了乡村地区的建设和发展。②重视乡村基础设施和公共服务设施建设。国外在乡村建设过程中,十分注重交通、水电等基础设施的建设和生产生活服务设施的配置,重视乡村地区生产条件和生活环境改善。③增加规划的透明度,引导村民积极参与规划的制定与实施。在规划制定过程中充分考虑和吸收公众意见,制定有多种选择余地的规划,不但体现了决策的民主化,使规划更为全面和完善,而且也调动了村民参与乡村建设的积极性,因而也是国外乡村建设取得成功的重要因素之一。

二、中国的乡村建设

1. 中国乡村建设的历史回顾

乡村建设作为一项建设活动自古有之。中国的乡村建设,伴随社会经济的发

第八章 乡村聚落发展及其空间结构优化的理论思考与实践途径

展和历史的变革艰难推进。国内有学者通过回顾乡村建设的实践,对乡村建设的历程进行了全面系统的总结和分析。认为的乡村建设可划分为"帝制时代乡村建设""民国时期乡村建设实验""新中国成立以后到改革开放前乡村建设实验""改革开放以来乡村建设实验"4个发展阶段。指出乡村建设实验是在特定历史条件下拥有明确乡村建设行为、且具备开拓性、实验性、先锋性和创新性等特征的乡村建设活动类型。认为乡村建设实验实现了从"乡绅"主导的乡村建设模式到以政府为主的"多元化"乡村建设模式、从传统到现代、由单一到综合的发展与转变(王伟强和丁国胜,2010)。

(1) 帝制时代乡村建设(1911 年之前)

封建帝制时代的乡村建设大多依赖于传统的"乡绅制度"与"农耕文化"。由于缺乏公共财政积累,乡村的规划、建设和管理等公共服务大多由乡绅、商人或上层精英来承担。同时,乡绅作为联系国家政权与基层农民的纽带,还充当着维护本乡利益,承担公益活动、排解纠纷的社会责任,这种乡村内生性的发展模式反过来也进一步强化了乡绅的社会与政治地位。在此社会制度与文化背景下,传统乡村建设呈现出一种相对有序和稳定的发展状态,具有明显的"自组织"特征,形成一种长期的、典型的"乡绅"式乡村建设模式。

(2) 民国时期乡村建设实验(1912~1949 年)

民国时期的中国处在一个动荡转折的历史阶段,社会生活既保留了旧的习俗,又融进了新的观念,既渗透了殖民文化色彩,又反映了强烈的民族意识。进入民国时期,封建帝制时代乡村社会的稳定局面在国家制度层面已无法继续维持。乡村良绅为逃避衰败乡村逐渐迁移到近代工商业城市并蜕化为"土豪劣绅",乡村建设的传统模式难以继续。民国时期乡村建设实验可分为以下 4 个阶段。

1) 以"乡村自治实验"为代表的阶段(1912~1927 年)。在该阶段,民间强人和地方军阀成为乡村建设实验主要推动者,代表人物有米春明、米琢、孙发绪及阎锡山等。当时,参加乡村建设的团体众多、成分复杂、模式多样,既有地方士绅,也有政府和军阀,既有民间组织,也有国外组织。乡村建设涉及农民教育、乡村合作社、乡村自卫、农业技术与良种推广等许多方面,典型案例包括翟城村"村民自治实验"和阎锡山的"山西村治"。

2) 精英主导的"乡村改造运动"阶段(1927~1937 年)。20 世纪 30 年代,中国社会危机日趋加重,国家政治极度腐败。列强入侵和军阀混战,导致乡村经济濒于崩溃,中国乡村社会严重衰落。20 世纪 30 年代初爆发的"九一八""一二八"事变,更将中国推至生死存亡的紧要关头。在此背景下,以一批留学美、日的知识分子为主体的知识精英将视野转向广阔的乡村,发起了一场声势浩大的社会改良和乡村建设运动,主要代表人物有梁漱溟、晏阳初、黄炎培、陶行知和卢作孚等。高潮时期全国从事乡村建设工作的团体与机构多达六百多个,先后建立各种实验区一千多处。典型案例包括:1929~1937年梁漱溟及山东乡村建设研究院的"邹平模式"、1928~1937年晏阳初和中华平民教育促进会的"定县模式"、卢作孚的"北碚模式"、彭禹庭的"宛西自治"、黄炎培等人和中华职业教育社的"徐公桥模式"、高践四等与江苏省立教育学院的"无锡模式"、陶行知和中华教育改进会的"晓庄模式"等。与传统乡村建设相比,虽然这场运动注入了诸多现代乡村建设思想,引导乡村社会向现代化方向转型,但由于没能抓住当时中国发展面临问题的实质,无法解决土地分配不均、农民负担过重等根本性问题,加之国内军阀战乱和日本帝国主义侵略,大多在20世纪30年代后期便被迫停止。

3) 南京国民政府与地方政府的乡村建设实验(1927~1945年)。南京国民政府成立后,乡村地区仍然没有摆脱传统地主阶层的控制,中央政府更依靠对乡村的剥夺来实现城市发展所需资本与基础资源的积,导致乡村社会持续衰落。在该阶段,虽然中央政府在乡村建设上采取了政权控制、土地整理等措施,但由于未能舍弃地主阶级的根基,没有解决土地问题,最终导致乡村建设实验失败。

4) 中国共产党革命根据地建设(1927~1949年)。在该阶段,中国共产党在革命根据地进行了以土地改革为核心的具有革命性质的乡村建设实验。一方面,中国共产党在革命根据地开展了以"没收地主阶级土地归农民所有,废除封建剥削制度"为核心的土地革命;另一方面,采取了发展农业生产、提高农业技术、实行农贷政策、鼓励劳动互助等积极的经济建设措施。革命根据地的土地制度变革,确立了农民土地私有制,使根据地不断扩大和巩固,最终实现了"农村包围城市"的胜利,也充分证明土地制度变革是乡村建设与发展的关键。

(3) 新中国成立以后到改革开放以前的乡村建设实验(1949~1978年)

1) 新解放区土地革命(1949~1953年)。新中国成立后,新解放区还没有完成土地革命。从1950年开始,国家开展新解放区土地改革运动。到1953年春,国内除少数民族地区外,完成了中国历史上规模最大的土地改革运动,约3亿无地少地农民分得7亿亩土地。在此基础上,国家还通过颁发土地证、发展农副业生产、取消地方农业附加税、提高自由借贷、鼓励农民扩大再生产,以及兴修水利等多种措施来恢复和发展农业生产。该阶段的乡村建设,以土地改革为核心,以恢复和发展农业生产为重点,使乡村生产力和农民生活水平得到提高。到1952年,全国粮食产量超过此前历史最高水平。

2) "乡村社会主义改造"式的乡村建设(1953~1978年)。新中国成立初期的土地改革并没有打破农地私有制的小农经济。为了解决小农经济与农民致富、工业化原始积累之间的矛盾,国家以乡村所有制变革为核心进行了一场近似"乌托邦"式的"共产主义"乡村建设实验,通过合作化运动和人民公社化运动,变农民土地所有制为集体土地所有制,将农民个体劳动转化为集体劳动。这场波及整个中国大陆乡村地域,涉及乡村组织、民主政治、经济制度、基础设施以及科教文卫等诸

第八章 乡村聚落发展及其空间结构优化的理论思考与实践途径

多领域的实验,试图通过生产关系的变革,在生产力尚不发达的乡村社会建立起人民公社并过渡到共产主义,实现工业化发展战略和"乡村社会主义"理想。历史证明,它违背了农业生产基本规律和社会发展客观规律,给中国乡村社会带来灾难性后果。一方面,乡村社会发展停滞不前,多数地方没有摆脱贫困落后的面貌;另一方面,国家以支持城市建设和工业化积累为目的而对乡村社会资源进行的剥夺,使中国乡村承担了巨大的制度成本,为改革开放后的乡村社会积累了严重的"三农"问题。但也应当看到,这场乡村建设实践也极大地推动了农村和农业基础设施建设,建立了相对完善的乡村基础教育制度和乡村合作医疗制度,乡村公共服务得到加强。

3) 台湾地区乡村建设的重要探索。台湾地区的乡村建设始于国民党政权溃退台湾之后。为了巩固统治地位和恢复生产,台湾推行了三七五减租、公地放领等乡村土地制度改革,土地问题得到彻底解决。在此基础上,台湾还通过改组和构建农民组织、兴建各种农业基础设施、建立农业试验研究与推广体系、改进农业生产技术以及对农民进行知识技术培训等措施,促进了台湾乡村经济的快速发展,不但满足了粮食的供给需求,而且还通过农产品大量外销赚取的外汇进口工业发展所需的设备与原料,为工业发展奠定了基础。

(4) 改革开放以来乡村建设实验(1978年至现在)

1) 以家庭联产承包制为核心的乡村建设实验(1978~2002年)。1978年12月召开的中共十一届三中全会,是新中国成立以来中国共产党历史上具有深远意义的历史转折,开创了中国改革开放和社会主义现代化建设的新时期。1983年家庭联产承包责任制的确立,恢复了家庭作为乡村社会基本生产经营单位的微观基础,激发了农民的生产积极性;1985年人民公社在全国范围内瓦解,使乡村社会获得更为宽松的发展环境。在此背景下,中国乡村社会经济得到快速发展。但家庭联产承包责任制并未改变小农生产的基本格局,没有促进乡村经济的持续快速增长。随着社会经济的进一步发展,家庭联产承包责任制在农业规模化经营以及土地流转等方面的劣势也逐渐凸显出来。乡村发展缺乏合作基础,乡村基础设施严重落后,乡村公共产品严重缺乏,"三农"问题逐渐成为社会各界关注的焦点。

2) 城乡统筹背景下的乡村建设实验(2002年至现在)。2002年召开的"十六大"提出,将城乡统筹作为国家发展战略,加大对农业的投入和支持,加快农业科技进步和农村基础设施建设,健全农业社会化服务体系,引导农村劳动力合理有序流动。2003年1月召开的中央农村工作会议强调,全面建设小康社会,必须统筹城乡经济社会发展,更多地关注农村、关心农民、支持农业,把解决好农业、农村和农民问题作为全党工作的重中之重,放在更加突出的位置,努力开创农业和农村工作的新局面;2003年,国家开始农村税费改革,到2006年,中国结束了长达两千六百多年的"皇粮国税";2005年,国家决定提出了"建设社会主义新农村"的重大战略决策;2008年10月,第十七届三中全会通过了《中共中央关于推进农村改革发展若干重大问题的决定》,对农村改革发展作出新的战略部署,提出要稳定和完善农村基本经营制度,健全严格规范的农村土地管理制度,建立现代农村金融制度,健全农村民主管理制度。这些连续密集出台的政策与措施,充分显示了国家推进乡村建设的力度和决心,使乡村建设成为国家发展战略的重点。

2. 新时期中国的社会主义新农村建设

(1) 建设背景与内容

中国的社会主义新农村建设,是在中国总体上进入以工促农、以城带乡的发展新阶段后面临的崭新课题,是时代发展和构建和谐社会的必然要求。新中国成立后,为了发展工业,国家通过统、派、购制度,源源不断地将低价农产品输送到工业和城市,完成了中国工业化所必需的"原始积累"。在半个多世纪的工业化进程中,农业为中国的工业发展和社会经济建设作出了巨大贡献。目前,中国已进入工业化中后期,国民经济的主导产业已由农业转变为非农产业,经济增长的动力主要来自非农产业,经济实力和综合国力显著增强,已初步具备了工业反哺农业、城市支持农村的经济实力。从2000年到2005年,中国国内生产总值平均增长速度保持在9%以上,GDP由89 404亿元增长到182 321亿元。2005年,全国第二和第三产业增加值占整个GDP的比重已达87.6%,第二和第三产业就业人数占社会就业人数的比重已超过50%。与此同时,由于中国在建国以后的较长时期实行高度集中的计划经济体制,通过一系列制度构建起城乡分割的"二元结构",导致城乡差距不断扩大。农业基础薄弱、农民收入水平低、农村基础设施落后、公共服务和社会保障不足等突出问题,已成为新时期中国全面建设小康社会的最大障碍。在此背景下,党的十六大提出了城乡统筹发展战略,制定了"多予、少取、放活"和工业反哺农业、城市支持农村重要方针政策。2005年10月,中国共产党第十六届五中全会提出,要按照"生产发展、生活宽裕、乡风文明、村容整洁、管理民主"的要求,扎实推进社会主义新农村建设。

新时期中国的社会主义新农村建设,涵盖了经济建设、政治建设、文化建设、社会建设和法制建设5个方面:①社会主义新农村的经济建设,是指在全面发展农业生产的基础上,建立农民增收长效机制,千方百计增加农民收入,实现农民的富裕和农村的发展,努力缩小城乡差距。②社会主义新农村的政治建设,是指在加强农民民主素质教育的基础上,切实加强农村基层民主制度建设和农村法制建设,引导农民依法实行自己的民主权利。③社会主义新农村的文化建设,是指在加强农村公共文化建设的基础上,开展多种形式的、体现农村地方特色的群众文化活动,丰富农民群众的精神文化生活。④社会主义新农村的社会建设,是指要加大公共财政对农村公共事业的投入,进一步发展农村的义务教育和职业教育,加强农村医疗

第八章 乡村聚落发展及其空间结构优化的理论思考与实践途径

卫生体系建设,建立和完善农村社会保障制度。⑤社会主义新农村的法制建设,一是要通过法律宣传教育,进一步增强农民的法律意识,提高农民依法维护自身合法权益、依法行使自己合法权利的觉悟和能力;二是要以保障农民的切身利益和权利为核心,不断完善中国的法律制度,依法推进社会主义新农村建设。

(2) 新时期推进中国社会主义新农村建设的若干思考

"三农"问题是中国数千年历史沉淀的产物。回首历史发展特别是近百年来中国历经波折的乡村发展与建设历程,以历史的视角重新审视中国的"三农"问题,深刻认识中国三农问题的本质与特征,全面总结国内外乡村建设的经验和教训,是有效推进新时期中国社会主义新农村建设的前提、起点和基础。

1) 充分发挥农民的主体地位。农民群体是中国社会主义新农村建设的主要相关方与受益者,更是新农村建设的主体。农民群体的意愿能否得到合理表达,其参与权是否得到充分体现,直接决定着社会主义新农村建设的成败。参与式发展理论认为,农民是农村社区的主人,农村发展的主体是农民。其内涵表现在:①参与式发展是人们相互间的一种自愿贡献,人们自主参与项目的决策、实施、利益分配、监测和评估。②参与式发展强调目标群体公平地拥有发展的选择权、参与决策权和受益权,并在以农民为主体的多方参与下,共同发现、确认社区发展的机遇与挑战。认为社区的人们有权力和责任参与揭示自身的问题,提出自身的需要,评估自身的资源,并找出解决问题的方法。通过有效的组织和自身的努力,形成有效的管理和创新。③参与式发展强调参与的整个过程,重视发展活动全过程的权力再分配,尤其是增加农村弱势群体的发言权和决策权。它注重目标群体和社区整体能力的提高,而不是个别"能人"或"带头人"。④参与式发展应重视乡土知识、群众的技术和技能。农村社区千差万别,只有农民最了解自身的情况,他们的乡土知识值得尊重与学习。⑤参与式发展注重机制化过程,即从制度上保证参与的有效性。强调通过建立合理、有效的发展机制,实现资源的公平、合理配置与管理,重视通过成立自发组织而积极参与社区建设。然而,反观中国规划建设领域普遍存在的"自上而下"的规划模式,规划方案往往源自高高在上的"权威主义",规划决策取决于领导意志。由于缺乏公众的有效参与,导致规划和建设往往脱离实际,远离利益和参与主体的基本需求,造成实际操作的困难与群众的反对。许多地方在新农村建设中不切实的"拆村并居"和农民"被上楼"等现象,不但严重违背了新农村建设的指导思想和基本原则,严重脱离了农村和农民的实际,而且也引发了一系列严重的社会问题。国外乡村建设的成功经验和中国乡村建设的历史实践充分表明,农民主体地位的体现和主体作用的发挥,直接影响到农民参与乡村建设的积极性和主动性,进而影响到乡村建设的成效。没有作为主体的农民的积极和广泛参与,乡村建设最终难以取得成功。

2) 加强新农村建设的综合规划。新农村建设是一项复杂的系统工程,涉及经济、社会、文化、生态环境等许多方面。目前，中国各地在社会主义新农村建设中均不同程度地存在重局部规划、轻整体规划，重短期规划、轻长远规划，重基础设施建设规划、轻社会经济发展规划，重形式、轻内容，重建设、轻管理等突出问题，将新农村建设简单理解为搞工程建设和盲目运动，严重影响到中国社会主义新农村建设的顺利推进和健康发展。因此，应在遵循适度超前、城乡统筹、合理布局、分步实施等原则的基础上，着力突出新农村建设规划的综合性，做好新农村建设的经济产业发展规划、社会文化事业发展规划、基础设施建设规划和生态环境建设规划，强调资源、环境、人口、经济和社会等要素综合协调，实现经济、社会和生态三大效益的有机统一，推进社会主义新农村建设协调发展。新农村建设的综合规划，一是要根据区域自然条件、资源禀赋、社会经济特征和城乡空间分布格局，优化要素的空间组合，做好区域村镇体系规划和村庄布点规划，明确各村庄的定位、规模和发展方向，实现区域城镇体系和村镇体系的有机衔接和协调，推进区域城乡一体化发展；二是在区域村镇体系规划和村庄布点规划的基础上，因地制宜做好村庄规划设计，突出村庄地域特色，加强村庄土地整治，科学规划村庄各类建设用地，着力加强农村道路交通、电力通信、供水排水等基础设施建设，合理配置农村教育文化、医疗卫生、信息金融等公共服务设施，切实提高农村基础设施和公共服务的水平、效率与效益；三是根据村庄自然条件、社会经济特征和城乡统筹发展的趋势，以现代农业和乡镇工业发展为重点，做好村镇经济产业规划，积极推进城乡经济融合，着力改善和优化农村产业结构，构建农村经济发展新平台，促进农村经济快速健康发展。农村工业的发展与布局，应以农副产品加工和特色轻型加工业重点，以乡镇为重心，加强乡镇工业园区建设，促进乡镇企业进园区，实现资源的集约和高效利用，坚决杜绝"村村点火，户户冒烟"的农村工业布局和发展模式；四是以维护农村生态系统平衡和改善农村生态环境为目标，切实做好农村生态环境保护和建设规划，强化村镇污水与垃圾处理规划、环境保护规划、绿化规划和防灾减灾规划，彻底改变农村环境"脏、乱、差"的现状。同时，应积极发展资源节约型产业，实现经济发展与生态环境建设协调发展，努力建设秀美乡村；五是应着眼农村实际和城乡一体化发展的长远目标，科学分析农村社会经济发展的阶段与特征，确定不同发展阶段的建设内容与建设重点，合理安排村镇各项建设活动。

3) 与城镇化战略相结合。城市化又称城镇化或都市化，是指人口和产业活动在空间上集聚、乡村地区转变为城市地区的过程，也是以农业为主的传统乡村社会向以工业、服务业为主的现代城市社会逐渐转变的过程。近百年来，中国城市化过程经历了曲折反复的发展道路。19世纪下半叶到20世纪中叶，受列强入侵及军阀割据的影响，中国城市化发展极不均衡，东部沿海一些地区城市迅速扩张（如上海），而多数地区则完全处在工业化和城市化进程之外。新中国成立初期，中国的城市规划和建设受到国家重视并取得明显成就。但受20世纪50年代中期以后形

第八章　乡村聚落发展及其空间结构优化的理论思考与实践途径

成的城乡二元结构的影响，中国的城市化过程长期处于停滞状态。新中国成立后，在发展国民经济和选择经济体制的进程中，中国城镇化经历了两次探索，形成了城镇化发展理论的两次创新。第一次是 50 年代，中国选择了以计划经济基础，以国家为主导，以工业化和农业大发展为前提，以重点建设城市为破口的城市化发展道路。在计划经济这一宏观背景下，中国形成了以城镇化依存产业发展制度、经济要素流动制度和城市建设投资制度为主要内容的自上而下的农村城镇化制度安排。其中城镇化依存产业发展制度包括城镇化孕育产业（第一产业）发展制度、城镇化动力产业（第二和第三产业）发展制度；经济要素流动制度包括人口城乡流动制度、农产品统购统销制度、工农业产品价格"剪刀差"制度；城市建设投资制度包括城市基础设施投资制度、城市房地产开发制度等。中华人民共和国建立初期，原有工业基础十分薄弱，非熟练劳动力资源丰富而资本和技术严重匮乏，因此选择资本有机构成和技术构成相对较低的消费品工业作为工业化的突破口并由此启动我国的城镇化是符合实际的。然而，在当时的世界经济发展中，重工业的发达程度被视为衡量一个国家综合国力和经济成就的重要标志。在此背景下，优先和快速发展重工业的工业化战略成为中国计划经济体制形成的逻辑起点。而这一发展战略的选择，却限制了我国经济发展模式的选择空间，形成了全面排斥市场机制的资源调动制度、高度集中的资源配置制度和缺乏自主权的微观经营机制三位一体的传统经济制度安排及制度结构（刘传江和郑凌云，2004）。与之相适应的是在中央政府主导下形成的高强度积累制度安排、农产品统购统销制度安排和人民公社制度安排，最形成了致使城镇化发展滞后的低城市建设投入制度和城乡人口流动控制制度；第二次是改革开放以后，中国对原有城市化发展道路行了重大调整，选择了重点发展小城镇，发挥市场机制和发展个体经济、私营经济、集体经济、外资经济以及农村第二产业（乡镇企业）、城市第三产业的多元化城镇化道路。改革开放初期，农业生产经营制度的创新以及农业产出的大幅度增长，仅仅为农村城镇化创造了必要条件，而农村城镇化的大发展最终有赖于农村非农产业的发展。80 年代中后期以来，中国乡镇企业及农村地区其他形式民营经济的迅猛发展，自下而上地启动了中国的第二次工业化进程，然而由于在劳动力转移、经济要素流动、乡镇企业产权等方面的制度缺陷，因此仍然受计划经济体制的约束。农村地区"离土不离乡，进厂不进城"的农村工业化模式，在吸收了 1 亿余农业剩余劳动力并使农村经济得到迅速发展的同时，也显露出"工业乡土化，农业副业化，离农人口量栖化，小集镇发展无序化，农村生态环境恶化和农民生活方式病态化"等诸多弊端。纵观改革开放三十多年来中国的城市化方针，"六五"至"九五"期间，中国总体上坚持了控制大城市和发展小城镇的城镇化方针；进入新世纪以来，中国"十五"计划在强调"大中小城市和小城镇协调发展"的同时，也提出了"完善区域性中心城市功能，发挥大城市的辐射带动作用"的战略导向。但需要特别指出的是，中国"十五"以来的城市化发展却并未按照"十五"计划纲要的思路而展开,各地在自己的发展战略以及城市化实践中纷纷强化了大城市的位置,大中型中心城市的规模扩张表现出极大的活力,与此相应的城市建设开始加速,大城市经济持续活跃。到了"十一五"时期,中国的城市化战略开始进一步凸显大城市的作用并积极倡导城市群的建设(表8-3)。目前,中国已步入城市化快速发展时期,中国农村也已进入新的发展阶段,呈现出农村经济社会加速转型、城乡发展加快融合的态势。针对中国农业生产劳动力老龄化和低龄化问题日趋严重、农村青壮年劳动力比例下降以及农业经营分散、土地资源浪费和效益低下等问题,2013年1月颁布的第10个中央一号文件明确提出:要把城乡发展一体化作为解决"三农"问题的根本途径,促进工业化、信息化、城镇化、农业现代化同步发展,深入推进社会主义新农村建设,鼓励和支持承包土地向专业大户、家庭农场、农民合作社流转,着力构建集约化、专业化、组织化、社会化相结合的新型农业经营体系。城镇化是促进中国社会经济发展的一项长期的基本战略,是实现现代化的必由之路。在城镇化进程中,中国农村社会经济已经且仍将发展巨大的变化。因此,在社会主义新农村建设的过程中,应彻底打破"就农村论农村"而忽视城乡联系的传统思维,将新农村建设与城镇化战略紧密结合起来,通过大中小城市、小城镇、新型农村社区的协调发展和人口、产业、基础设施和公共服务的统筹规划,真正实现城乡社会经济的有机融合和一体化发展。

表8-3 改革开放以来中国的城镇化方针

时间	会议与文件	城镇化方针
1980年12月	《全国城市规划工作会议纪要》	"控制大城市规模,合理发展中等城市,积极发展小城市"
1982年12月	"六五"计划	"新建大中型工业项目,一般不要放在大城市,尽量放到中小城市或郊区","特大城市和部分有条件的大城市,要有计划地建设卫星城镇"
1990年12月	"八五"计划	"严格控制大城市的规模,合理发展中等城市和小城市,以乡镇企业为依托建设一批布局合理、交通方便、具有地方特色的新型乡镇"
1993年11月	《中共中央关于建立社会主义市场经济体制若干问题的决定》	"加强规划,引导乡镇企业适当集中,充分利用和改造现有小城镇,建设新的小城镇"
1998年10月	《中共中央关于农业和农村工作若干重大问题的决定》	"发展小城镇,是带动农村经济和社会发展的一个大战略"
1999年9月	第十五届四中全会	"实施西部大开发和加快小城镇建设,都是关系我国经济和社会发展的重大战略问题"

第八章 乡村聚落发展及其空间结构优化的理论思考与实践途径

续表

时间	会议与文件	城镇化方针
2000年7月	《中共中央关于促进小城镇健康发展的意见》	"加快城镇化进程的时机和条件已经成熟,抓住机遇,适时引导小城镇健康发展,应当成为当前和今后较长时期农村改革与发展的一项重要任务"
2000年10月	《中共中央关于制定国民经济和社会发展第十个五年计划的建议》	"发展小城镇是推进我国城镇化的重要途径"
2001年3月	"十五"计划纲要	"推进城镇化要遵循客观规律,与经济发展水平和市场发育程度相适应,循序渐进,走符合我国国情、大中小城市和小城镇协调发展的多样化城镇化道路,逐步形成合理的城镇体系";"完善区域性中心城市功能,发挥大城市的辐射带动作用,引导城镇密集区有序发展"
2002年11月	党的十六大报告	"要逐步提高城镇化水平,坚持大中小城市和小城镇协调发展,走中国特色的城镇化道路"
2005年10月	《中共中央关于制定国民经济和社会发展第十一个五年规划的建议》	"增强城市群的整体竞争力","有条件的区域,以特大城市和大城市为龙头,通过统筹规划,形成若干用地少、就业多、要素集聚能力强、人口分布合理的新城市群"
2006年3月	"十一五"规划纲要	"要把城市群作为推进城镇化的主体形态,逐步形成高效协调可持续的城镇化空间格局";"已形成城市群发展格局的京津冀、长江三角洲和珠江三角洲等区域,要继续发挥带动和辐射作用,加强城市群内各城市的分工协作和优势互补,增强城市群的整体竞争力";"具备城市群发展条件的区域,要加强统筹规划,以特大城市和大城市为龙头,发挥中心城市作用,形成若干用地少、就业多,要素集聚能力强,人口分布合理的新城市群";"人口分散、资源条件较差、不具备城市群发展条件的区域,要重点发展现有城市、县城及有条件的建制镇,成为本地区集聚经济、人口和提供公共服务的中心"

4)加大新农村建设的财政和金融支持力度。建设资金是制约社会主义新农村建设的重要因素之一。十六大以来,特别是自2005年国家提出建设社会主义新农村的战略决策之后,国家对"三农"的投入力度不断加大。2003~2007年,中央财政用于"三农"的资金投入达1.6万亿元,相当于前10年(1993~2002年)的总和。为促进农业生产,增加农民收入,国家实施了种粮农民直接补贴、良种补贴、农机具购置补贴和农业生产资料综合补贴四项补贴政策。"十一五"时期,中央统筹城乡的力度显著加大,"三农"投入大幅度增长。据统计,"十一五"期间中央财政用于"三农"的支出总量累计达2.95万亿元,年度规模从2006年的3397亿元增加到

2010年8580亿元,年均增长23.6%,"三农"支出占中央财政支出的比重由14.5%提高到17.8%,其中用于农业和农村基础设施建设的总量约6000亿元。但是,由于我国农村地域广大,加之长期"二元"结构背景下我国农业和农村发展历史欠账较多,国家财政支持农村基础设施建设的资金占财政总支出的比重和占全社会固定资产投资的比重都长期偏低,现有的投入水平还远远不能满足新农村建设的需要,资金短缺仍然是制约新农村建设顺利推进的重要制约因素。在我国中西部农村地区,特别是革命老区、少数民族地区、偏远落后地区和边疆地区,新农村建设中资金短缺的问题更为突出,许多农村基础设施建设项目因受资金限制而难以得到真正落实。在面临总量投入不足问题的同时,资金安排结构的不合理,也严重影响了财政资金支农的效率。一方面,随着改革开放以来我国农业事业的迅速发展,办事机构和工作人员数量大量增加,加之政府多次调增事业单位人员的工资及福利待遇,农村事业单位已成为我国农业财政支出的重要负担之一。审计署于2003年年底组织开展的全国50个县2001~2002年财政支农资金使用情况的审计结果显示:农业等主管部门人员工资和公用经费支出比例偏高,50个县2001和2002年财政支农资金投入中,平均有26.7%和27.6%被用于农林水气等部门的事业费,在县级投入中这一比例更高,平均为58.4%和58.8%(西部县高达72.5%和78.4%)。这些情况的存在,严重影响了财政支农资金的使用效率和对农业生产的支持力度;另一方面,我国目前农村基础设施的供给实行从中央到省、市、县、乡镇的多级供给体制,由于未能明确中央和地方支持农村基础设施建设的职责,地方政府总是尽可能多地将农村基础设施建设的职责推向中央政府,地方财政的生产性支出便主要投向能够很快产生经济效益的项目,在支持农村基础设施建设方面缺乏内在动力。因此,中央应在继续加大"三农"财政投入的基础上,通过推进地方政府机构改革,减轻人员工资和公用经费支出等财政负担,合理安排和使用"三农"建设资金。同时,通过制定和完善农村金融政策、增加信贷投入和引导社会资金投入农村基础设施建设等手段,解决我国新农村建设中的资金短缺问题。

参 考 文 献

艾南山, 朱治军, 李后强. 1998. 外营力地貌作用随机特性和分形布朗地貌的稳定性. 地理研究, 17(1): 24-28.

艾萨德. 1991. 陈宗兴等译. 区域科学导论. 北京: 高等教育出版社.

白吕纳. 1935. 人地学原理. 任美锷, 李旭旦译. 南京: 钟山书局.

蔡凌. 2003. 视野与方法——文化圈背景下的侗族传统村落及建筑研究. 贵州民族研究, 23(4): 25-30.

曹润敏, 曹峰. 2004. 中国古代城市选址中的生态安全意识. 规划师, 20(10): 86-89.

柴彦威. 1996. 以单位为基础的中国城市内部生活空间结构——兰州市的实证研究. 地理研究, 15(1): 30-37.

陈百明. 2000. 中国农村社区更新的未来取向. 中国农业资源与区划, 21(6): 51-54.

陈干, 贾玉连. 2001. 乡村聚落群结构分形性特征研究——以浙江省平湖县为例. 地理学与国土研究, 17(2): 57-62.

陈国阶. 2001. 西部大开发与聚落生态建设——以西南山区为例. 农村生态环境, 17(2): 5-8.

陈丽, 花小丽, 张小林. 2005. 中心村建设及其策略分析. 乡镇经济, (6): 8-11.

陈丽. 2008. 南京城市边缘区乡村空间的变动分析. 华东经济管理, 22(5): 15-18.

陈素蜜. 2005. 遥感与地理信息系统相结合的城市空间扩展研究. 地理空间信息, 3(1): 33-36.

陈为. 1999. 日本过疏农山村的振兴及其对中国农村现代化的启示——以日本国福岛县三岛町为例. 广西师范学院学报(哲学社会科学版), (1): 12-19.

陈文波, 肖笃宁, 李秀珍. 2002. 景观空间分析的特征和主要内容. 生态学报, 22(7): 1135-1142.

陈小卉. 2007. 当前我国乡村空间特征与重构要点. 规划师, 23(8): 79-82.

陈晓华, 马远军, 张小林, 等. 2005. 城市化进程中乡村建设的国外经验与中国走向. 经济问题探索, (12): 17-20.

陈晓华, 张小林, 马远军. 2008. 快速城市化背景下我国乡村的空间转型南京师大学报(自然科学版), 31(1): 125-129.

陈永林, 陈晓强. 2007. 新农村建设对赣南乡村聚落生态系统的影响分析. 农业考古, (6): 227-229.

陈永林, 孙巍巍. 2007. 新农村建设中赣南乡村聚落空间结构的演变. 牡丹江师范学院学报(自然科学版), (4): 35-37.

陈永林, 周炳喜, 孙巍巍. 2012. 城镇化中传统乡村聚落空间演化及其区域效应——以赣南客家乡村聚落为例. 江西科学, 30(5): 625-629.

陈勇, 陈国阶. 2002. 对乡村聚落生态研究中若干基本概念的认识. 农村生态环境, 18(1): 54-57.

陈勇, 陈霞, 尹志华. 2001. 道教聚落生态思想初探. 社会科学研究, (6): 78-81.

陈玉福,孙虎,刘彦随. 2010. 中国典型农区空心村综合整治模式. 地理学报,65(6): 727-735.

陈宗兴,陈晓健. 1994. 乡村聚落地理研究的国外动态与国内趋势. 世界地理研究,(1): 72-79.

程连生,冯文勇,蒋立宏. 2001. 太原盆地东南部农村聚落空心化机理分析. 地理学报,56(4): 437-446.

迟福林. 2005. 政府转型与中国经济社会协调发展. 北京:中国经济出版社.

崔卫国,李裕瑞,刘彦随. 2011. 中国重点农区农村空心化的特征、机制与调控. 资源科学, 33(11):2014-2021.

单勇兵,马晓冬. 2011. 基于GIS的徐州乡村聚落空间分布规律研究. 徐州师范大学学报(自然科学版),29(1):73-75.

邓晓红,李晓峰. 1999. 生态发展:中国传统聚落未来. 新建筑,(3):3-4.

迪尔凯姆. 1999. 社会学方法的准则. 狄玉明译. 北京:商务印书馆.

董明辉. 1992. 人文地理学. 长沙:湖南地图出版社.

杜能. 1986. 孤立国同农业和国民经济的关系. 衡康译. 北京:商务印书馆.

范少言. 1994. 乡村聚落空间结构的演变机制. 西北大学学报(自然科学版),24(4):295-304.

范少言,陈宗兴. 1995. 试论乡村聚落空间结构的研究内容. 经济地理,15(2):44-47.

费孝通. 1997. 江村农民生活及其变迁. 兰州:敦煌文艺出版社.

费孝通. 1999. 芳草茵茵——田野笔记选录. 济南:山东画报出版社.

冯健,刘玉,张小林. 1999. 转型期间集镇发展机制及其对集镇规划的启示——以江苏省若干典型集镇规划为例. 城市规划汇刊,(3):46-49.

冯健,张小林. 2000. 圩区农村集镇规划编制的技术与思考——以南京市高淳县西部圩区若干集镇为例. 经济地理,20(4):60-66.

冯健,周一星. 2003. 中国城市内部空间结构研究进展与展望. 地理科学进展,22(3):304-315.

冯丽. 2008. 城市化背景下的"空心村"现象及调控机制探讨. 理论界,(2):174-175.

付坚强,陈利根. 2008. 我国农村宅基地使用权制度论略——现行立法的缺陷及其克服. 江淮论坛,(1):97-101.

甘枝茂,甘锐,岳大鹏,等. 2004. 延安、榆林黄土丘陵沟壑区乡村聚落土地利用研究. 干旱区资源与环境,18(4):101-104.

甘枝茂,岳大鹏,甘锐,等. 2004. 陕北黄土丘陵沟壑区乡村聚落分布及其用地特征. 陕西师范大学学报(自然科学版),32(3):102-106.

甘枝茂,岳大鹏,甘锐,等. 2005. 陕北黄土丘陵区乡村聚落土壤水蚀观测分析. 地理学报, 60(3):519-525.

高佩义. 1991. 中外城市化比较研究. 天津:南开大学出版社.

高珊,张小林. 2002. 江苏省农村城镇化的村庄规模变动研究. 地理学与国土研究,18(4):47-50.

高向军,彭爱华,彭志宏,等. 2011. 农村土地综合整治存在的问题及对策. 中国土地科学, 25(3):4-8.

参考文献

谷人旭，钱志刚. 2001. 工业化对苏南城镇化发展的影响. 经济研究参考, (23): 42-43.
谷晓坤，陈百明，代兵. 2007. 经济发达区农村居民点整理驱动力与模式——以浙江省嵊州市为例. 自然资源学报, 22(5): 701-708.
管彦波. 1997. 西南民族聚落的形态、结构与分布规律. 贵州民族研究, (1): 33-37.
郭洪纪. 1998. 原始聚落与民族文化特征. 西北师大学报(社会科学版), 35(5): 79-85.
郭焕成，冯万里. 1991. 我国乡村地理学研究的回顾与展望. 人文地理, 6(1): 44-50.
郭克莎. 2002. 工业化与城市化关系的经济学分析. 中国社会科学, (2): 44-56.
郭晓东，马利邦，张启媛. 2012. 基于GIS的秦安县乡村聚落空间演变特征及其驱动机制研究. 经济地理, 32(7): 56-62.
郭晓东，牛叔文，刘正广. 2005. 山地丘陵过渡区人口——经济空间分布研究. 开发研究, (5): 70-73.
哈迪斯蒂. 2002. 生态人类学. 郭凡等译. 北京: 文物出版社.
韩光辉. 1998. 蓟聚落起源与蓟城兴起. 中国历史地理论丛, (1): 111-125.
韩艳丽. 2010. 新农村建设视阈下基层政府执行力提升研究. 湖北社会科学, (7): 26-29.
何芳，周璐. 2010. 于推拉模型的村庄空心化形成机理. 经济论坛, (8): 208-210.
贺业钜. 1996. 中国古代城市规划史. 北京: 中国建筑工业出版社.
洪银兴，陈雯. 2003. 城市化和城乡一体化. 经济理论与经济管理, (4): 5-11.
胡必亮. 1999. 小城镇、大战略. 光明日报, 4月23日第6版.
胡云. 2010. 城乡一体化视角下的新农村建设. 北方民族大学学报(哲学社会科学版), (3): 133-136.
黄宗智. 2000. 华北的小农经济与社会变迁. 北京: 中华书局.
贾高建. 2001. 社会发展过程中的五种主要机制探析. 中共中央党校学报, 5(3): 23-29.
贾晶，潘力，刘惠茹. 2000. 河南省乡村住区可持续发展研究. 地域研究与开发, 19(4): 33-35.
江国逊，沈山，方雪，等. 2011. 空心化村庄成因及治理对策探析——以江苏省邳州市前湖村为例. 山东国土资源, 27(10): 57-61.
姜爱萍. 2003. 苏南乡村社会生活空间特点及机制分析. 人文地理, 18(6): 11-15.
姜广辉，张凤荣，陈军伟，等. 2007. 基于Logistic回归模型的北京山区农村居民点变化的驱动力分析. 农业工程学报, 23(5): 81-87.
蒋子龙，曾菊新. 2010. 基于空间稀缺性的中国乡村空间优化分析. 学习与实践, (12): 23-29.
金其铭，董昕，张小林. 1990. 乡村地理学. 南京: 江苏教育出版社.
金其铭. 1988. 农村聚落地理. 北京: 科学出版社.
金其铭. 1989. 中国农村聚落地理. 南京: 江苏科学技术出版社.
金涛，张小林，金飚. 2002. 中国传统农村聚落营造思想浅析. 人文地理, 17(5): 45-48.
兰觉. 2010. 贵州山区少数民族乡村经济发展探析. 贵州民族学院学报(哲学社会科学版), (4): 103-105.
兰林友. 2002. 华北村落的人类学研究方法. 中央民族大学学报(哲学社会科学版), 29(6): 18-23.

雷振东. 2002. 乡村聚落空废化概念及量化分析模型. 西北大学学报(自然科学版), 32(4): 421-424.

雷振东. 2005. 整合与重构——关中乡村聚落转型研究. 西安: 西安建筑科技大学.

黎夏, 叶嘉安. 1999. 约束性单元自动演化 CA 模型及可持续城市发展形态的模拟. 地理学报, 54(4): 289-298.

李翅, 刘佳燕. 2005. 基于乡村景观认知格局的村落改造方法探讨. 小城镇建设, (12): 88-89.

李福龙, 陈淑兰. 2003. 关于中国农村聚落中"空心户"问题的探讨. 中国农学通报, 19(6): 142-144.

李君, 李小建. 2008. 河南中收入丘陵区村庄空心化微观分析. 中国人口·资源与环境, 18(1): 170-175.

李良智, 吴佳伟, 舒成. 2012. 江西新农村建设中农村公共管理优化研究——基于 7 县 35 村的实地调查. 求实, (6): 86-89.

李林艳. 2004. 社会空间的另一种想象——社会网络分析的结构视野. 社会学研究, (3): 64-75.

李水山. 2004. 韩国的新村运动. 中国改革·农村版, (4): 56-57.

李王鸣, 谢良葵. 1997. 乡村城市化机制研究——以浙北为例. 经济地理, 17(1): 38-41.

李文治, 江太新. 2000. 中国宗法宗族制和族田义庄. 北京: 社会科学文献出版社.

李芗, 王宜昌. 2002. 乡土精神与现代化——传统聚落人居环境对现代聚居社区的启示. 工业建筑, 32(3): 1-5.

李晓峰. 1996. 从生态学观点探讨传统聚居特征及承传与发展. 华中建筑, 14(4): 36-41.

李秀森. 2000. 提高小城镇规划科学合理性的有益尝试. 规划师, 16(5): 49-50.

李雅丽, 陈宗兴. 1994. 陕北乡村聚落地理的初步研究. 干旱区地理, 17(1): 46-52.

李瑛, 陈宗兴. 1994. 陕南乡村聚落体系的空间分析. 人文地理, 9(3): 13-21.

李元, 祖艳群, 胡先奇, 等. 1994. 生态村农业生态经济系统综合评价指标体系的研究. 生态经济, (2): 30-34.

梁会民, 赵军. 2001. 地理信息系统在居民点空间分布研究中的应用. 西北师范大学学报(自然科学版), 37(2): 76-80.

梁会民, 赵军. 2001. 基于 GIS 的黄土塬区居民点空间分布研究. 人文地理, 16(6): 81-83.

廖荣华, 喻光明, 刘美文. 1997. 城乡一体化过程中聚落选址和布局的演变. 人文地理, 12(4): 31-34.

廖顺宝, 孙九林. 基于 GIS 的青藏高原人口统计数据空间化. 地理学报, 2003, 58(1): 25-33.

林丽艳, 卜风贤. 2011. 浅谈传统乡村聚落和自然环境的关系. 北京农业, (2): 278-280.

林耀华. 1999. 林耀华学述. 杭州: 浙江人民出版社.

林耀华. 2000. 义序的宗族研究. 北京: 生活. 读书. 新知三联书店.

刘灿然, 陈灵芝. 2000. 北京地区植被景观中斑块形状的指数分析. 生态学报, 20(4): 559-567.

刘传江, 郑凌云. 2004. 城镇化与城乡可持续发展. 北京: 科学出版社.

刘福智, 刘学贤, 刘加平. 2003. 传统聚落文化浅析. 青岛建筑工程学院学报, 24(4): 23-26.

参考文献

刘命信. 1999. 城乡经济联动 市场双向开拓——山东省寿光市经济持续、快速发展的关键. 中国农村经济, (9): 74-76.

刘沛林. 1996. 论中国历史文化村落的"精神空间". 北京大学学报(哲社版), (1): 44-48.

刘邵权, 陈国阶, 陈治谏. 2001. 农村聚落生态环境预警——以万州区茨竹乡茨竹五组为例. 生态学报, 21(2): 295-301.

刘彦随. 2007. 中国东部沿海地区乡村转型发展与新农村建设. 地理学报, 62(6): 563-570.

刘彦随, 刘玉, 陈秧分. 2010. 快速城市化中的中国农村空心化. 地理科学, 20(6): 876-888.

刘彦随, 刘玉, 翟荣新. 2009. 中国农村空心化的地理学研究与整治实践. 地理学报, 64(10): 1193-1202.

刘彦随, 刘玉. 2010. 中国农村空心化问题研究的进展与展望. 地理研究, 29(1): 35-42.

刘彦随, 朱琳, 李玉恒. 2012. 转型期农村土地整治的基础理论与模式探析, 地理科学进展, 31(6): 777-782.

刘彦随. 2011. 科学推进中国农村土地整治战略. 中国土地科学, 25(4): 3-8.

刘自强, 李静. 2008. 乡村空间地域系统的功能多元化与新农村发展模式. 农业现代化研究, 29(5): 532-536.

柳思维. 2003. 论城市内涵、起源及中国古代城市发展第一个高峰期. 求索, (3): 4-7.

龙花楼, 李裕瑞, 刘彦随. 2009. 中国空心化村庄演化特征及其动力机制. 地理学报, 64(10): 1203-1213.

龙花楼. 2006. 中国农村宅基地转型的理论与证实. 地理学报, 61(10): 1093-1100.

卢艳霞, 黄盛玉, 王柏源, 等. 2012. 农村土地整治创新模式的思考——基于广西壮族自治区崇左市龙州县"小块并大块"的启示. 中国土地科学, 26(2): 84-87.

吕京庆, 刘培培. 2011. 1980年以来国内城乡一体化研究综合述评. 青岛理工大学学报, 32(3): 6-13.

罗静, 陈彦光. 1997. 不发达县域交通网络与空间结构优化. 信阳师范学院学报(自然科学版), 10(3): 47-52.

罗小龙, 田冬, 杨效忠. 2012. 快速城市化进程中的人口流出地乡村社会变迁研究——对山西省中部地区的实证研究. 地理科学, 32(10): 1209-1213.

马航. 2006. 中国传统村落的延续与演变——传统聚落规划的再思考. 城市规划学刊, (1): 102-107.

马晓冬, 李全林. 2012. 江苏省乡村聚落的形态分异及地域类型. 地理学报, 67(4): 516-525.

曼德尔. 1986. 土地利用模式. 李柱臣译. 地理译报, (1): 50-54.

毛丹. 2000. 村落变迁中的单位化——尝试村落研究的一种范式. 浙江社会科学, (4): 134-139.

茂县, 冯文兰, 周万村, 等. 2008. 基于GIS的岷江上游乡村聚落空间聚集特征分析——以茂县为例. 长江流域资源与环境, 17(1): 57-61.

苗长虹. 1999. 中国乡村可持续发展: 理论分析与制度选择. 北京: 中国环境出版社.

莫多闻, 孔昭宸. 1996. 甘肃葫芦河流域中全新世环境演化及其对人类活动的影响. 地理学报, 51(1): 59-69.

牛叔文,郭晓东,刘正广. 2006. 甘肃省近百年来人口分布的时空变化分析. 中国人口科学, 117(6): 49-57.

牛叔文,刘正广,郭晓东,等. 2006. 基于村落尺度的丘陵山区人口分布特征与规律——以天水地区为例. 山地学报, 24(6): 684-691.

潘锦云. 2006. 论中部地区工业反哺农业的新思路. 经济问题, (3): 56-58.

潘竟虎,杨旺明,赵锐锋. 2010. 黄土丘陵沟壑区农村居民点分布模式空间统计分析——以甘谷县为例. 西北人口, 5(31): 77-87.

乔家君,赵克飞. 2012. 基于农户调查的村域农业活动空间研究——以河南省巩义市吴沟村为例. 中国生态农业学报, 20(1): 121-126.

乔家君,祝英丽. 2008. 基于农户调查的村域住房投资区位及变化分析. 资源科学, 30(2): 206-212.

秦安县志编纂委员会. 2001. 秦安县志. 兰州: 甘肃人民出版社.

曲衍波,张凤荣,宋伟,等. 2012. 农村居民点整理潜力综合修正与测算——以北京市平谷区为例. 地理学报, 67(4): 490-503.

饶伟新. 2003. 明清时期华南地区乡村聚落的宗族化与军事化——以赣南乡村围寨为中心. 史学月刊, (12): 95-103.

任春洋,姚威. 2000. 关于"迁村并点"的政策分析. 城市问题, (6): 45-48.

邵书峰. 2011. 农户住房选择与乡村空间布局演变. 南阳师范学院学报(社会科学版), 10(4): 20-23.

施守愚,周国模. 1994. 山一村山地生态系统结构功能和系统调控. 农村生态环境, 10(3): 76-79.

石崧. 2004. 城市空间结构演变的动力机制分析. 城市规划汇刊, 149(1): 50-52.

石忆邵. 1992. 乡村地理学发展的回顾与展望. 地理学报, 4(1): 80-88.

宋金平,谭勇剑,李利锋. 1999. 中国农村社区演化的型式及动力机制. 人文地理, 14(3): 41-45.

宋启林. 1998. 城市土地利用空间结构理论与实践研究总论. 华中建筑, 16(4): 101-105.

孙庆伟. 1994. 聚落形态理解与聚落形态研究. 南方文物, (3): 62-69.

孙天胜,徐登祥. 1996. 风水——中国古代的聚落区位理论. 人文地理(增刊): 60-62.

孙远姗. 2011. 论公路建设对乡村经济发展的影响——以安康市吕河镇为例. 农村经济与科技, 22(12): 131-132, 119.

汤国安,赵牡丹. 2000. 基于GIS的乡村聚落空间分布规律研究——以陕北榆林地区为例. 经济地理, 20(5): 1-4.

唐巴特尔. 2002. 论社会空间的基本形式及其方法论意义. 内蒙古大学学报(社科版), 34(6): 18-22.

唐明. 2002. 血缘·宗族·村落·建筑——丁村的聚居形态研究. 西安: 西安建筑科技大学.

唐志军,王玉霞. 2008. "空心村"形成的深层次原因及其治理. 中国发展观察, (3): 42-45.

唐子来. 1997. 西方城市空间结构研究的理论和方法. 城市规划汇刊, 6(1): 122-132.

陶康,邱福林. 2010. 乡村经济增长中的困境——基于国家建构的视角分析. 农村经济, (1):

99-100.

田光进, 刘纪远, 张增祥, 等. 2002. 基于遥感与GIS的中国农村居民点规模分布特征. 遥感学报, 6(4): 307-312.

田光进, 刘纪远, 庄大方. 2003. 近10年来中国农村居民点用地时空特征. 地理学报, 58(5): 651-658.

田银生. 2001. 原始聚落与初始城市——结构、形态及其内制因素. 城市规划汇刊, (2): 44-80.

汪爱华, 张树清. 2003. 三江平原沼泽湿地景观空间格局变化. 生态学报, 23(2): 237-243.

王成新, 姚士谋, 陈彩虹. 2005. 中国农村聚落空心化问题实证研究. 地理科学, 25(3): 257-262.

王翠萍, 田庆民. 1999. 中国古代城镇空间与社会生产方式的关系. 西北建筑工程学院学报, (3): 39-42.

王法辉, 金凤君, 曾光. 2004. 区域人口密度函数与增长模式: 兼论城市吸引范围划分的GIS方法. 地理研究, 23(1): 97-103.

王海兰. 2005. 农村"空心村"的形成原因及解决对策探析. 农村经济, (9): 21-22.

王建华. 2003. 聚落考古综述. 华夏考古, (2): 97-100.

王丽华, 张小林, 俞金国. 2005. 我国乡村社会地理研究述评. 地理与地理信息科学, 21(6): 100-104.

王丽霞, 任志远. 2004. 黄土高原乡村生态建设模式及效应分析——以延川县刘马家圪塔村为例. 干旱区研究, 21(4): 416-420.

王鲁民, 韦峰. 2002. 从中国的聚落形态演进看里坊的产生. 城市规划汇刊, (2): 51-54.

王路. 1999. 农村建筑传统村落的保护与更新——德国村落更新规划的启示. 建筑学报, (11): 16-21.

王彤业, 张春茂, 李涛. 2003. "堡"的居住形态. 河北建筑工程学院学报, 21(4): 57-58.

王伟强, 丁国胜. 2010. 中国乡村建设实验演变及其特征考察. 城市规划学刊, (2): 79-85.

王文杰. 2005. 略阳川八千年历史人文概览. 兰州: 甘肃人民出版社.

王兴平, 涂志华, 戎一翎. 2011. 改革驱动下苏南乡村空间与规划转型初探. 城市规划, 35(5): 56-61.

王兴中. 2000. 中国城市社会空间结构研究. 北京: 科学出版社.

王跃, 陈亚莉. 2005. 苏州城郊村镇分布特征. 地理学报, 60(2): 229-236.

温铁军. 2000. 中国农村基本经济制度研究. 北京: 中国经济出版社.

文勇, 陈新苺. 2003. 晋中平原地区农村聚落扩展分析. 人文地理, 18(6): 93-96.

翁伯奇, 刘明香, 应朝阳. 2001. 山区小康生态村建设模式与若干对策研究. 农业系统科学与综合研究, 17(2): 152-155.

邬建国. 2000. 景观生态学——格局、过程、尺度和等级. 北京: 高等教育出版社.

巫兆聪. 2002. 分形分析中的无标度区确定问题. 测绘学报, 31(3): 240-244.

吴超, 谢巍. 2001. 传统聚落可持续发展问题初探·福建建筑(增刊), 75: 19-21.

吴莉萍, 周尚意. 2009. 城市化对乡村社区地方感的影响分析——以北京三个乡村社区为例. 北京社会科学, (2): 30-35.

吴良镛. 1989. 广义建筑学. 北京：清华大学出版社.

吴敏. 2012. 边远贫困山区社会主义新农村建设刍议——基于贵州省雷山县丹江镇乌东村调查. 贵州社会科学，(5)：120-123.

吴启焰，任东明. 1999. 改革开放以来我国城市地域结构演变与持续发展研究——以南京都市区为例. 地理科学，19(2)：108-113.

吴涛，李同昇. 2011. 基于城乡一体化发展的关中地区基础设施建设评价. 地域研究与开发，30(4)：71-75.

吴天然. 1997. 中国农村工业化论. 上海：上海人民出版社.

吴文恒，郭晓东，刘淑娟. 2012. 村庄空心化：驱动力、过程与格局. 西北大学学报，42(1)：133-138.

习近平. 2001. 加入WTO与农村市场化建设. 中共福建省委党校学报，(1)：3-13.

项飙. 2000. 跨越边界的社区——北京"浙江村"的生活史. 北京：生活. 读书. 新知三联书店.

谢培秀. 2004. 关于中国农村剩余劳动力数量的估计. 中国人口·资源与环境，14(1)：50-53.

邢谷锐，徐逸伦，郑颖. 2007. 城市化进程中乡村聚落空间演变类型与特征. 经济地理，27(6)：932-935.

徐建春. 2001. 浙江聚落：起源、发展与遗存. 浙江社会科学，(1)：31-37.

徐建华. 2002. 现代地理学中的数学方法. 北京：高等教育出版社.

徐全勇. 2000. 国外乡村中心村建设探讨. 小城镇建设，(2)：69.

徐勇，沈洪泉，甘国辉，等. 2002. 北京丰台区农村居住用地变化及与人口相关模型. 地理学报，57(5)：569-576.

许树辉. 2004. 农村住宅空心化形成机制及其调控研究. 国土与自然资源研究，(1)：11-12.

许先升. 2001. 生态·形态·心态——浅析爨底下村居住环境的潜在意识. 北京林业大学学报，23(4)：45-48.

许学强，胡华颖. 1989. 广州市社会空间结构的因子生态分析. 地理学报，44(4)：356-358.

薛力. 2001. 城市化背景下的"空心村"现象及其对策探讨——以江苏省为例. 城市规划，(6)：8-13.

杨彬. 1996. 社会空间·场论. 北方论丛，(6)：12-17.

杨建华. 2002. 日常生活：中国村落研究的一个新视角. 浙江学刊，(4)：79-84.

杨凯健，黄耀志. 2011. 乡村空间肌理的保护与延续——以江苏省滨海平原地区为例. 江苏城市规划，(5)：37-41.

杨立，郝晋珉，王绍磊，等. 2011. 基于空间相互作用的农村居民点用地空间结构优化. 农业工程学报，27(10)：308-315.

杨忍，刘彦随，陈秧分. 2012. 中国农村空心化综合测度与分区. 地理研究，31(9)：1697-1706.

杨荣南，张雪莲. 1997. 对城市空间扩展的动力机制与模式研究. 地域研究与开发，16(2)：1-5.

杨山. 2000. 发达地区城乡聚落形态的信息提取与分形研究——以无锡市为例. 地理学报，55(6)：671-678.

杨友孝，蔡运龙. 2000. 中国农村资源、环境与发展的可持续性评估——SEEA方法及其应用.

参考文献

地理学报, 55(5): 596-606.

业祖润. 2001. 传统聚落环境空间结构探析. 建筑学报, (12): 21-24.

业祖润. 2001. 中国传统聚落环境空间结构研究. 北京建筑工程学院学报, 17(1): 70-75.

叶建军, 许焕彬. 2006. 我国乡村社区建设中非政府组织的定位探讨. 成都行政学院学报, 14(1): 3-5.

尹怀庭, 陈宗兴. 1995. 陕西乡村聚落分布特征及其演变. 人文地理, 10(4): 17-24.

有田博之, 王宝刚. 2002. 日本的村镇建设. 小城镇建设, (6): 86-89.

于淼, 李建东. 2005. 基于RS和GIS的桓仁县乡村聚落景观格局分析. 测绘与空间地理信息, 28(5): 50-54.

余英, 陆元鼎. 1996. 东南传统聚落研究——人类聚落学的架构. 华中建筑, 14(4): 42-47.

虞蔚. 1986. 城市社会空间的研究与规划. 城市规划, 10(6): 25-28.

袁政. 2004. 中国城乡一体化误区及有关公共政策建议. 中国人口·资源与环境, 14(2): 69-72.

曾刚, 丁金宏. 1998 苏州工业园区中心村建设问题之管见. 经济地理, 18(3): 63-67.

曾菊新. 2001. 现代城乡网络化发展模式. 北京: 科学出版社.

张岱年, 方克立. 1999. 中国文化概论. 北京: 北京师范大学出版社.

张杜鹃, 刘科伟. 2010. 村庄体系重构与县域经济发展问题分析——以陕西省咸阳市三原县为例. 生产力研究, (5): 181-183.

张京祥, 张小林, 张伟. 2002. 试论乡村聚落体系的规划组织. 人文地理, 17(1): 85-96.

张庭伟. 2001. 1990年代中国城市空间结构的变化及其动力机制. 城市规划, 25(7): 7-14.

张文奎. 1987. 人文地理学概论. 长春: 东北师范大学出版社.

张小林, 盛明. 2002. 中国乡村地理学研究的重新定向. 人文地理, 17(1): 81-84.

张小林. 1997. 乡村概念辨析. 地理学报, 53(4): 365-371.

张小林. 1999. 乡村空间系统以及演变研究——以苏南为例. 南京: 南京师范大学出版社.

张占录, 杨庆媛. 2005. 北京市顺义区农村居民点整理的推动力分析. 农业工程学报, 21(11): 49-53.

张昭. 1998. 关于河北省空心村治理的理论探讨. 河北师范大学学报(自然科学版), 22(4): 573-576.

张正河, 卢向虎. 2006. 农村宅基地的整治与增值. 调研世界, (1): 19-22.

赵爱庆, 杨宏翔. 2006. 试论新农村建设中的产权制度创新. 广西社会科学, (7): 5-8.

赵锋. 2010. 广西城乡一体化评价指标体系的设计及实证研究. 广西社会科学, (1): 56-59.

赵黎青. 2005. 关于公共服务与公共服务型政府的几个基本问题. 北京: 中国经济出版社.

赵荣. 1995. 关中中心聚落地域结构的形成与演变. 人文地理, 10(1): 56-64.

赵文红. 1999. 企业家网络对企业家行为影响的探讨. 数量经济技术经济研究, (8): 71-73.

赵西君, 刘科伟. 2005. 集聚——碎化理论在城镇密集区城镇体系规划中的应用. 干旱区资源与环境, 19(3): 28-31.

赵增凯, 童玲. 2010. 基于拉尼斯-费模式的城乡一体化阶段性研究——以广西为例. 广西经济管理干部学院学报, 22(4): 93-98.

赵之枫. 2001. 化加速时期村庄集聚及规划建设研究. 北京：清华大学.

赵之枫. 2003. 城市化加速时期村庄结构的变化. 规划师，19(1)：71-73.

赵之枫. 2004. 乡村聚落人地关系的演化及其可持续发展研究. 北京工业大学学报，30(3)：299-303.

甄峰，顾朝林. 2002. 信息时代空间结构新进展. 地理研究，21(2)：257-266.

郑静，许学强，陈浩光. 1995. 广州市社会空间的因子生态再分析. 地理研究，14(2)：15-25.

钟在明. 2008. 农村宅基地闲置原因与治理探析. 农业经济，(6)：57-58.

周尚意，龙君. 2003. 乡村公共空间与乡村文化建设. 河北学刊，23(2)：72-78.

周心琴，张小林. 2005. 我国乡村地理学研究回顾与展望. 经济地理，25(2)：285-288.

朱敏杰. 2010. 新农村道路建设：村庄与村民的博弈分析. 湖北经济学院学报（人文社会科学版），7(6)：25-26.

朱新山. 2005. 中国乡村社区的结构形态与组织创新. 毛泽东邓小平理论研究，(12)：18-23.

Ahmad N. 1956. The pattern of rural settlement in East Pakistan. Geographical Review, 46(3)：388-398.

Alparslan E, Ince F, Erkan B, et al. 2008. A GIS model for settlement suitability regarding disaster mitigation, a case study in Bolu Turkey. Engineering Geology, 96(3)：126-140.

Appleton K, Lovett A, Sünnenberg G, et al. 2002. Rural landscape visualisation from GIS databases: a comparison of approaches, options and problems. Computers, Environment and Urban Systems, 26(2)：141-162.

Argent N. 2008. Perceived density, social interaction and morale in New South Wales rural communities. Journal of rural studies, 24(3)：245-261.

Argent N M, Smailes P J, Griffin T. 2005. Tracing the density impulse in rural settlement systems: a quantitative analysis of the factors underlying rural population density across southeastern Australia, 1981-2001. Population and Environment, 27(2)：151-190.

Babiker A A. 1982. The role of rural industries in the arid and semi-arid areas of the Sudan. Geojournal, 6(1)：49-55.

Barbic A. 1993. Rural development in the time of deconstructing the one-party political systems and centrally planned economies. Agriculture and Human Values, 10(1)：40-51.

Bański J, Wesołowska M. 2010. Transformations in housing construction in rural areas of Poland's Lublin region—Influence on the spatial settlement structure and landscape aesthetics. Landscape and Urban Planning, 94(2)：116-126.

Besser T L. 2009. Changes in small town social capital and civic engagement. Journal of rural studies, 25(2)：185-193.

Bigmore P. 1987. Rural development issues in industrialized countries. The Geographical Journal, Vol. 153, No. 3：404.

Bigmore P. 1990. The rural settlements of Medieval England, studies dedicated to Maurice Beresford and John Hurst. The Geographical Journal, 156(2)：228-229.

Bigmore P. 1994. Rural process-pattern relationships: nomadization, sedentarization and settlement fixation. The Geographical Journal, 16(1): 98.

Bird S R, Sapp S G, Lee M Y. 2001. Small Business Success in Rural Communities: Explaining the Sex Gap. Rural Sociology, 66(4): 507-531.

Blau P M. 1981. Diverse Views of Social Structure and Their Common Denominator// Blau P M, Merton R K. Continuities in Structural Inquiry. Thousand Oaks: Sage Publications.

Bourne L S. 1971. Internal Structure of the City. New York: Oxford University Press.

Bourne L S. 1982. Internal Structure of the City: Reading on Urban Form, Growth and Policy. New York: Oxford University Press.

Brown D L, Kulcsár L J, Kulcsár L, et al. 2005. Post-Socialist Restructuring and Population Redistribution in Hungary. Rural Sociology, 70(3): 336-359.

Brown D L, Swanson L E. 2003. Challenges for Rural America in the Twenty-First Century. University Park: The Pennsylvania State University Press.

Brown F. 1994. Small towns and tourism. Tourism Management, 15(3): 234-235.

Bunce. M. 1982. Rural Settlement in an Urban World. New York: St. Martin's Press.

Burholt V, Naylor D. 2005. The relationship between rural community type and attachment to place for older people living in North Wales, UK. European Journal of Ageing, 2(2): 109-119.

Carballo D M, Pluckhahn T. 2007. Transportation corridors and political evolution in highland Mesoamerica: Settlement analyses incorporating GIS for northern Tlaxcala, Mexico. Journal of Anthropological Archaeology, 26(4): 607-629.

Carolan M S. 2005. Barriers to the Adoption of Sustainable Agriculture on Rented Land: An Examination of Contesting Social Fields. Rural Sociology, 70(3): 387-413.

Chavez S. 2005. Community, Ethnicity, and Class in a Changing Rural California Town. Rural Sociology, 70(3): 314-335.

Chisholm M. 1968. Rural Settlement and Land Use: An Essay in Location. London: Hutchinson University Library.

Christaller W. 1961. Reproduced in R. W. Dickenson Germany. London: Methuen.

Cloke P, Hanrahan P. 1984. Policy and implementation in rural planning. Geoforum, 15(2): 261-269.

Cloke P, Little J. 1987. The impact of decision-making on rural communities: an example from Gloucestershire. Applied Geography, 7(1): 55-77.

Cloke P, Thrift N. 1987. Intra-class conflict in rural areas. Journal of Rural Studies, 3(4): 321-333.

Cochrane W. 2003. The Curse of American Agricultural Abundance: A Sustainable Solution. Lincoln: University of Nebraska Press.

Cocklin C, Dibden J. 2005. Sustainability and Change in Rural Australia. Sydney: University of New South Wales Press Ltd.

Courtney P, Mayfield L, Tranter R, et al. 2007. Small towns as 'sub-poles' in English rural development: investigating rural-urban linkages using sub-regional social accounting matrices. Geoforum, 38(6): 1219-1232.

Czetwertynski-Sytnik L, Kozioł E, Mazurski K R. 2000. Settlement and sustainability in the Polish Sudetes. GeoJournal, 50(2-3): 273-284.

Demangeon, A. 1939. Types de Villages en France. Annales de Geographie.

Diaz H P, Jaffe J, Stirling R, et al. 2003. Farm Communities at the Crossroads: Challenge and Resistance. Regina: Canadian Plains Research Center, University of Regina.

Dowling J. 2009. Changes and challenges: Key issues for Scottish rural schools and communities. International Journal of Educational Research, 48(2): 129-139.

Dubovyk O, Sliuzas R, Flacke J. 2011. Spatio-temporal modelling of informal settlement development in Sancaktepe district, Istanbul, Turkey. ISPRS Journal of Photogrammetry and Remote Sensing, 66(2): 235-246.

Emangeon A La. 1928. Geographie de l'Habitat Rurale// International Geographical Union. Report of the Commission on Types of Rural Settlement. Newtown: Montgomeryshire Express.

Falk W, Schulman M, Tickamyer A, et al. 2003. Communities of Work: Rural Restructuring in Local and Global Contexts. Athens: Ohio University Press.

Flora C B, Flora J L. 2004. Rural Communities: Legacy and Change. Boulder: Westview Press.

Foley L D. 1964. An approach to metropolitan spatial structure// Webber M M, Dyckman J W, Foley D L, et al. Exploration into Urban Structure. Philadelphia : University of Pennsylvania Press.

Garcia A I, Ayuga F. 2007. Reuse of abandoned buildings and the rural landscape: the situation in Spain. Transactions of the ASABE, 50(4): 1383-1394.

Gilg A. 1985. An Introduction to Rural Geography. London: Edward Arnold.

Gilman. R. 1991. The eco-village challenge. Living Together, (2): 10-11.

Goodwin Jr H L, Doeksen G A, Oehrtman R L. 1984. Determination of settlement patterns in rapidly growing rural areas. The Annals of Regional Science, 18(3): 67-80.

Grafton D J. 1984. Small-scale growth centres in remote rural regions: the case of Alpine Switzerland. Applied Geography, 4(1): 29-46.

Guthman J. 2004. Agrarian Dreams. The Paradox of Organic Farming in California. London: University of California Press.

Hall D R. 1996. Albania: Rural development, migration and uncertainty. GeoJournal, 38(2): 185-189.

Hall R B. 1931. Some rural settlement forms in Japan. Geographical Review, 21(1): 93-123.

Hardy D. 1991. From New Towns to Green Politics: Campaigning for town and country planning, 1846-1990. London: Chapman and Hall.

Harvey D. 1973. Social Justice and the city. Baltimore :Johns Hopkins University Press.

参 考 文 献

Herrmann S, Osinski E. 1999. Planning sustainable land use in rural areas at different spatial levels using GIS and modelling tools. Landscape and urban planning, 46(1): 93-101.

Higgs G, White S D. 1997. Changes in service provision in rural areas. Part 1: The use of GIS in analysing accessibility to services in rural deprivation research. Journal of Rural Studies, 13(4): 441-450.

Hoffman G W. 1964. Transformation of rural settlement in Bulgaria. Geographical Review, 54(1): 45-64.

Hoggart K, Buller H, Black R. 1995. Rural Europe: Identity and Change. London: Edward Arnold.

Hudson F S. 1970. Geography of Settlement. London: Macdonald and Evans.

Hudson J C. 1969. A location theory for rural settlement. Annals of the Association of American Geographers, 59(2): 365-381.

Johnson J H. 1958. Studies of Irish rural settlement. Geographical Review, 48(4): 554-566.

Kaijuka E. 2007. GIS and rural electricity planning in Uganda. Journal of Cleaner Production, 15(2): 203-217.

Karp L, Stefanou S. 1994. Domestic and trade policy for Central & East European agriculture. Economics of Transition, (2): 345-371.

Kellett P, Garnham A. 1995. The role of culture and gender in mediating the impact of official interventions in informal settlements: A study from Colombia. Habitat International, 19(1): 53-60.

Kerr R B. 2005. Informal Labor and Social Relations in Northern Malawi: The Theoretical Challenges and Implications of Ganyu Labor for Food Security. Rural sociology, 70(2): 167-187.

Khare A. 2011. Mall shopping behaviour of Indian small town consumers. Journal of Retailing and Consumer Services, 18(1): 110-118.

Kim H K. 1982. Social factors of migration from rural to urban areas with special reference to developing countries: The case of Korea. Social Indicators Research, 10(1): 29-74.

Kiss E. 2000. Rural restructuring in Hungary in the period of socio-economic transition. GeoJournal, 51(3): 221-233.

Knickel K. 1990. Agricultural structural change: Impact on the rural environment. Journal of Rural Studies, 6(4): 383-393.

Knight A J, Warland R. 2005. Determinants of Food Safety Risks: A Multi-disciplinary Approach. Rural Sociology, 70(2): 253-275.

Lendt D L, Glasgow N, Johnson N. 2004. Critical Issues in Rural Health. Ames: Wiley-Blackwell.

Li J. 2005. Women's status in a rural Chinese setting. Rural sociology, 70(2): 229-252.

Lyson T A. 2004. Civic Agriculture: Reconnecting Farm, Food, and Community Medford. Massachusetts: Tufts University Press.

MacTavish K, Salamon S. 2001. Mobile Home Park on the Prairie: A New Rural Community Form. Rural Sociology, 66(4): 487-506.

Mandelbrot B B. 1982. The Fractal Geometry of Nature. San Francisco: Freeman.

Markey S, Halseth G, Manson D. 2008. Challenging the inevitability of rural decline: Advancing the policy of place in northern British Columbia. Journal of Rural Studies, 24(4): 409-421.

Mattson G A. 1997. Redefining the American small town: community governance. Journal of Rural Studies, 13(1): 121-130.

McGrath B. 1998. The sustainability of a car dependent settlement pattern: an evaluation of new rural settlement in Ireland. Environmentalist, 19(2): 99-107.

McLaughlin D K, Stokes C S, Nonoyama A. 2001. Residence and income inequality: Effects on mortality among US counties. Rural Sociology, 66(4): 579-598.

Merton R K. 1897. Continuities in Structural Inquiry. Thousand Oaks: Sage Publications.

Mollison B C, Holmgren D. 1987. Permaculture One: A Perennial Agriculture for Human Settlement(3rd ed). Tyalgum: Tagari Publishers.

Netting R M. 1986. Cultural Ecology(2nd ed). Long Grove: Waveland Press.

Neufeld S J, Cinnamon J L. 2004. Farm Parents' Attitudes Towards Farm Safety Experts. Rural Sociology, 69(4): 532-551.

Njegać D, Toskić A. 1998. Rural diversification and socio-economic transformation in Croatia. GeoJournal, 46(3): 263-269.

O'brien D J, Wegren S K, Patsiorkovsky V V. 2005. Marketization and Community in Post-Soviet Russian Villages. Rural Sociology, 70(2): 188-207.

Okafor F C. 1986. Rural service centres and settlement stabilisation in Nigeria. Habitat International, 10(3): 171-178.

Owen K K, Wong D W. 2013. An approach to differentiate informal settlements using spectral, texture, geomorphology and road accessibility metrics. Applied Geography, 38: 107-118.

Pacione M. 1983. Progress in Rural Geography. London: Croom Helm.

Pacione M. 2004. Where will the people go? —assessing the new settlement option for the United Kingdom. Progress in Planning, 62(2): 73-129.

Palmer E. 1988. Planned relocation of severely depopulated rural settlements: a case study from Japan. Journal of Rural Studies, 4(1): 21-34.

Phillips M. 1998. The restructuring of social imaginations in rural geography. Journal of Rural Studies, 14(2): 121-153.

Reed M G. 2003. Taking stands: Gender and the sustainability of rural communities. Vancouver: UBC Press.

Reeves E B, Bylund R A. 2005. Are Rural Schools Inferior to Urban Schools? A Multilevel Analysis of School Accountability Trends in Kentucky. Rural Sociology, 70(3): 360-386.

Rey V, Bachvarov M. 1998. Rural settlements in transition-agricultural and countryside crisis in the Central-Eastern Europe. GeoJournal, 44(4): 345-353.

Roberts B K. 1979. Rural Settlement in Britain. London: Hutchinson.

Sassen S. 1994. Cities in a World Economy. London: Pine Forge Press.

Schafer M J. 2005. Family Contributions to Self Help Schooling in Malawi and Kenya. Rural sociology, 70(1): 70-93.

Sillince J A A. 1986. Why did Warwickshire key settlement policy change in 1982? an assessment of the political implications of cuts in rural services. The Geographical Journal, 152(2): 176-192.

Smailes P J, Argent N, Griffin T L C. 2002. Rural population density: its impact on social and demographic aspects of rural communities. Journal of Rural Studies, 18(4): 385-404.

Smailes P J. 2002. From rural dilution to multifunctional countryside: some pointers to the future from South Australia. Australian Geographer, 33(1): 79-95.

Snyder A R, 2004. McLaughlin D K. Female-Headed Families and Poverty in Rural America. Rural Sociology, 69(1): 127-149.

Sołtys A K. 2011. Small towns in Poland-barriers and factors of growth. Procedia-Social and Behavioral Sciences, 19: 363-370.

Spano R, Nagy S. 2005. Social Guardianship and Social Isolation: An Application and Extension of Lifestyle/Routine Activities Theory to Rural Adolescents. Rural Sociology, 70(3): 414-437.

Sutton K. 1981. The influence of military policy on algerian rural settlement. Geographical Review, 71(4): 379-394.

Theodori G L. 2001. Examining the Effects of Community Satisfaction and Attachment on Individual Well-Being. Rural Sociology, 66(4): 618-628.

Thomson C N, Hardin P. 2000. Remote sensing/GIS integration to identify potential low-income housing sites. Cities, 17(2): 97-109.

Trewartha G T. 1946. Types of rural settlement in colonial America. Geographical Review, 36(4): 568-596.

Tripathi R S, Sah V K. 2001. Material and energy flows in high-hill, mid-hill and valley farming systems of Garhwal Himalaya. Agriculture, Ecosystems & Environment, 86(1): 75-91.

Turnock D. 1998. Rural diversification in Eastern Europe: introduction. GeoJournal, 46(3): 171-181.

Unger L. 1953. Rural Settlement in the Campania. Geographical Review, 43(4): 506-524.

Walzer N. 2003. The American Midwest: Managing Change in Rural Transition. NY: M. E. Sharpe.

Webber M M. 1964. The urban place and nonplace urban realm// Webber M M, Dyckman J W, Foley D L, et al. Exploration into Urban Structure. Philadelphia :University of Pennsylvania Press.

Wunderlich G. 2003. American Country Life: A Legacy. Lanham: University Press of America.

Yates E M. 1982. The Evolution of the English Village. Geographical (The) Journal London, 148(2): 182-206.

Zeng J. 1995. Study on the development of rural areas in China. Chinese Geographical Science, 5(1): 24-29.

后　　记

时光荏苒，转眼又到了春天。校园的丁香花已散发出阵阵幽香，频发的沙尘暴也似乎要结束了。书稿终于完成了，掩卷沉思，无限感触油然而生……

回想八年前，从博士论文选题的纠结，到最终选定"陇中黄土丘陵区乡村聚落发展及其空间结构研究"作为论文选题，从博士论文写作答辩，再到后来受国家自然科学基金项目的资助开展"陇中黄土丘陵区乡村聚落空间演变过程及其驱动机制"研究，期间经历了多次农村调研的艰辛和数年写作过程的煎熬。然而，使我内心深受触动和震撼的，是农村基础设施和公共服务的匮乏，贫困落后的农村与绚丽繁华的都市之间巨大的反差以及山区农民的纯朴与善良，使我对农村由最初的"被动研究"转变为"主动关注"，并成为我开展农村发展研究的内在动力。

本书是在博士学位论文的基础上，受国家自然科学基金项目的资助完成的。2003年，我有幸师从著名地理学家李吉均院士和牛叔文教授，并在两位先生的悉心指导进行农村发展问题研究。李先生不仅致力于自然地理学领域的研究，在人文地理学领域也具有深厚的学术造诣，提出了许多精深的学术思想，对中国农村发展问题也极为关注。牛叔文先生长期从事区域经济与农村发展方面的研究，对中国农村问题有着深刻的认识和独到的见解，并引领我进入农村发展研究这一学术领域。与先生的每一次学术探讨，都能让我感受到他的睿智和严谨的治学精神。在此，谨向两位先生表示深深的敬意和衷心的感谢！感谢美国西密执根大学地理系贺缠生教授和 Gregory Veeck 教授在研究开展过程中所给予的指导和帮助！每一次回国讲学，贺先生都会耐心解答我们提出的问题，并对课题研究提出了许多良好的建议。先生分析问题，逻辑之严密，思路之清晰，给我留下了深刻的印象。

感谢甘肃省社科院农村发展研究所曲玮研究员、西北师范大学地理与环境科学学院马利邦博士、西北大学城市与环境学院吴文恒博士、吉林师范大学旅游与地理科学学院李国柱博士、中国人民大学环境学院刘正广博士、华中师范大学城市与环境学院杨振博士等昔日学友及王志峰、曾明明、李永华、杨丽娜等师弟师妹在研究开展过程中所给予的支持和帮助！师弟马利邦和师妹杨丽娜帮助完成了大量图件的绘制工作，李国柱、王志峰、马利邦和房亮同学在论文调研过程中给予了大力支持和帮助，硕士研究生张启媛和逯晓芸同学帮助整理了大量数据资料。论文实地调研期间还得到了天水市秦安县、甘谷县、麦积区和通渭县国土资源局、统计局、王甫乡政府、郭嘉镇政府、叶堡乡政府等单位及调研村庄干部和居民的热心支持和帮助，在此一并表示衷心的感谢！

本书能够顺利出版，还得益于国家自然科学基金的资助，在此深表感谢！

最后，要特别感谢我的家人！是他们的理解、支持和鼓励，使我得以顺利完成学业和此项研究。

郭晓东
2013 年春于兰州大学